VOLL VIEL WERT
Frischer Wind in jede Küche

GERHARD KERBER · WOLFGANG PONIER

VOLL VIEL WERT

GUT GEWÜRZT – SALZ GEKÜRZT
FRISCHER WIND IN JEDE KÜCHE

BUCHER

Bibliografische Information der Deutschen Nationalbibliothek
Die Deutsche Nationalbibliothek verzeichnet diese Publikation
in der Deutschen Nationalbibliografie; detaillierte bibliografische
Daten sind im Internet über http://dnb.d-nb.de abrufbar.

1. Auflage 2013, 2.500 Exemplare
© 2013 BUCHER Verlag
Hohenems – Wien – Vaduz
www.bucherverlag.com
Alle Rechte vorbehalten

Herausgeber: Michelle und Günter Bucher

Idee und Umsetzung: Wolfgang Ponier
Autor und Rezepte: Gerhard Kerber
Mit Beiträgen von Mag. Angelika Stöckler MPH, Ernährungswissenschafterin

Dieses Buch sowie alle Inhalte und Abbildungen darin sind urheberrechtlich geschützt. Jede Verwertung außerhalb der Grenzen des Urheberrechtsgesetzes bedarf der schriftlichen Erlaubnis des Herausgebers.

Alle im Buch enthaltenen Texte und Hinweise wurden von den Autoren nach bestem Wissen erarbeitet und sorgfältig überprüft. Dennoch sind inhaltliche Fehler und Auslassungen nicht völlig auszuschließen. Für etwaige fehlerhafte Angaben übernehmen Autoren und Verlag keinerlei Verpflichtung oder Haftung. Korrekturhinweise sind jederzeit willkommen.

Lektorat: Peter Natter, Dornbirn
Fotografie: Christa Engstler, Dalaas
Food Design: Gerhard Kerber, Wolfgang Ponier
Lithografie: Günter König, Dornbirn – pro.file, Lustenau
Umschlag: Günter Bucher, Hohenems
Gestaltung: Günter Ninol, Götzis
Papier: Arctic Volume 130 g/m², Europapier
Druck: BUCHER Druck Verlag Netzwerk, Hohenems

Printed in Austria

ISBN 978-3-99018-192-8

Inhalt

- 6 *Vorwort*
  Begeisterung ist der Motor zum Erfolg
  Nachhaltig und ganzheitlich
  Emotion und Tradition

- 8 *Gedanken*
  Gerhard Kerber: Ein Schritt zurück ergibt zwei Schritte
  vorwärts. Zurück zum Ursprung, zurück zum Garten.
  Wolfgang Ponier: Ziele hartnäckig verfolgen, traditionsbewusst denken,
  nachhaltig entscheiden, modern und kreativ kochen, mit Freude genießen.

- 12 *Was gibt es zu essen?*

- 17 *Allgemeine Informationen zu den Rezepten*

- 20 *Basisrezepturen*

- 46 *Vorspeisen*

- 60 *Kreative Salatkompositionen*

- 62 *Hauptspeisen*

- 128 *Zwischendurch*

- 150 *Süßspeisen*

- 172 *Gewürzmischungen*
  Abschmecken – Vier-Augen-Prinzip
  Welches Gewürz passt zu welchem Gericht?
  Verwendung von Gewürzen

- 186 *Register – Alle Rezepte thematisch geordnet*

Begeisterung ist der Motor zum Erfolg

Es freut mich sehr, dass Gerhard Kerber und Wolfgang Ponier ihre besten Rezepte, die bei Schülerinnen und Schülern besonderen Anklang finden, in einem Kochbuch zusammengefasst haben. Mit diesen ausgewählten Gerichten aus besten regionalen Zutaten stellen sie ihren reichen Erfahrungsschatz auch anderen Köchinnen und Köchen zur Verfügung und leisten damit einen wertvollen Beitrag zu einer nachhaltigen Entwicklung in der Gemeinschaftsgastronomie.

Wenn es nach den Wünschen der jungen, durchaus kritischen Gäste der Landesberufsschule geht, stehen Aussehen, Duft und Geschmack der Speisen zweifelsfrei im Vordergrund. Gesundheitsaspekte locken kaum. Und genau das berücksichtigen die beiden Küchenprofis, indem sie Gesundes geschickt und jugendgerecht in meist gut bekannten Speisen verpacken. So gelingt es ihnen, die jungen Leute mit ihrem täglichen Angebot zu begeistern.

Ich wünsche mir, dass sich vor allem Verantwortliche der Gemeinschaftsverpflegung von den tollen Rezepten inspirieren lassen und bedanke mich bei Gerhard und Wolfgang für die wunderbare Zusammenarbeit.

Viel Freude beim Kochen und Genießen!

Mag. Angelika Stöckler MPH
Ernährungswissenschafterin
Master of Public Health

Nachhaltig und ganzheitlich

Ich halte es für eine glänzende Idee, die Rezepte der Internatsküche der Landesberufsschule Lochau in einem Buch zusammenzufassen. Ganz besonders freut es mich, dass es hierbei nicht um einzelne Gerichte für elitäre Minderheiten geht, sondern um das Thema Gemeinschaftsverpflegung. Von jeher liegt mir dieser Bereich besonders am Herzen, denn er ist mindestens so wichtig wie das Streben nach Sternen und Hauben.

Noch nie wurde in den Medien so ausführlich und umfassend über die richtige Ernährung, regionale Produkte und Nachhaltigkeit berichtet. Leider beschleicht mich dabei manchmal der Eindruck, dass zwar permanent darüber gesprochen wird, leider aber die guten und wichtigen Botschaften in der Praxis nur sehr langsam und zögerlich umgesetzt werden.

Deshalb freue ich mich über dieses Buch, wünsche ihm den berechtigten Erfolg und bedanke mich bei den Ideengebern und Autoren für die Realisierung. Auch bei diesem Projekt zeigt sich wieder einmal die Essenz einer alten Weisheit: Es gibt nichts Gutes, außer man tut es!

Gutes Gelingen und guten Appetit wünscht Ihr
Eckart Witzigmann

Emotion und Tradition

Lange Jahre wurde die heimische Küche vernachlässigt, ja sie war sogar verpönt. Wer gebratene Kartoffeln, Beuschel, Riebel, Buchteln oder auch nur eine Brennsuppe zum Abendessen anbot, wurde belächelt oder noch schlimmer; und das sogar innerhalb der Familie.

Wenn ich früher auf Reisen war, hatte ich hingegen immer „Heimweh" nach solchen einfachen Speisen. Vor allem der Riebel hatte es mir angetan. Damit war bei mir auch immer etwas „Heimat" verbunden.

Doch seit einigen Jahren gibt es bei uns im Ländle einen Trend zurück zu heimischen Produkten, und seit kurzem auch zu heimischen Gerichten. Erst nur in gutbürgerlichen Häusern und mittlerweile sogar in erstklassigen Restaurants. Es wird sogar als chic empfunden, mal ein Gericht aus der Nachkriegszeit auszuwählen, das aus einfachstem Hirsebrei zubereitet wird. Vor 60 Jahren war es allerdings mit dem Hintergrund gekocht worden, sich nichts anderes leisten zu können oder zu verhungern.

Diese Entwicklung wird mit diesem neuen Kochbuch weiter geführt und dem heimischen sowie hoffentlich auch dem ausländischen Publikum näher gebracht. Die Tradition sollte wiederbelebt werden, neben dem, was wir uns im Ländle, aber auch in ganz Österreich, touristisch erarbeitet haben. Es geht nicht immer darum, der Beste von allen und in allem zu sein. Es geht darum, Emotionen und Herzlichkeit zu vermitteln.

Mit diesem Buch wurde ein entscheidender Schritt dazu gemacht, dem hoffentlich noch viele weitere folgen werden.

Dazu wünsche ich viel Glück und Erfolg!
Marc Girardelli

Ein Schritt zurück ergibt zwei Schritte vorwärts.
Zurück zum Ursprung, zurück zum Garten.

Eine Mode jagt die andere. Alles muss neu und möglichst spektakulär sein. Ich möchte jedoch nicht auf einer Woge schwimmen, die der Trend aufgewühlt hat. Meine Arbeit als Koch basiert auf langjähriger Erfahrung mit größtem Respekt vor der Natur, Tieren und Pflanzen sowie vor althergebrachten und traditionellen Methoden.

In den letzten Jahren hat die Gemeinschaftsverpflegung einen völlig neuen Stellenwert in unserer Gesellschaft bekommen. Auch unser Internatsrestaurant ist ein Ort der Begegnung geworden, ein Raum, in dem sich die Schülerinnen und Schüler sowie die Lehrpersonen wohl fühlen. Hier können sie sich von den Anstrengungen des Schulalltags „restaurieren" und werden wieder fit für neue Aufgaben und Herausforderungen.

„Restaurants" tragen ihren Namen übrigens nicht zu unrecht. Dieser soll angeblich auf den Pariser Wirt Boulanger zurückgehen. Er wählte als Motto seiner Suppenküche "restaurabo", was so viel heißt wie „ich will euch erquicken" und machte damit sein Gasthaus berühmt. Sich selbst bezeichnete Boulanger treffend als „restaurateur".

Ein gutes Essen bewirkt Zufriedenheit in einfachster Form. Das ist unser Auftrag, nicht mehr und nicht weniger.

Seit dem Beschluss, das Verpflegungsangebot in der Internatsküche der Landesberufsschule Lochau nach gesundheitlichen Kriterien auszurichten, sind in einer dreijährigen Entwicklungszeit über 150 neue Rezepte entstanden und es werden laufend mehr. Tagtäglich verströmen traditionelle und moderne Gewürzkompositionen anregende Düfte in unseren Räumen, die an Großmutters Küche und an die weite Welt erinnern. Wir stellen uns immer wieder neuen Herausforderungen, die vom gesamten Küchenteam als motivierend und spannend erlebt werden.

Vom Wert „gut und gesund für junge Menschen zu kochen" zutiefst überzeugt, freue ich mich auf jeden neuen Arbeitstag. Ich tausche mich regelmäßig mit unseren Schülerinnen und Schülern aus, um ihnen das gute Gefühl zu vermitteln, dass unser Küchenteam mit derselben Fürsorge für sie am Herd steht wie ihre Mutter. Erfahrungsgemäß schätzen das jene Jugendlichen besonders, denen das Glück, liebevoll umsorgt zu sein, teilweise verwehrt blieb.

Unserem Küchenteam und den Verantwortlichen der Schule ist es bewusst, dass leistungsfähige Schülerinnen und Schüler sowie ein gutes Betriebsklima, mit einem guten Essen stehen und fallen. Unser Schlüssel zum Erfolg ist die Kombination von Altbewährtem mit Neuem, insbesondere mit Elementen aus anderen Kulturen. Diese Mischung erzeugt Spannung und weckt das Interesse der Gäste. Beste regionale Lebensmittelqualität, sorgsame Zubereitung, attraktive Angebotsgestaltung, verständliche Information und ständiger, persönlicher Kontakt zu den SchülerInnen und Schülern tragen wesentlich zur guten Akzeptanz gesunder Speisen und Getränke in unserer Internatsküche bei.

Die Essensgäste sind genauso wichtig wie das Essen selbst!

Nicht der gesundheitliche Wert der Gerichte allein ist entscheidend für Gesundheit und Wohlbefinden. Sich Zeit für Mahlzeiten in angenehmer Atmosphäre zu nehmen und bewusst, ohne Stress zu genießen, macht das Essen bekömmlich und „restauriert". Jeder ist für sich selber verantwortlich! Machen wir das Beste daraus, tun wir uns selbst regelmäßig Gutes, indem wir unsere schöne Welt mit allen Sinnen erleben und erhalten!

Dieses Buch ist eine tolle Gelegenheit, unsere Arbeitsweise vielen Leuten näher zu bringen. Doch ein Buch ist nur Papier mit Buchstaben. Um wirklich etwas zu verändern und zu erreichen, braucht es Begeisterung. Ein mit Begeisterung gelebter Tag endet mit Zufriedenheit!

Für die Entstehung dieses Buches möchte ich mich bedanken, insbesondere bei Wolfgang Ponier als Projektleiter, Angelika Stöckler als Ernährungswissenschafterin, Günter Ninol als Grafiker, Christa Engstler für die Fotografie, Günter Bucher als Verleger, bei meinem Team für den großen Einsatz und bei allen, die uns mit Rat und Tat unterstützt haben. „Etwas Gutes geschieht nur dann, wenn jemand mehr tut, als man tun muss."

Gerhard Kerber
Internatsküchenleiter der Landesberufsschule Lochau
Ausgezeichneter Lehrlingsausbilder
Dipl. Diätkoch

Ziele hartnäckig verfolgen, traditionsbewusst denken, nachhaltig entscheiden, modern und kreativ kochen, mit Freude genießen.

Über drei Jahre der Entwicklung und Überzeugungsarbeit liegen hinter mir, bis ich dieses Kochbuch nun in Händen halten kann. Anfangs nur als eine vage Idee, gestaltete sich der Weg zwischendurch mühsam und schien manchmal fast unüberwindbar. Oft war es nötig gegen den Strom zu schwimmen, risikobereit zu sein und Durchhaltevermögen zu zeigen. Doch schließlich führten viele kleine Schritte zum Ziel. Meine große Aufgabe bei der Entstehung unseres gemeinsamen Werkes war es, andere dafür zu begeistern, immer wieder zu motivieren und uns nicht vom Weg abbringen zu lassen. An dieser Stelle bedanke ich mich herzlich bei allen, die mit mir gemeinsam einen neuen Weg eingeschlagen und damit einen Beitrag zur Entstehung dieses Kochbuches geleistet haben. Ein besonderer Dank gilt meiner Frau Rosi, meinem „Golden Girl", die mir all die Jahre für den nötigen Rückhalt und Freiraum gesorgt hat.

Es freut mich, dass unser ursprünglich als Abschluss für das Projekt MehrWERT konzipiertes Kochbuch nun auch als Anregung für die Gemeinschaftsverpflegung im Handel ist. Ich hoffe, dass unsere bewährten und beliebten Rezepte viele Multiplikatoren finden und unzählige Gäste erfreuen werden. Für mich ist es jedenfalls eine der schönsten Aufgaben, meine Vorstellungen einer qualitativ hochwertigen, kreativen Gemeinschaftsverpflegung auch im Unterricht an unsere Lehrlinge weiterzugeben und sie zu kompetenten Fachleuten auszubilden. Ich freue mich täglich aufs Neue über ihre kritischen Anregungen und Gedanken, die auch zu meiner eigenen Weiterentwicklung beitragen.

Thunfisch, Kaviar, Gänsestopfleber, Austern, Trüffel und Lachs waren früher und sind auch heute noch Ausdruck für Luxus. Für mich stellt sich jedoch die Frage, ob ich diese Luxusgüter unbedingt und um jeden Preis anbieten oder verarbeiten möchte. Denn die Art und Weise, wie diese Rohprodukte heute erzeugt und gehandelt werden, bzw. unter welchen Bedingungen die Tiere dafür herhalten müssen, stimmt alle, die sich damit befassen, nachdenklich.

Ich möchte daher all meine Berufskolleginnen und -kollegen, Lehrpersonen sowie Küchenchefs anregen, sich mit Fragen der Lebensmittelproduktion und Tierhaltung auseinander zu setzen, um bei der Auswahl ihrer Rohstoffe verantwortungsvolle Entscheidungen zu treffen. Nur durch einen werterhaltenden und nachhaltigen Umgang mit Lebensmitteln, Tieren und Umwelt gewährleisten wir, dass auch nachfolgende Generationen noch mit unverfälschten anstelle von künstlich veredelten Produkten arbeiten können. Dafür lohnt es sich, einen neuen Weg einzuschlagen und nach Schätzen, die oft unmittelbar vor der Haustüre zu finden sind, zu suchen.

Zunehmend erleben wir Sinnestäuschungen durch Geschmacksverstärker, synthetische Aromen, Farbstoffe und sonstige fragwürdige Hilfsmittel, die uns „gesundes Essen" vorgaukeln. Es liegt jedoch an uns, mit natürlichen Produkten, regionalen Spezialitäten und kreativen Ideen klar dagegen zu wirken! Dazu sind fundierte Grundkenntnisse und küchentechnische Fertigkeiten erforderlich, ohne die eine Weiterentwicklung gar nicht möglich ist.

In einer Zeit, in der der Konsum industriell gefertigter Nahrungsmittel weltweit immer mehr negative Auswirkungen auf die Gesundheit der Gesellschaft hat, empfinde ich es als meine Verpflichtung, mich dieser Entwicklung bewusst entgegen zu stellen. Ich erlebe es als spannende und bedeutungsvolle Aufgabe, auf altbewährtes, über Generationen gewachsenes kulinarisches Kulturgut zu setzen und dies mit Begeisterung und Überzeugung an meinen Wirkungsstätten dem Nachwuchs sowie allen Kochinteressierten zu vermitteln.

So freue ich mich, mein Wissen und meine Erfahrungen in diesem Buch auch Ihnen weitergeben zu dürfen.

Mit kulinarisch-kollegialen Grüßen

Wolfgang Ponier
Koch aus Leidenschaft und Passion
Küchenkoordinator und Dipl. Pädagoge – LBS Lochau
Küchenmeister
Dipl. Diätkoch
Kochbuchautor

Was gibt es zu essen?

„Woher kommen wir? Wohin gehen wir? Und was gibt es zu essen?", so fasst der österreichische Kabarettist Josef Hader pointiert die wichtigsten Fragen unseres Lebens zusammen. Essen hat tatsächlich einen zentralen Stellenwert in unserem Leben. Nicht nur die lebenserhaltenden und gesundheitlichen Komponenten sind von Bedeutung. Essen steht gleichermaßen für Sinneserfahrung und Genuss, gepaart mit sozialen, kulturellen und religiösen Aspekten.

In der modernen Gesellschaft hat sich der Stellenwert des Essens deutlich verschoben. Während die Mahlzeiten früher den Tagesrhythmus vorgaben, wird Essen mehr und mehr zur Nebenbeschäftigung. Immer öfter wird unterwegs, vor dem Fernseher bzw. anderen Geräten oder unmittelbar am Arbeitsplatz gegessen. Gemeinsame Familienmahlzeiten werden seltener und auch Hauptmahlzeiten immer öfter außer Haus eingenommen. Durch veränderte gesellschaftliche Strukturen gewinnt auch die Gemeinschaftsgastronomie für junge Leute stetig an Bedeutung und stellt Schulen und Gemeinden als Verantwortliche für die Ganztagsbetreuung vor neue Herausforderungen.

Durch die steigende Zahl an Zwischen- und Hauptmahlzeiten, die auch Kinder und Jugendliche inzwischen in Gemeinschaftsverpflegungseinrichtungen einnehmen, steigt auch deren Einfluss auf die Prägung von Essgewohnheiten und damit auf die Gesundheit der Bevölkerung. Forderungen nach guten, gesunden, abwechslungsreichen und preislich vertretbaren Mahlzeiten werden immer lauter. Zugleich rücken die Themen Nachhaltigkeit und Qualität mehr und mehr in den Vordergrund. In diesem Spannungsfeld werden sich auch Verantwortliche der Gemeinschaftsverpflegung zunehmend bewusst, dass sie mit ihren täglichen Entscheidungen Werthaltungen zum Ausdruck bringen, Verantwortung für ihre Gäste übernehmen und einen wesentlichen Einfluss auf unsere Lebensqualität haben.

»Essen ist

Kultur,

Kommunikationsmittel,

ein Ritual, das junge Leute wieder

Struktur im täglichen Ablauf

erkennen lässt,

mit allen Sinnen erlebbar,

die schönste Möglichkeit, Freunde

und Gäste zu verwöhnen«

Gerhard Kerber

Gemeinschaftsrestaurant auf „Gesundheitskurs"

Mit dem Gesundheitsförderungsprojekt „MehrWERT für Körper und Geist" machte sich die Schule im Herbst 2009 auf den Weg, das Angebot der Internatsküche, in der täglich drei Mahlzeiten für jeweils rund 160 Personen angeboten werden, grundlegend zu verändern. Der Küchenleiter Gerhard Kerber absolvierte Praktika in Vorzeigebetrieben der Gastronomie und der Gemeinschaftsverpflegung. Er studierte Fachliteratur und Kochbücher für junge Leute. Außerdem ließ er sich von Experten der Firma Essenszeit, die u.a. in der beliebten Bahlsen-Kantine in Hannover ihre Gäste mit gesunden Speisen verwöhnen, beraten.

Er erweiterte seine methodischen Kenntnisse und justierte in Folge seiner Ausbildung zum Diplom Diätkoch auch seine persönliche Einstellung zum Wareneinkauf, Kochen und Essen. Reich an guten Ideen und das Vorbild der Bahlsen-Kantine klar vor Augen, startete er mit Schwung durch und krempelte das Angebot der Internatsküche mit enormem Einsatz um.

Das Resultat nach zwei Monaten war ernüchternd: Der Großteil der Jugendlichen war von der Vorstellung einer gesunden Internatsküche wenig begeistert. Das veränderte Angebot wurde kritisch beobachtet. Die Akzeptanz der neuen, gesunden Küche war mäßig und die Schülerinnen und Schüler riefen immer öfter den Pizzaservice oder verpflegten sich anderweitig. Das Personal der Küche empfand die Situation als sehr belastend und war demotiviert. Zahlreiche Lehrpersonen sahen ihre Vorahnung und ihre Zweifel bestätigt.

Das Projektteam der Schule resümierte: „Ein zu harter Gesundheitskurs führt nicht zum Erfolg. Viele Jugendliche haben sich bereits weit von einer vernünftigen Ernährung entfernt. Sie nehmen ein gesundes Speisenangebot, wie es beispielsweise in der Bahlsen-Kantine Beschäftigte im Alter von 30 bis 60 Jahren begeistert, nur äußerst zurückhaltend an. Bei einer Umstellung auf ein neues Konzept kommt es vor allem darauf an, die Mitarbeitenden ins Boot zu holen und für den neuen Weg zu begeistern."

Aufzugeben war für den Internatsküchenleiter Gerhard Kerber keine Variante. Doch er musste zurück an den Start. Seinen zweiten Versuch stellte der Küchenleiter unter das Motto „Gesunde Mahlzeiten, die Jugendlichen wirklich schmecken".

Die große Herausforderung war es, das Interesse des Küchenpersonals zu wecken sowie die Scheu vor Veränderungen und neuen Methoden abzubauen. Der Weg dahin führte über einen sinnes- und erlebnisorientierten Ansatz, der vorsieht

• beim Kochen alle Sinne zu spüren,

• das Kochen wieder neu zu erleben,

• weniger Vielfalt, dafür mehr Qualität zu bieten.

Als wesentlich für den Erfolg erweisen sich folgende Grundwerte:

- Schülerinnen und Schüler werden am Entwicklungsprozess beteiligt.

- Personal und Lehrpersonen sind Vorbilder.

- Das gesamte Speisen- und Getränkeangebot ist von bester Qualität, orientiert sich am ernährungsphysiologischen Bedarf junger Menschen und unterstützt deren Wohlbefinden und Leistungsfähigkeit.

- Alle Speisen und Getränke werden liebevoll und optisch ansprechend angerichtet, überzeugen durch einen verlockenden Geruch, ein verführerisches Geschmackserlebnis und ein angenehmes Mundgefühl.

- Freundliches, sauber gekleidetes Personal mit hoher Informationskompetenz gibt das Essen aus.

- Die Nachproduktion erfolgt immer frisch.

- Eine angenehme Atmosphäre ermöglicht den Essengästen einen erholsamen Aufenthalt im Schulrestaurant.

»Widme dich der Liebe und dem Kochen mit ganzem Herzen«

Dalai Lama

Gut geplant ist halb erledigt

„Die gesamte Menüplanung bereite ich zu Hause vor. Hier kann ich meiner Phantasie freien Lauf lassen", berichtet Gerhard Kerber. Die sorgfältigen Vorbereitungen sind seiner Ansicht nach entscheidend, um in der täglichen Küchenbesprechung den Mitarbeitenden die Zubereitung der Gerichte zügig und sachlich zu vermitteln. Erfreulich ist, dass seit der Einführung dieser gut strukturierten Vorbesprechungen alle Abläufe in der Küche ruhiger vonstatten gehen. Engagement und Arbeitsleistung des Küchenpersonals sind deutlich höher als früher. „Für uns alle ist die Arbeit wesentlich interessanter und anspruchsvoller geworden", sind sich auch die Mitarbeitenden einig.

Veränderungen brauchen Geduld

Von heute auf morgen alles umzustellen, gelingt nicht in jedem Fall. In der Küche der Landesberufsschule Lochau ging der Veränderungsprozess schließlich schrittweise vor sich. Nach dem Motto „die gesündere Wahl soll die leichtere sein", wurde es auch den Mitarbeitenden leicht gemacht, auf die gewollten Lebensmittel zurückzugreifen, indem alle Zutaten und technischen Einrichtungen, die für eine gesunde Küche notwendig sind, gut sichtbar in unmittelbarer Nähe zum Kochplatz aufgestellt wurden. Zutaten, von denen mittelfristig eine Trennung beabsichtigt war, wurden weit weg im Trockenlager verstaut.

Abwechslung macht Lust

Neben den Mittags- und Abendmahlzeiten wird auch das Frühstück in die Gesamtplanung integriert und klar strukturiert. Unter anderem werden immer wieder eigene Müslimischungen kreiert und rezeptiert. Diese werden aus biologischen Zutaten frisch hergestellt. Ein täglich wechselndes Angebot aus unterschiedlichsten Brotsorten, Käse aus der Region, bestem Honig, frisch zubereiteten Marmeladen und anderen Köstlichkeiten erwartet die Frühstücksgäste. Zwischendurch bereichern auch Milchshakes das Sortiment. Diese werden mit frischen oder getrockneten Früchten gesüßt.

Weniger ist mehr

Aus der Erkenntnis, dass ein Überangebot uns Menschen unzufrieden macht, hat die Landesberufsschule Lochau ihr Sortiment im Restaurant reduziert und konzentriert sich wieder auf das Wesentliche. Es gibt ein übersichtliches Angebot an qualitativ hochwertigen Gerichten, die fast ausschließlich aus frischen, regionalen Zutaten hergestellt sind. Das Sortiment wechselt täglich. Dadurch wird das Essen zu einem Erlebnis und die Gäste können im Selbstbedienungsbereich wieder eine klare Struktur erkennen. Der Effekt der Reduktion der täglichen Vielfalt ist verblüffend: Die Schülerinnen und Schüler sind viel zufriedener als früher.

Richtlinien für die Menüplanung

In der Internatsküche der Landesberufsschule werden bei der Menüplanung grundsätzlich folgende Punkte berücksichtigt:

- Täglich wird ein abwechslungsreiches Salatbuffet angeboten, das u.a. auch eine zweite Menüschiene ersetzt.

- Suppe bzw. Dessert werden alternierend angeboten.

- Hülsenfrüchte wie Linsen, Kichererbsen und Bohnen, Naturreis, Hirse, Dinkel und andere Getreidesorten werden regelmäßig eingesetzt.

- Drei- bis viermal pro Woche steht frisches Gemüse auf dem Speiseplan.

- Kartoffeln gibt es höchstens dreimal pro Woche.

- Zweimal pro Woche werden Gerichte mit Käse als Zutat angeboten.

- Fleisch sollte laut den aktuellen Ernährungsempfehlungen wöchentlich nicht öfter als zwei- bis dreimal auf dem Speiseplan stehen. In der Internatsküche der Landesberufsschule hat es sich allerdings bewährt, Fleisch durchaus öfter anzubieten, dafür jedoch die Portionsgrößen auf maximal 100 bis 120 Gramm zu reduzieren.

- Fisch gibt es alle 2-3 Wochen.

- Frittiertes ist höchstens einmal pro Monat im Sortiment.

- Ein Korb mit frischen Früchten steht täglich zur Verfügung.

Highlights für Personal und Gäste

Bei der Menüzusammenstellung und der Auswahl der Rezepte berücksichtigt der Küchenchef vor allem die Beliebtheit der Gerichte. Abwechslung wird groß geschrieben. Wöchentlich plant er mindestens ein „Highlight", das seine Gäste besonders mögen. Seine Kreativität kennt keine Grenzen, wenn es darum geht, traditionelle Gerichte gesund zuzubereiten und mit besonderen Gewürzen und ausgewählten Zutaten aufzuwerten. Wann immer es die Zeit erlaubt, bietet das Küchenteam den Schülerinnen und Schülern hausgemachtes Dinkelbrot an, dessen frischer Duft die gesamte Schule durchströmt.

Zu den besonderen Höhepunkten für Mitarbeitende und Gäste zählt in der Internatsküche der Landesberufsschule auch die Zubereitung von Speisen nach alter Tradition. Marmelade kochen, Speck und Fisch räuchern, Sauerkraut vorbereiten und Essig ansetzen sind besonders beliebt.

Zeit in Qualität investieren

Um mit den zeitlichen Ressourcen seines Küchenteams auszukommen, bevorzugt Gerhard Kerber einfache Gerichte und zeitschonende Zubereitungsarten.

„Das Gemüse darf ohne weiteres grob geschnitten werden. Bio-Kartoffeln bereiten wir fast ausschließlich mit der Schale zu. Das geht schneller und so bleibt uns Zeit, in die Qualität zu investieren", versichert der Diplom Diätkoch.

»Wer einen guten Braten macht, hat auch ein gutes Herz«

Wilhelm Busch

Küchentechnische Veränderungen

- Salatvariationen halten wir einfach und investieren dafür täglich in neue Zusammenstellungen (siehe auch Seite 60 – Kreative Salatkompositionen).

- Gemüse wird bissfest geschmort statt vorgekocht. Das spart Zeit und erhält den vollen, natürlichen Geschmack.

- Warme Gerichte werten wir durch vitaminreiches, rohes Gemüse auf.

- Dank spezieller Rezepturen gelingt es uns auch, unseren Gästen eher ungewohnte Gemüsesorten, wie beispielsweise Fenchel, schmackhaft zu machen.

- Butter im Kartoffelpüree ersetzen wir durch Pastinaken.

- Für mehr Wohlbefinden nach dem Essen setzen wir Obers und tierische Fette nur sehr sparsam ein.

- Viele Gewürze werden kurz vor Gebrauch frisch gemahlen (siehe auch Seite 175 – Welches Gewürz passt zu welchem Gericht?).

- Reichlich frische Kräuter sowie aromatische Kräuteröle verfeinern unsere Speisen und ersetzen Kräuterbutter. Gemeinsam mit hochwertigem Olivenöl verarbeiten wir sämtliche Kräuterreste zu Kräuteröl. Dieses lagern wir bis zu seiner Verwendung im Tiefkühler.

- Frisches, hausgemachtes Pesto – mit etwas Rahm verfeinert – verleiht zahlreichen Speisen ihre besondere Note.

- Unmittelbar vor dem Servieren werten wir die Speisen optisch und geschmacklich mit frischen Kräutern auf.

- Wir verzichten auf fertige Gewürzmischungen und auch der Einsatz von Fertiggemüsebrühe wurde von ursprünglich 48 Kilogramm pro Jahr auf null reduziert. Es kommen auch keinerlei Fertigmischungen, Zusatzstoffe oder Geschmacksverstärker zum Einsatz.

- Gemüsebrühe wird täglich frisch zubereitet und zur Weiterverarbeitung eingesetzt. Damit senken wir den Puringehalt der Speisen deutlich.

- Durch Niedertemperaturgaren erhalten wir die optimale Fleischqualität und weniger Garverlust.

- Faschiertes braten wir generell ohne Fett an und wir ergänzen den Fleischanteil durch gehacktes Gemüse wie Weißkraut oder Getreide wie Bulgur. So stellen wir beispielsweise beliebte Speisen wie Burger aus besten Zutaten her.

- Herkömmlichen Leberkäse (mit einem Fettanteil von rund 35 Prozent) tauschen wir gegen Putenleberkäse (80 Prozent Fleisch und 15 Prozent Pflanzenfett) aus. Damit verzichten wir auch auf Stabilisatoren, Geschmacksverstärker sowie Antioxidationsmittel.

- In allen Teigprodukten wird ein Drittel Vollkorndinkelmehl und ein Drittel Dinkelweißmehl eingesetzt.

- Reines Weißbrot gelangt kaum mehr zum Einsatz, sondern wird durch Brote mit einem Vollkornanteil ersetzt.

- Semmelknödel bereiten wir zur Hälfte aus Vollkornbrot zu.

- Naturreis verfeinern wir mit Olivenöl und Zitronensaft, damit er schön locker bleibt.

- Durch langsame Kochverfahren, beispielsweise Zwiebeln so lange ziehen lassen, bis sie zuckersüß schmecken, sparen wir auch bei der Speisenzubereitung Zucker ein.

- Apfelmus stellen wir durch ein schonendes Garverfahren, gänzlich ohne Zucker und Gewürze, her.

- Anstelle von Kuchendesserts servieren wir bevorzugt Fruchtdesserts, die wir mit Fruchtmark süßen.

- Bei klassischen Bäckereien reduzieren wir die übliche Zuckermenge um ein Drittel.

- Knusprige Müsliriegel bereiten wir für unsere jungen Gäste aus wertvollen Zutaten zu.

- Die Fritteuse kommt nur noch einmal pro Monat zum Einsatz.

Kleine Veränderungen mit beeindruckender Wirkung

Eine gesunde Küche kommt dann gut an, wenn das Essen schmeckt und sich die Gäste nach dem Essen wohl fühlen. Dieser Aspekt ist für die Landesberufsschule Lochau ganz entscheidend, denn die Schülerinnen und Schüler müssen auch in den Nachmittagsstunden absolut fit und leistungsfähig sein. Dazu tragen schon kleine Veränderungen bei der Speisenzubereitung bei, von denen die Jugendlichen kaum etwas merken.

- Bechamel für die Lasagne wird gänzlich ohne Fett hergestellt. Pro 100 Portionen Lasagne werden somit 2,5 Kilogramm Fett eingespart.

- Rahmsaucen werden hauptsächlich mit Gemüsebrühe hergestellt und mit 10 Prozent Sahne verfeinert.

- Der Verbrauch von handelsüblichem Fruchtjogurt wurde aufgrund des hohen Zuckergehaltes auf null reduziert. Stattdessen werden Desserts aus Bio-Naturjogurt zubereitet und mit Fruchtsaucen, die 10 Prozent Zuckerzusatz enthalten, verfeinert.

- Der Einsatz von Mayonnaise wurde um 80 Kilogramm pro Jahr auf null verringert. Stattdessen wird vorwiegend Sauerrahm verwendet.

- Ketchup wird zu 90 Prozent durch fruchtige Salsas und Sauerrahmsaucen ersetzt. So verringerte sich der Ketchup-Verbrauch um etwa 300 Kilogramm pro Jahr. Dasselbe gilt für starke Fleischextrakte wie Fleischsaucen, die wir ebenfalls durch Sauerrahm oder hausgemachte Salsasaucen ersetzen.

- Auf Margarine wird völlig verzichtet, wodurch sich Einsparungen von jährlich 100 Kilogramm ergeben.

- Durch die Umstellung des Getränkesortiments von Limonaden und Colagetränken auf Fruchtsäfte (Direktsäfte aus Äpfeln mit Holunder, Schlehe, Johannisbeere usw.), die mit mindestens einem Teil Wasser aufgespritzt werden, ergibt sich eine Einsparung von 730 Kilogramm Zucker pro Jahr.

»Alles was wir hineingeben, strahlt das Essen wieder aus«

Gerhard Kerber

Nachhaltig einkaufen

„Kochen mit Herz und Verstand" beginnt bei der Auswahl der richtigen Lebensmittel. Was wir essen und trinken, hat umfassende Auswirkungen auf unsere Umwelt und auf unsere Lebensqualität.

Bei allen Einkaufsentscheidungen der Internatsküche haben neben der Qualität der Rohstoffe auch Fragen der Ökologie sowie des Tier- und Artenschutzes einen völlig neuen Stellenwert bekommen. Die Landesberufsschule arbeitet vorwiegend mit Partnerbetrieben aus der Umgebung zusammen. Das ermöglicht in der Regel eine gute Rückverfolgbarkeit der Produkte zum Erzeuger.

Der Küchenleiter fasst zusammen, was ihm bei der Auswahl der Zutaten und Rohstoffe besonders wichtig ist:

- Das gesamte Schlachtfleisch sowie die Geflügelprodukte beziehen wir aus der Region.

- An Teigwaren verwenden wir vorwiegend Vorarlberger Nudeln aus Dinkelvollkornmehl.

- Den Anteil an biologisch angebautem Gemüse haben wir auf über 50 Prozent gesteigert.

- Wir verzichten auf den Einsatz von Fisch sowie Fleisch gefährdeter Tierarten. So bereiten wir beispielsweise Vitello tonnato nicht mit Thunfisch, sondern mit geräuchertem Fisch aus dem Ländle zu.

- Statt konventioneller Ware verwenden wir Bio-Lachs.

- Wir ersetzen immer mehr ausländische Lebensmittel durch heimische Produkte. Beispielsweise verwenden wir gepressten Frischkäse aus dem Bregenzerwald anstelle von Mozzarella.

Informationen zu ausgewählten Lieferanten der Landesberufsschule siehe Seite 188.

Sind regionale Lebensmittel in bester Qualität leistbar?

Auf den ersten Blick erscheint der Einsatz von Qualitätsprodukten und Bio-Waren aus der Region in vielen Fällen für die Gemeinschaftsverpflegung kaum erschwinglich. Dennoch ist eine Umstellung auf regionale, saisonale und nach Möglichkeit biologische Ausgangswaren bei gleichbleibenden Gesamtkosten möglich.

Seit der Umstellung der Internatsküche ist der Anteil hochwertiger Lebensmittel aus der Region massiv angestiegen. Um einen Ausgleich zu schaffen, mussten in anderen Bereichen Einsparungen verbucht werden. Das ist dem Küchenteam insbesondere durch die Reduktion der Portionsgrößen beim Fleisch und den völligen Verzicht auf fertige Gewürzmischungen sowie auf alle Arten von Fertigprodukten gelungen. Dazu kommt noch eine gekonnte Verwertung von Resten, so dass auch diese mit Begeisterung gegessen statt entsorgt werden.

> *»Zuhören,*
> *kleine Wünsche erfüllen,*
> *doch die Grundprinzipien*
> *beibehalten«*
>
> Gerhard Kerber

Tricks, damit es jungen Leuten schmeckt

Jugendliche passen ihr Essverhalten nicht den Angeboten von Gemeinschaftsrestaurants an. Vielmehr müssen Internatsküchen und Schulrestaurants den Wünschen und Ansprüchen junger Menschen gerecht werden, ohne dabei von den wesentlichen Grundsätzen abzuweichen. Wichtig ist, den Jugendlichen ein gesundes Speisen- und Getränkeangebot zur Verfügung zu stellen ohne zu vergessen, was „in" ist und was ihnen schmeckt.

Für Gäste aller Altersgruppen steht das Geschmackserlebnis eindeutig im Vordergrund. Gesundheitliche Aspekte gilt es daher oft regelrecht in den Speisen zu verstecken und nicht unbedingt an die große Glocke zu hängen. „Ehrliche Tricks" – wie die folgenden – sind dabei besonders hilfreich:

- In der Eingewöhnungsphase, in der sich Schülerinnen und Schüler an die neue Situation gewöhnen, bewährt es sich, bekannte Speisen zu kochen. Pizza gehört selbstverständlich dazu. Mit Vollkornteig, Gemüse, Ruccola und Kräuteröl ist das kein Problem.

- Einfache Gerichte lassen sich perfekt mit frischen Gemüsesalsas aufpeppen.

- „Langweiligen" Speisen verleiht aromatisches Kräuteröl eine besondere Note.

- Weniger attraktive Beilagen cool mit dem Eisschöpfer anzurichten, steigert deren Akzeptanz wesentlich.

- Ein Kräuternockerl mit erfrischendem Sauerrahm bildet das I-Tüpfelchen auf verschiedenen Gerichten.

- Geröstete Knusperkerne machen Salate, Kartoffeln und andere Gerichte bei den Schülerinnen und Schülern beliebt.

- Porzellanplatten lassen den Salat edel aussehen.

- Wenig bekannte Gerichte mit Vertrautem zu kombinieren, erhöht die Bereitschaft, Neues zu probieren (z.B. Früchtetopfen mit ein paar Honig-Pops bestreuen).

- Klingende Namen, die jungen Menschen aus dem Fast-Food-Bereich geläufig sind, für passende Gerichte zu verwenden, steigert auch deren Beliebtheit. Zu Fenchelgemüse sagen wir Kokosgemüse und der Krautburger ist ein Tsatzikiburger.

Allgemeine Informationen zu den Rezepten

- Die Rezepturen sind – sofern nicht anders angegeben – jeweils für zehn Personen berechnet.

- Bei den Lebensmitteln ist jeweils das Netto-Gewicht angeführt, sofern nicht anders angegeben.

- Die Gewichtsangaben beziehen sich bei Linsen, Reis, Kichererbsen usw. jeweils auf den gegarten Zustand, sofern nicht anders angegeben.

- Die Buchstaben BR hinter einer Zutat bedeuten Basisrezeptur. Diese Rezepturen finden Sie im vorderen Teil des Buches unter der Rubrik »Basisrezepturen« ab Seite 18.

- Bratfett kann nicht 1:1 hochgerechnet werden. Beim Umrechnen auf größere Mengen daher bitte Bratfett nach Bedarf verwenden.

- Der angegebene Fettgehalt in den Nährwerten ist nicht immer identisch mit dem Wert, der schlussendlich im Gericht enthalten ist. Beispiel: Sehr oft bleibt das Fett in der Pfanne zurück, und wird nicht mit auf dem Teller serviert. Also wird dieses Fett von den Gästen auch nicht konsumiert.

- Zahlreiche Rezepturen erwecken auf den ersten Blick einen umfangreichen und möglicherweise komplizierten Eindruck. Das stammt daher, dass weder Gewürzmischungen noch Suppenpulver verwendet werden und alle Geschmackszutaten und frischen Gewürze einzeln angeführt sind. Keine Angst – auch wenn die Liste der Gewürze länger ist –, die Speisen sind nicht überwürzt!

- Formulierungen oder Ofeneinstellungen wie: 140 °C, kombinierte Hitze, 70 % Feuchtigkeit, volle oder halbe Lüfterleistung, sind nur bei modernen Geräten anwendbar – bei älteren Geräten einfach die Ofentemperatur einstellen. Wenn Feuchtigkeit benötigt wird, können Sie eine kleine Schüssel Wasser in den Ofen stellen. Das verdampfende Wasser sorgt für Feuchtigkeit.

- Blanchieren = Bezeichnung für das kurzzeitige Eintauchen von Lebensmitteln in kochendes Wasser.

- Regenerieren = Wiedererwärmen bis zur erforderlichen Kerntemperatur (durchgaren). Optimale Keimabtötung ab 72 °C, 10 Min.

- Bitte verwenden Sie nur Sojasauce bester Qualität aus dem Bioladen, am besten Tamarisauce. Diese Sauce wird nur aus Sojabohnen, Meersalz und Wasser hergestellt und ist daher auch glutenfrei. Sie ist auch stärker im Geschmack als Shoyusauce. Achten Sie darauf, dass die Sauce nicht chemisch, sondern auf traditionelle Art hergestellt wurde.

Unsere Zutaten in unserem Rezeptprogramm sind alle dem Bundeslebensmittelschlüssel angehängt. Aufgrund ständiger Aktualisierung dieser Daten kann es zu geringen Abweichungen der Nährwerte zwischen den Angaben im Kochbuch und den Angaben auf der beigefügten CD kommen.

BASIS

BROTREZEPTE 20-23

Brot backen mit Bio-Weizen- oder Dinkelmehl
Seelenbrot
Knuspriges Knäckebrot
Mischbrot

DIPS UND SAUCEN 24-29

Preiselbeernockerl BR
Kräuternockerl BR
Arabisches Dressing BR
Tsatsikisauce BR
Sauerrahm-Knoblauchsauce BR
Süß-Sauer-Sauce kalt BR
Ruccolapesto BR
Kräuteröl BR
Senfsauce BR
Knoblauchpaste BR
Olivenpesto BR
Kokosnuss-Chutney BR
Gurkensalsa mit Mango BR
Paprikadip BR
Apfelmus BR
Eier-Sardellensauce BR

DRESSINGS UND MARINADEN 30-33

Paprika-Dressing BR
Cocktail-Dressing BR
French-Dressing BR
Parmesan-Marinade BR
Himbeer-Marinade BR
Essig-Öl-Marinade BR
Balsamico-Marinade BR
Schmormarinade für Gemüse BR

FONDS UND SAUCEN 34-37

Süß-Sauer-Marinade BR
Bratensaft BR
Gemüsebrühe BR
Geflügelbrühe BR
Tomatensauce BR
Cremige Tomatensalsa BR
Vanillesauce BR
Tomatensauce kalt BR
Grundsauce weiß BR
Béchamel BR
Gurkensauerrahm Sauce BR
Senfschaum BR
Pfeffersauce BR

KRUSTEN 38-41

Tomaten-Meerrettichkruste BR
Reiskruste BR
Kräuterkruste BR
Zitronenkruste BR
Kräuter-Parmesankruste BR
Walnußkruste BR
Bierlack BR
Apfelkruste BR

BEILAGEN 42-43

Vollkornreis mit Limettensaft und Haselnüssen BR
Palatschinkenteig für pikante Füllungen BR
Sauerkraut BR
Kartoffelviertel gebacken BR
Pizzateig BR

PANADEN 44-45

Kernemix BR
Würzige Brösel BR
Dinkelpanade BR

REZEPTUREN

Brot backen mit Bio-Weizen- oder Dinkelmehl

Speziell für kalte Buffets backen wir das Brot selber. Die auszubildenden Lehrlinge lernen dadurch, wie man Brot bäckt, und für die Schüler ist dies ein besonderes Highlight. Damit auch Brot aus Bio-Mehl optimal gelingt, gilt es ein paar Grundregeln zu beachten.

Da im biologischen Landbau kein künstlicher Stickstoffdünger eingesetzt wird, enthalten Bio-Weizen und Dinkel weniger Klebereiweiß. Das wirkt sich auf die Backeigenschaften aus und erfordert eine lange, kalte Teigführung.

Wichtig ist daher, Teige mit Bio-Mehl weder zu feucht anzusetzen, noch zu lange zu kneten. Es bewährt sich, Teige mit Mehl aus biologischem Anbau grundsätzlich kühl zu verarbeiten. Denn bei der kalten Verarbeitung sind die abbauenden Enzyme (Alpha- und Beta-Amylasen der Hefe) inaktiver und bauen damit weniger Stärke zu Zucker ab. Das hat zur Folge, dass mehr Klebereiweiß erhalten bleibt und das Brot formstabiler wird.

Es hat sich bewährt, pro Kilogramm Mehl 5 g Trockenhefe zu verwenden, den Teig etwa 10 Minuten zu kneten und über Nacht zugedeckt an einem kühlen Ort rasten zu lassen. Neben der langen Ruhezeit ist es für ein gutes Backergebnis auch entscheidend, dass die Teiglinge vor dem Backen etwa 20 Minuten bei Zimmertemperatur rasten. Schon Temperaturen über 27 °C können das Resultat beeinträchtigen.

Seelenbrot

Nährwerte pro 100 g
Energie 211,9 kcal / 887 kj
Fett 2,51 g
Proteine 6,37 g
Kohlenhydrate 39,75 g
Salzgehalt 1,17 g

Zutaten für 1 Kilogramm
190 g Mehl glatt
190 g Dinkelmehl W 700
190 g Dinkel-Vollkornmehl
400 g Wasser
11 g Meersalz fein
6 g Trockenhefe
11 g Backmalz
17 g Olivenöl Bio

Zum Bestreuen
1 g Kümmel ganz
1 g Meersalz grob

Vorbereitung:
Weißmehle sieben

Zubereitung:
1. Alle Zutaten zusammen in den großen Rührkessel geben – mit dem Knethacken auf langsamer Stufe zu einem geschmeidigen Teig rühren – 8 Min. langsam/8 Min. schnell. Der Teig sollte sehr dünn sein!
2. Eine Arbeitsfläche mit Wasser gut benetzen – den Teig darauf ausschütten – ebenfalls mit Wasser gut feucht halten. Am besten mit der nassen Hand, immer wieder darüberstreichen.
3. Ca. 1–2 h Stunden gehen lassen, bis sich Blasen bilden
4. Lange Teigstücke herunterstechen (nicht zusammenkneten)
5. Auf ein mit Backpapier belegtes Blech legen – mit Kümmel und evtl. Meeersalz bestreuen
6. Im Backofen bei 220 °C/Heißluft/reduzierte Lüfterleistung ca. 20 Min. backen.
7. Unmittelbar nach dem Einschieben etwas Wasser auf den Backrohrboden gießen – Türe gleich wieder schließen. Die letzten 10 Min. bei offenem Zug backen

Knuspriges Knäckebrot

Nährwerte pro 100 g
Energie 215,6 kcal / 902 kj
Fett   13,65 g
Proteine   6,48 g
Kohlenhydrate   15,80 g
Salzgehalt   0,78 g

Zutaten für 1 Kilogramm
220 g Roggenmehl
220 g Haferflocken Großblatt
100 g Sesam geschält
40 g Sonnenblumenkerne
40 g Haselnüsse gehobelt oder Mandeln
20 g Leinsamen
20 g Sonnenblumenöl
8 g Meersalz fein
330 g Wasser kalt

Vorbereitung:
Alle Zutaten abwiegen

Zubereitung:
1. Alle Zutaten zu einem Teig verarbeiten
2. Den Teig dünn auf ein mit Backpapier belegtes Blech streichen
3. Mit dem Teigschaber oder Messer den Teig portionieren
4. Im Backofen bei 230 °C/Heißluft ca 7 Min. backen
5. Auf 200 °C zurückschalten und weitere 20 Min. fertig backen
6. Auskühlen lassen – in Stücke knacken – essen

Mischbrot

Nährwerte pro 100 g
Energie 212,8 kcal / 890 kj
Fett   3,12 g
Proteine   7,33 g
Kohlenhydrate   37,60 g
Salzgehalt   0,99 g

Zutaten für 1 Kilogramm
450 g Mehl glatt – W 700 Weizenmehl
60 g Dinkel-Vollkornmehl
60 g Roggenmehl R 960
140 g Buttermilch (Sauermilch)
280 g Wasser
4 g Trockenhefe
10 g Meersalz fein
5 g Honig
30 g Leinsamen
30 g Sonnenblumenkerne
1 g Fenchelsamen – frisch mahlen
1 g Anis ganz – frisch mahlen
1 g Koriandersamen – frisch mahlen

Vorbereitung:
Weißmehle sieben

Zubereitung
1. Alle Zutaten in einer Rührschüssel ca 8 Min. zu einem glatten Teig kneten – weitere 8 Min. auf schneller Stufe kneten
2. Den Teig 1 – 2 Stunden bei Zimmertemperatur gehen lassen
3. Je nach Größe (500-1000g) im Backofen bei 220 °C, Heißluft, reduzierte Lüfterleistung ca. 50 Min. backen
4. Nach dem Einschieben der Brote etwas Wasser auf den Backrohrboden gießen und die Türe gleich wieder schließen
5. Die letzten 10 Min. bei offenem Zug fertig backen

Tipp: Dieser Teig kann wahlweise mit Nüssen, Oliven, Speck, Röstzwiebeln etc. vermischt werden.

Dips und Saucen

Preiselbeernockerl BR

Nährwerte pro 100 g
Energie 203,5 kcal / 851 kj
Fett 16,07 g
Proteine 7,17 g
Kohlenhydrate 6,78 g
Salzgehalt 0,73 g

Zutaten für 1 Kilogramm
310 g Frischkäse Doppelrahm – natur
310 g Topfen
310 g Sauerrahm
60 g Preiselbeerkonfitüre
4 g Meersalz fein
0,5 g Pfeffer weiß – frisch mahlen

Zubereitung:
1. Frischkäse, Topfen und Sauerrahm glatt rühren
2. Preiselbeer dazugeben – gut durchrühren
3. Würzen mit Salz und Pfeffer
4. Ca. 2 h ziehen lassen
5. Mit heißem Löffel Nockerl formen

Kräuternockerl BR

Nährwerte pro 100 g
Energie 199,5 kcal / 836 kj
Fett 17,10 g
Proteine 7,67 g
Kohlenhydrate 3,09 g
Salzgehalt 1,13 g

Zutaten für 1 Kilogramm
330 g Doppelrahm-Frischkäse natur
330 g Topfen
330 g Sauerrahm
4 g Schnittlauch
4 g Basilikum – frisch
4 g Petersilie glatt
8 g Meersalz fein
1 g Pfeffer weiß – frisch mahlen

Vorbereitung:
Kräuter waschen – schleudern – hacken
Beim Basilikum können auch die Stiele – fein gehackt – mitverwendet werden

Zubereitung:
1. Doppelrahm-Frischkäse, Topfen und Sauerrahm glatt rühren
2. Kräuter dazugeben – gut durchrühren
3. Würzen mit Salz und Pfeffer
4. Ca. 2 h ziehen lassen
5. Mit heißem Löffel Nockerl formen

Arabisches Dressing BR

Nährwerte pro 100 g
Energie 127,1 kcal / 535 kj
Fett 10,96 g
Proteine 2,39 g
Kohlenhydrate 4,46 g
Salzgehalt 1,85 g

Zutaten für 1 Kilogramm
700 g Sauerrahm
30 g Limettensaft
5 g Tahin (Sesampastenpulver)
20 g Wasser zum Anrühren der Sesampaste
8 g Meersalz fein
0,5 g Chili geschrotet – frisch mahlen
145 g Süß-Sauer-Sauce kalt BR
35 g Olivenöl Bio
10 g Gewürzmischung griechisch BR
40 g Apfelessig

Vorbereitung am Vortag:
Basisrezepturen zubereiten

Vorbereitung:
Limetten auspressen
Sesampaste zubereiten

Zubereitung:
1. Sauerrahm glatt rühren
2. Alle anderen Zutaten hinzufügen
3. Abschmecken

Tsatsikisauce BR

Nährwerte pro 100 ml
Energie 118,3 kcal / 495 kj
Fett 10,02 g
Proteine 3,14 g
Kohlenhydrate 3,49 g
Salzgehalt 1,69 g

Zutaten für 1 Liter
1000 g Sauerrahm
20 g Gewürzmischung »Griechisch« BR

Vorbereitung:
Basisrezeptur zubereiten

Zubereitung:
Sauerrahm mit Tzatzikigewürz glatt rühren

Sauerrahm-Knoblauchsauce BR

Nährwerte pro 100 g
Energie 196,2 kcal / 821 kj
Fett 18,39 g
Proteine 4,05 g
Kohlenhydrate 2,97 g
Salzgehalt 0,43 g

Zutaten für 1 Kilogramm
800 g Sauerrahm
90 g Eidotter gekocht
75 g Olivenöl Bio
15 g Limettensaft
3 g Gewürzmischung griechisch BR
1 g Meersalz fein
1 g Curcuma-Bio gemahlen
1 g Pfeffer weiß – frisch mahlen
8 g Schnittlauch
14 g Petersilie glatt
1 g Knoblauchpaste BR

Vorbereitung:
Basisrezeptur zubereiten
Eidotter mit Olivenöl mit einem Stabmixer glatt mixen
Limetten auspressen
Petersilie waschen – schleudern – hacken
Schnittlauch schneiden

Zubereitung:
1. Sauerrahm glatt rühren
2. Alle restlichen Zutaten hinzufügen – glatt rühren
3. Kräuter dazugeben
4. Abschmecken

Tipp: Statt Mayonnaise verwendbar

Tsatsikisauce

Kräuternockerl

Sauerrahm-Knoblauchsauce

Arabisches Dressing

Preiselbeernockerl

Dips und Saucen

Süß-Sauer-Sauce kalt BR

Nährwerte pro 100 g
Energie 63,2 kcal / 264 kj
Fett 0,98 g
Proteine 0,52 g
Kohlenhydrate 12,72 g
Salzgehalt 1,48 g

Zutaten für 1 Kilogramm
170 g Paprika rot – frisch
2 g Schmormarinade für Gemüse BR
500 g Wasser
90 g Honig
3 g Knoblauchpaste BR
100 g Rohrzucker
1 g Chili geschrotet – frisch mahlen
80 g Apfelessig
7 g Tomatenketchup
15 g Meersalz fein
10 g Sesam geschält

Zum Abbinden
50 g Maisstärke oder Reis-Stärke
7 g Wasser zum Anrühren

Vorbereitung:
Basisrezepturen zubereiten
Paprika waschen – Stiele und Kerne entfernen – in 1x1 cm große Stücke schneiden
Paprikawürfel mit Schmormarinade marinieren – im Backofen bei 180 °C Heißluft ca. 20 Min. schmoren – auskühlen lassen – mit dem Mixer zerkleinern

Zubereitung:
1. Anschließend alle Zutaten zusammen in einem Topf gut vermischen und aufkochen
2. Kaltes Wasser mit Maisstärke anrühren und die Sauce abbinden
3. Auskühlen lassen – nochmals glatt mixen

Die Schüler lieben diese Sauce zu Gegrilltem!

Ruccolapesto BR

Nährwerte pro 100 g
Energie 500,1 kcal / 2092 kj
Fett 49,73 g
Proteine 8,98 g
Kohlenhydrate 2,62 g
Salzgehalt 1,97 g

Zutaten für 1 Kilogramm
75 g Ruccola
45 g Petersilie glatt
150 g Sonnenblumenkerne
2 g Knoblauchpaste BR
15 g Meersalz fein
150 g Parmesan gerieben
375 g Olivenöl
150 g Rapsöl
20 g Limettensaft
20 g Sojasauce Tamari

Vorbereitung:
Basisrezeptur zubereiten
Ruccola waschen – schleudern – im Dampf kurz erhitzen – abkühlen lassen (nicht abschrecken) – grob zerhacken
Petersilie waschen – schleudern – grob zerhacken
Sonnenblumenkerne in der Moulinette fein hacken
Limetten auspressen

Zubereitung:
1. Ruccola und Petersilie mit Rapsöl im Bechermixer zu einer Paste vermixen – in eine Schüssel füllen
2. Alle restlichen Zutaten hinzufügen – gut durchrühren, bis die Paste gleichmäßig grün ist
3. In Gläser abfüllen

Tipp: *Wenn genügend Öl an der Oberseite schwimmt, hält das Pesto ca. 2 Wochen im Kühlschrank. Sonst kann das Pesto in Gläser abgefüllt auch tiefgekühlt konserviert werden.*

Kräuteröl BR

Nährwerte pro 100 g
Energie 720,9 kcal / 3016 kj
Fett 78,23 g
Proteine 0,64 g
Kohlenhydrate 1,55 g
Salzgehalt 0,89 g

Zutaten für 1 Kilogramm
25 g Thymian frisch
50 g Rosmarin frisch
120 g Petersilie glatt
25 g Schnittlauch
390 g Olivenöl
390 g Sonnenblumenöl
9 g Meersalz fein
3 g Knoblauchpaste BR

Vorbereitung:
Basisrezeptur zubereiten
Thymian und Rosmarin rebeln – hacken
Petersilie waschen – schleudern – hacken
Schnittlauch schneiden

Zubereitung:
1. Alle Zutaten nach und nach im Mixglas zerkleinern
2. In Gläser abfüllen – etwas Öl nachgießen, damit kein Sauerstoff an die Kräuter gelangt
3. Als Kräuteröl kennzeichnen und einfrieren

Dips und Saucen

Senfsauce BR

Nährwerte pro 100 g
Energie 447,8 kcal / 1874 kj
Fett 41,43 g
Proteine 2,41 g
Kohlenhydrate 14,87 g
Salzgehalt 1,21 g

Zutaten für 1 Kilogramm
380 g Senf
400 g Olivenöl Bio
160 g Honig
15 g Dill frisch
30 g Apfelessig

Vorbereitung:
Dill hacken

Zubereitung:
1. Senf mit Olivenöl glatt rühren
2. Alle restlichen Zutaten hinzufügen
3. Abschmecken mit Apfelessig

Schmeckt besonders gut zu geräuchertem Fisch.

Knoblauchpaste BR

Nährwerte pro 100 g
Energie 547,5 kcal / 2291 kj
Fett 52,92 g
Proteine 3,01 g
Kohlenhydrate 13,07 g
Salzgehalt 0,02 g

Zutaten für 1 Kilogramm
470 g Knoblauch
530 g Olivenöl Bio

Vorbereitung:
Knoblauch schälen

Zubereitung:
1. Knoblauchzehen mit Olivenöl zu einer Paste vermixen
2. In Gläser abfüllen – mit etwas Öl bedecken, damit kein Sauerstoff eindringen kann – die Paste wird dadurch länger haltbar
3. Kühl stellen

Tipp: *Sie können auch Sonnenblumenöl verwenden. Mit Olivenöl wird die Paste in gekühltem Zustand fest. Sehr praktisch.*

Olivenpesto BR

Nährwerte pro 100 g
Energie 142,2 kcal / 595 kj
Fett 9,46 g
Proteine 0,98 g
Kohlenhydrate 12,71 g
Salzgehalt 1,64 g

Zutaten für 1 Kilogramm
120 g Gurken
120 g Sellerie-Stange
30 g Basilikum frisch
300 g Oliven grün – ohne Kern
150 g Tomaten halbgetrocknet in Öl
120 g Cocktailtomaten rot
60 g Limette
50 g Olivenöl
2 g Chili geschrotet – frisch mahlen
40 g Honig

Vorbereitung:
Gurken schälen – entkernen – in kleine Würfel schneiden
Selleriestange waschen – Fäden ziehen – in kleine Würfel schneiden
Basilikum grob hacken – Stiele können auch verwendet werden, allerdings nur wenn sie fein gehackt sind
Oliven fein hacken
Tomaten abtropfen lassen – in kleine Würfel schneiden
Cocktailtomaten vierteln
Limette auspressen

Zubereitung:
1. Alle Zutaten außer Basilikum zusammenmischen
2. Ca. 1 h ziehen lassen
3. Kurz vor dem Anrichten Basilikum hinzufügen
4. Anrichten auf gebratenem Lachs

Kokosnuss-Chutney BR

Nährwerte pro 100 g
Energie 107,8 kcal / 451 kj
Fett 5,00 g
Proteine 1,29 g
Kohlenhydrate 13,94 g
Salzgehalt 0,27 g

Zutaten für 1 Kilogramm
20 g Butterschmalz
130 g Zwiebeln
1 g Chili geschrotet – frisch mahlen
10 g Ingwer frisch
1 g Currypulver – Madrocas
1 g Curcuma Bio
2 g Koriander-Samen – frisch mahlen
2 g Knoblauchpaste BR
35 g Dinkel-Vollkornmehl
110 g Kokosflocken
280 g Gemüsefond
70 g Kokosmark
340 g Paprika rot – frisch
10 g Schmormarinade für Gemüse BR
1 g Meersalz fein
2 g Zitronensaft

Vorbereitung:
Basisrezepturen zubereiten
Ingwer und Zwiebeln schälen – fein hacken
Paprika waschen – Stiele und Kerne entfernen – in 1x1 cm große Stücke schneiden – mit Schmormarinade marinieren – im Backofen bei 180 °C Heißluft ca. 20 Min. schmoren – auskühlen lassen

Zubereitung:
1. Butterschmalz in einem Topf erhitzen – Zwiebeln darin anschwitzen, bis sie weich sind
2. Gewürze hinzufügen
3. Knoblauchpaste dazugeben – alles leicht mitdünsten – Mehl und Kokosflocken dazugeben – kräftig umrühren
4. Mit Gemüsefond ablöschen und mit Kokosmark auffüllen
5. Alles aufkochen lassen
6. Paprika dazugeben – mit dem Pürierstab mixen
7. Mit Salz und Zitronensaft abschmecken
8. Servieren und mit einem ganzen Petersilienblatt garnieren

Tipp: *Ist das Chutney zu dünn, dann können Sie die Masse mit etwas Maisstärke leicht abbinden.*

Dips und Saucen

Gurkensalsa mit Mango BR

Nährwerte pro 100 g
Energie 58,3 kcal / 244 kj
Fett 3,30 g
Proteine 0,77 g
Kohlenhydrate 6,14 g
Salzgehalt 0,86 g

Zutaten für 1 Kilogramm
150 g Paprika rot – frisch
7 g Schmormarinade für Gemüse BR
110 g Süß-Sauer-Sauce kalt BR
180 g Mango frisch
360 g Gurken
50 g Frühlingszwiebeln
100 g Limettensaft
20 g Schnittlauch
20 g Olivenöl
7 g Meersalz fein
1 g Pfeffer weiß – frisch mahlen

Vorbereitung:
Basisrezepturen zubereiten
Paprika waschen – Stiele und Kerne entfernen – in 1x1 cm große Stücke schneiden – mit Schmormarinade marinieren – im Backofen bei 180 °C Heißluft ca. 20 Min. schmoren – auskühlen lassen
Mango schälen – Kern entfernen – die Frucht in kleine Würfel schneiden
Gurke waschen – schälen – die Samen entfernen – in kleine Würfel schneiden
Frühlingszwiebeln waschen – in dünne Scheiben schneiden
Schnittlauch fein schneiden

Zubereitung:
1. Alle Zutaten miteinander vermengen
2. Mit Salz und Pfeffer abschmecken

Tipp: Schnittlauch und Zwiebellauch erst kurz vor dem Servieren dazugeben, weil die grüne Farbe sonst sehr schnell grau wird.

Paprikadip BR

Nährwerte pro 100 g
Energie 100,3 kcal / 420 kj
Fett 7,20 g
Proteine 3,88 g
Kohlenhydrate 4,76 g
Salzgehalt 0,82 g

Zutaten für 1 Kilogramm
200 g Paprika rot – frisch
3 g Schmormarinade für Gemüse BR
500 g Sauerrahm
150 g Ei
2 g Gewürzmischung griechisch BR
10 g Schnittlauch
10 g Petersilie glatt
1 g Chili geschrotet – frisch mahlen
1 g Pfeffer schwarz – frisch mahlen
4 g Meersalz fein
120 g Süß-Sauer-Sauce kalt BR
2 g Apfelessig

Vorbereitung:
Basisrezepturen zubereiten
Paprika waschen – Stiele und Kerne entfernen – in 1x1 cm große Stücke schneiden – mit Schmormarinade marinieren – im Backofen bei 180 °C Heißluft ca. 20 Min. schmoren – auskühlen lassen – zu einer glatten Paste vermixen
Eier kochen – schälen – kleine Würfel schneiden
Kräuter waschen – schleudern – hacken
Sauerrahm glatt rühren

Zubereitung:
Alle Zutaten miteinander verrühren – nicht zu viel rühren, da die Sauce dann zu dünn wird – abschmecken

Schmeckt wirklich gut in einem Salatwrap!

Apfelmus BR

Nährwerte pro 100 g
Energie 52,7 kcal / 220 kj
Fett 0,40 g
Proteine 0,33 g
Kohlenhydrate 11,65 g

Zutaten für 1 Kilogramm
1000 g Äpfel – Rubinette

Vorbereitung:
Äpfel waschen

Zubereitung:
1. Ganze Äpfel samt Stiel und Schalen bei 120 °C Heißluft schmoren, bis sie weich sind
2. Geschmorte Äpfel passieren – gut durchrühren

Tipp: Bei dieser Garmethode können Sie gänzlich auf Wasser, Gewürze, Zitronen oder Zucker verzichten und es schmeckt trotzdem herrlich fruchtig und süß.

Eier-Sardellensauce BR

Nährwerte pro 100 g
Energie 112,8 kcal / 472 kj
Fett 8,41 g
Proteine 4,92 g
Kohlenhydrate 3,92 g
Salzgehalt 1,78 g

Zutaten für 1 Kilogramm
580 g Sauerrahm
80 g Essiggurken
200 g Ei
6 g Worchester Sauce
5 g Salz
1 g Pfeffer weiß frisch gemahlen
6 g Sardellenfilet
40 g Petersilie glatt
14 g Schnittlauch
16 g Kapern
40 g Zitronensaft
13 g Gewürzmischung Griechisch BR

Vorbereitung:
Basisrezeptur zubereiten
Essiggurken fein hacken
Eier hart kochen – auskühlen lassen – schälen – fein hacken
Sardellenfilets und Kapern abtropfen lassen – fein hacken
Petersilie waschen – schleudern – fein hacken
Schnittlauch fein schneiden

Zubereitung:
1. Sauerrahm glatt rühren
2. Alle Zutaten in den Sauerrahm einarbeiten – gut umrühren
3. Abschmecken – darauf achten, dass genügend Säure vorhanden ist

Es geht auch ohne Mayonaise!

Dressings und Marinaden

Paprika-Dressing BR

Nährwerte pro 100 g
Energie 480,5 kcal / 2010 kj
Fett 51,83 g
Proteine 1,13 g
Kohlenhydrate 1,02 g
Salzgehalt 1,01 g

Zutaten für 1 Kilogramm
130 g Paprika rot – frisch
10 g Schmormarinade für Gemüse BR
200 g Wasser
70 g Vollei pasteurisiert
120 g Apfelessig
10 g Meersalz fein
0,5 g Pfeffer schwarz – frisch mahlen
1 g Knoblauchpaste BR
2 g Senf
500 g Sonnenblumenöl

Vorbereitung:
Basisrezepturen zubereiten
Paprika waschen – halbieren – Stiel entfernen – entkernen – mit Schmormarinade BR marinieren – im Backofen bei 180 °C ca. 20 Min. schmoren – auskühlen lassen

Zubereitung:
1. Alle Zutaten, außer Öl und Paprika, in ein geeignetes Gefäß füllen
2. Mit dem Stabmixer gut vermengen
3. Unter ständigem Mixen, auf höchster Stufe, langsam das Öl einfließen lassen
4. Wenn die Sauce zu dünn ist, noch etwas Öl einarbeiten
5. Geschmorte Paprika hinzufügen – nochmals kräftig durchmixen, bis sich die Sauce rot färbt
6. Abschmecken

Tipp: *Das Dressing schmeckt auch scharf besonders gut.*
Geschnittenen Eisberg-Salat, der am Vortag nicht verbraucht wurde, marinieren wir immer ca. 10 Min. vor dem Anrichten mit dem scharfen Paprika-Dressing. Mit Knusperkernen, Feldsalat und halbierten Kirschtomaten lieben die Schüler diesen Salat.

Cocktail-Dressing BR

Nährwerte pro 100 g
Energie 474 kcal / 1983 kj
Fett 51,10 g
Proteine 0,98 g
Kohlenhydrate 1,22 g
Salzgehalt 1,03 g

Zutaten für 1 Kilogramm
60 g Vollei pasteurisiert
260 g Gemüsebrühe BR oder Wasser
500 g Sonnenblumenöl
130 g Apfelessig
8 g Meersalz fein
1 g Pfeffer schwarz gemahlen
3 g Senf
1 g Knoblauchpaste BR
35 g Tomatenketchup

Vorbereitung:
Vollei auftauen

Zubereitung:
1. Alle Zutaten außer Öl in ein geeignetes Gefäß füllen
2. Mit dem Stabmixer gut vermengen
3. Unter ständigem Mixen auf höchster Stufe langsam das Öl einfließen lassen
4. Wenn die Sauce zu dünn ist, noch etwas Öl einarbeiten
5. Abschmecken

French-Dressing BR

Nährwerte pro 100 g
Energie 493,6 kcal / 2065 kj
Fett 53,76 g
Proteine 0,85 g
Kohlenhydrate 0,24 g
Salzgehalt 0,90 g

Zutaten für 1 Kilogramm
60 g Vollei pasteurisiert
270 g Wasser
130 g Apfelessig
9 g Meersalz fein
1 g Pfeffer weiß – frisch mahlen
2 g Senf
3 g Knoblauchpaste BR
530 g Sonnenblumenöl

Vorbereitung:
Basisrezeptur zubereiten

Zubereitung:
1. Alle Zutaten außer Öl in ein geeignetes Gefäß füllen
2. Mit dem Stabmixer gut vermengen
3. Unter ständigem Mixen auf höchster Stufe langsam das Öl einfließen lassen
4. Wenn die Sauce zu dünn ist, noch etwas Öl einarbeiten
5. Abschmecken

Essig-Öl-Marinade

Paprika-Dressing

Cocktail-Dressing

French-Dressing

Balsamico-Marinade

Himbeer-Marinade

Parmesan-Marinade

Dressings und Marinaden

Parmesan-Marinade BR

Nährwerte pro 100 g
Energie 487,1 kcal / 2038 kj
Fett 50,57 g
Proteine 4,17 g
Kohlenhydrate 2,40 g
Salzgehalt 0,55 g

Zutaten für 1 Kilogramm
50 g Apfelessig
20 g Senf
10 g Zitronensaft
3 g Sardellenfilet
1 g Pfeffer weiß – frisch mahlen
100 g Parmesankäse gerieben
5 g Worchester Sauce
1 g Knoblauchpaste BR
2 g Tabasco
1 g Meersalz fein
310 g Gemüsefond
360 g Sonnenblumenöl
100 g Olivenöl

Vorbereitung am Vortag:
Basisrezepturen zubereiten

Vorbereitung:
Zitronen auspressen
Sardellenfilets hacken
Sonnenblumenöl und Olivenöl
zusammenmischen

Zubereitung:
1. Essig mit Senf glatt rühren
2. Alle anderen Zutaten außer Öl dazugeben und glatt rühren
3. Ölgemisch unter ständigem Rühren langsam einfließen lassen

Himbeer-Marinade BR

Nährwerte pro 100 g
Energie 616,6 kcal / 2580 kj
Fett 65,92 g
Proteine 0,19 g
Kohlenhydrate 3,88 g
Salzgehalt 0,78 g

Zutaten für 1 Kilogramm
660 g Sonnenblumenöl
260 g Apfelessig
45 g Honig
25 g Himbeeren – TK
8 g Meersalz fein
1 g Pfeffer weiß – frisch mahlen
7 g Petersilie glatt – fein hacken

Vorbereitung:
Himbeeren auftauen

Zubereitung:
Alle Zutaten, außer Petersilie und Öl, im Mixbecher zusammenmischen, den Mixer einschalten – das Öl nach und nach einfließen lassen – Petersilie dazumischen – abschmecken

Essig-Öl-Marinade BR

Nährwerte pro 100 g
Energie 231,5 kcal / 969 kj
Fett 25,05 g
Proteine 0,16 g
Kohlenhydrate 0,70 g
Salzgehalt 0,99 g

Zutaten für 1 Kilogramm
12 g Zwiebeln
220 g Apfelessig
500 g Wasser
7 g Senf
5 g Akazienhonig
1 g Knoblauchpaste BR
10 g Meersalz fein
1 g Pfeffer bunt – frisch mahlen
30 g Olivenöl
220 g Sonnenblumenöl

Vorbereitung:
Basisrezeptur zubereiten
Zwiebeln schälen – fein hacken

Zubereitung:
Alle Zutaten außer Öl im Mixbecher zusammenmischen – den Mixer einschalten – Öl langsam einfließen lassen

Dressings und Marinaden

Balsamico-Marinade BR

Nährwerte pro 100 g
Energie 484,9 kcal / 2029 kj
Fett 48,98 g
Proteine 0,93 g
Kohlenhydrate 8,63 g
Salzgehalt 1,52 g

Zutaten für 1 Kilogramm
180 g Balsamicoessig dunkel
90 g Akazienhonig
100 g Senf
140 g Gemüsefond
12 g Meersalz fein
170 g Olivenöl
310 g Sonnenblumenöl

Vorbereitung:
Basisrezeptur zubereiten
Olivenöl und Sonnenblumenöl zusammen verrühren

Zubereitung:
1. Balsamicoessig, Akazienhonig und Senf mit einem Schneebesen glatt rühren
2. Alle anderen Zutaten, außer Öl, hinzufügen und ebenfalls glatt rühren
3. Unter ständigem Rühren Olivenöl und Sonnenblumenöl nach und nach einfließen lassen

Schmormarinade für Gemüse BR

Nährwerte pro 100 g
Energie 911,2 kcal / 3812 kj
Fett 99,74 g
Proteine 0,13 g
Kohlenhydrate 0,75 g
Salzgehalt 0,78 g

Zutaten für 0,25 Kilogramm
250 g Olivenöl Bio
2 g Meersalz fein
5 g Knoblauchpaste BR

Vorbereitung:
Basisrezeptur zubereiten

Zubereitung:
Alle Zutaten zusammenmischen

Fonds und Saucen

Süß-Sauer-Marinade BR

Nährwerte pro 100 ml
Energie 47,7 kcal / 200 kj
Fett   1,32 g
Proteine   1,27 g
Kohlenhydrate   7,42 g
Salzgehalt   0,86 g

Zutaten für 1 Liter
80 g Zwiebeln
8 g Knoblauchpaste BR
50 g Paprika rot – frisch
3 g Olivenöl

Kräuter und Gewürze
0,5 g Chili geschrotet – frisch mahlen
2 g Thymian frisch
4 g Rosmarin frisch
1 g Lorbeerblatt
1 g Kreuzkümmel – frisch mahlen
4 g Fenchelsamen – frisch mahlen
6 g Paprikapulver Rubino
1 g Gewürznelken – frisch mahlen
1 g Orangenschale gerieben

Zum Fertigstellen
50 g Rohrzucker
570 g Wasser
80 g Orangensaft
15 g Balsamicoessig dunkel
170 g Tomatenketchup
4 g Worchester Sauce
30 g Sojasauce Tamari
20 g Senf
70 g Apfelsaft
2 g Meersalz fein
1 g Pfeffer schwarz – frisch mahlen

Vorbereitung:
Basisrezeptur zubereiten
Zwiebeln schälen – hacken
Paprika waschen – Stiel und Kerne entfernen – in kleine Würfel schneiden
Orangenschale abreiben

Zubereitung:
1. Die Zwiebeln, die Knoblauchpaste und die Paprika im Mixer zu einer ganz feinen Paste mixen
2. In einer Pfanne Olivenöl leicht erhitzen – die Paste darin auf kleiner Stufe rösten, bis sie aromatisch duftet
3. Sämtliche Kräuter und Gewürze und die geraspelte Orangenschale zu dem Mix in die Pfanne geben und 1 weitere Minute anschwitzen
4. Den Zucker sorgfältig unterrühren und noch ein paar Minuten weitergaren, bis sich der Zucker aufgelöst hat, und eine dicke braune Paste entstanden ist
5. Wasser zugießen – aufkochen
6. Den Orangensaft und die restlichen Zutaten hinzufügen – gut umrühren – bei mäßiger Hitze 5 Min. köcheln lassen, bis die Mischung leicht eingedickt ist
7. Abseihen – bis zur gewünschten Konsistenz eindicken – die Sauce abkühlen lassen

Bratensaft BR

Nährwerte pro 100 ml
Energie 123,9 kcal / 518 kj
Fett   3,80 g
Proteine   16,22 g
Kohlenhydrate   4,40 g
Salzgehalt   0,17 g
Alkohol   0,67 g

Zutaten für 1 Liter
700 g Schweine- oder Kalbsknochen
20 g Bratfett
80 g Karotten
80 g Sellerie-Knolle
100 g Zwiebeln
60 g Tomatenmark
20 g Mehl
70 g Rotwein
2000 g Wasser oder Gemüsefond
0,5 g Wacholderbeeren
1 g Pfeffer schwarz – frisch mahlen
0,5 g Lorbeerblatt
30 g Lauch
3 g Knoblauch – ganze Zehe

Vorbereitung:
Schweine- oder Kalbsknochen im Backofen bei 190 °C Heißluft/offener Zug, so lange garen, bis sie schön braun und knusprig sind
Karotten, Sellerie und Zwiebeln schälen – in 1x1 cm große Würfel schneiden
Lauch waschen – grob zerschneiden
Wacholderbeeren und Pfefferkörner mit der flachen Seite des Messers zerdrücken
Knoblauchzehe halbieren

Zubereitung:
1. Bratfett in einem Topf langsam erhitzen
2. Karotten und Sellerie anbraten, bis alle Seiten schön braun sind
3. Zwiebeln dazugeben – braun rösten
4. Bei mäßiger Hitze Tomatenmark dazugeben – unter ständigem Rühren mitbraten, bis das Mark dunkelbraun ist
5. Mehl dazugeben – mitbraten, bis es braun ist
6. Mit Rotwein ablöschen und mit Wasser oder Gemüsefond aufgießen
7. Knochen dazugeben – aufkochen lassen – Schaum abschöpfen
8. Wacholder, Pfefferkörner, Lorbeer, Lauch und Knoblauch dazugeben
9. Den Bratensaft ca. 3-4 Stunden leicht köcheln lassen
10. Anschließend durch ein feines Sieb abseihen
11. Auskühlen lassen
12. Am nächsten Tag das ausgehärtete Fett abschöpfen

Gemüsebrühe BR

Nährwerte pro 100 ml
Energie 13,9 kcal / 58 kj
Fett   0,16 g
Proteine   0,95 g
Kohlenhydrate   2,09 g
Salzgehalt   0,06 g

Zutaten für 1 Liter
40 g Champignon weiss – frisch
160 g Fenchel
180 g Karotten gelb
160 g Sellerie-Knolle
0,5 g Wacholderbeeren
1 g Pfeffer schwarz – frisch mahlen
2 g Liebstöckel frisch
0,5 g Lorbeerblatt
6 g Petersilie glatt
2 g Thymian frisch
2 g Knoblauch – ganze Zehe
2000 g Wasser

Vorbereitung:
Champignons waschen – grob zerhacken
Fenchel, Karotten und Sellerie waschen – schälen – grob würfeln
Wacholderbeeren zerdrücken
Liebstöckl und Petersilie waschen
Knoblauchzehe halbieren

Zubereitung:
1. Alle Zutaten mit kaltem Wasser ansetzen – ca. 2-3 Stunden leicht köcheln lassen – durch ein Stofftuch abseihen
2. Für die weitere Verwendung ist es besser, wenn die Brühe nicht gesalzen wird

Gemüsebrühe

Süß-Sauer-Marinade

Bratensaft

Fonds und Saucen *(ohne Abbildung)*

Geflügelbrühe BR

Nährwerte pro 100 g
Energie 97,8 kcal / 409 kj
Fett 5,58 g
Proteine 10,04 g
Kohlenhydrate 1,42 g
Salzgehalt 0,12 g

Zutaten für 1 Kilogramm
500 g Hühnerknochen
2000 g Wasser
120 g Zwiebeln
80 g Karotten
40 g Sellerie-Knolle
20 g Lauch
0,5 g Lorbeerblatt
0,5 g Pfeffer weiß ganz
0,5 g Muskatblüte gemahlen

Vorbereitung:
Die Hühnerknochen bei Bedarf waschen
Zwiebeln, Karotten und Sellerie in ca. 2 cm große Stücke schneiden
Lauch längs halbieren und waschen

Zubereitung:
1. Hühnerknochen mit Wasser kalt ansetzen – langsam aufkochen lassen – öfters Schaum abschöpfen
2. Für ca. 2 Stunden am Siedepunkt leicht wallen lassen
3. Nach halber Kochzeit gespickte Zwiebeln, Gemüse, Gewürze und Salz beifügen – nach dem Kochen durch ein Stofftuch abseihen

Tipp: Für eine gute Brühe ein Suppenhuhn verwenden.

Tomatensauce BR

Nährwerte pro 100 g
Energie 48,6 kcal / 203 kj
Fett 2,94 g
Proteine 1,24 g
Kohlenhydrate 4,11 g
Salzgehalt 0,57 g

Zutaten für 1 Kilogramm
4 g Butterschmalz
80 g Zwiebeln
40 g Knoblauchpaste BR
2 g Akazienhonig
1 g Koriander-Samen – frisch mahlen
1 g Kreuzkümmel – frisch mahlen
1 g Senfkörner ganz frisch mahlen
0,5 g Chili geschrotet – frisch mahlen
0,5 g Curcuma gemahlen
0,5 g Galgant gemahlen
0,5 g Ingwer gemahlen
0,5 g Basilikum getrocknet
0,5 g Oregano getrocknet
0,5 g Majoran getrocknet
0,5 g Rosmarin frisch
40 g Tomatenmark
800 g Tomaten geschält – Konserve
30 g Sojasauce Tamari
0,5 g Meersalz fein
6 g Maisstärke

Vorbereitung:
Basisrezeptur zubereiten
Zwiebel schälen – fein hacken
Rosmarin-Nadeln abzupfen – fein hacken
Schältomaten mixen

Zubereitung:
1. Butterschmalz in einem Topf erwärmen – Zwiebeln ohne Farbgebung darin anrösten
2. Knoblauch kurz mitrösten
3. Tomatenmark einarbeiten
4. Koriander, Kreuzkümmel, Senfkörner, Chili, Curcuma, Galgant und Ingwer gleichmäßig einstreuen – kurz mitrösten. Vorsicht, die Gewürze werden bitter, wenn sie zu heiß werden
5. Mit Schältomaten auffüllen
6. Die restlichen Gewürze und Sojasauce dazu geben
7. Aufkochen lassen – mit Salz abschmecken
8. Maisstärke mit etwas Wasser anrühren – bis zu einer leicht cremigen Konsistenz abbinden

Cremige Tomatensalsa BR

Nährwerte pro 100 g
Energie 145 kcal / 607 kj
Fett 11,17 g
Proteine 5,46 g
Kohlenhydrate 5,12 g
Salzgehalt 0,59 g

Zutaten für 1 Kilogramm
190 g Topfen
280 g Sauerrahm
190 g Frischkäse
90 g Süß-Sauer-Sauce kalt BR
40 g Frühlingszwiebeln
60 g Limette
190 g Tomaten frisch
3 g Meersalz fein

Vorbereitung:
Basisrezeptur zubereiten
Tomaten waschen – Stielansatz entfernen – Kerne herausdrücken – kleine Würfel schneiden – Frühlingszwiebeln waschen – Limette auspressen

Zubereitung:
1. Sauerrahm, Limettensaft und Frischkäse glatt rühren – Topfen und Süß-Sauer-Sauce dazumischen – glatt rühren – mit Salz abschmecken
2. Frühlingszwiebeln, Tomatenwürfel unterheben – abschmecken – fertig

Vanillesauce BR

Nährwerte pro 100 ml
Energie 118 kcal / 495 kj
Fett 3,42 g
Proteine 3,22 g
Kohlenhydrate 18,02 g
Salzgehalt 0,15 g

Zutaten für 1 Liter
970 g Milch
36 g Puddingpulver Vanille
100 g Zucker
1 g Vanilleschotenpulver

Zubereitung:
1. 2/3 der Milch mit Zucker und Vanille in einem Topf langsam erhitzen
2. In das restliche 1/3 Milch das Vanillepulver einrühren – wenn die Milch kocht das Milchpulvergemisch durch ein Sieb einfließen lassen – nochmals unter ständigem Rühren aufkochen

Fonds und Saucen *(ohne Abbildung)*

Tomatensauce kalt BR

Nährwerte pro 100 g
Energie 24,1 kcal / 101 kj
Fett 0,19 g
Proteine 0,96 g
Kohlenhydrate 4,49 g
Salzgehalt 1,28 g

Zutaten für 1 Kilogramm
880 g Tomaten geschält – Konserve
2 g Oregano getrocknet
2 g Knoblauchpaste
90 g Tomatenmark
8 g Meersalz fein
1 g Majoran getrocknet
0,5 g Chili geschrotet
2 g Basilikum getrocknet
2 g Thymian getrocknet
15 g Maisstärke

Vorbereitung:
Alle Zutaten abwiegen

Zubereitung:
1. Alle Zutaten in einen Topf füllen
2. Mit dem Stabmixer gut vermixen – fertig

Grundsauce weiß BR

Nährwerte pro 100 g
Energie 70,2 kcal / 294 kj
Fett 2,76 g
Proteine 2,57 g
Kohlenhydrate 8,42 g
Salzgehalt 0,40 g

Zutaten für 1 Liter
500 g Milch teilen
500 g Gemüsebrühe BR
1 g Meersalz fein
80 g Dinkelmehl W 700

Vorbereitung:
Basisrezeptur zubereiten
Mehl sieben

Zubereitung:
1. Die Hälfte der Milch mit der Gemüsebrühe erhitzen
2. Dinkelmehl mit der andern Hälfte der Milch glatt rühren und in die erhitzte Flüssigkeit einrühren
3. Unter ständigem Rühren aufkochen
4. Mit Salz abschmecken
5. Durchmixen – auskühlen lassen

Béchamel BR

Nährwerte pro 100 g
Energie 89,7 kcal / 375 kj
Fett 3,26 g
Proteine 3,89 g
Kohlenhydrate 10,77 g
Salzgehalt 0,60 g

Zutaten für 1 Kilogramm
900 g Milch
5 g Meersalz fein
0,2 g Muskatnuss gemahlen
90 g Dinkelmehl W 700

Zubereitung:
1. 3/4 der Milch in einem Topf unter ständigem Rühren zum Kochen bringen – würzen mit Salz und Muskat
2. Restliche Milch mit dem Mehl glatt rühren – in die heiße Milch einrühren
3. Aufkochen lassen – Herd abschalten – warten, bis die Sauce nicht mehr kocht – mit dem Stabmixer kräftig mixen, bis die Sauce glatt wird

Gurkensauerrahm Sauce BR

Nährwerte pro 100 g
Energie 81 kcal / 339 kj
Fett 6,84 g
Proteine 1,97 g
Kohlenhydrate 2,59 g
Salzgehalt 0,64 g

Zutaten für 1 Kilogramm
520 g Sauerrahm
20 g Limettensaft
10 g Schnittlauch
10 g Petersilie glatt
420 g Gurken
6 g Meersalz fein
0,5 g Chilipulver – frisch mahlen
15 g Olivenöl Bio

Vorbereitung:
Sauerrahm glatt rühren – nicht stark rühren, da der Sauerrahm sonst zu flüssig wird
Limetten auspressen
Schnittlauch fein schneiden
Petersilie waschen – schleudern – hacken
Gurken schälen – entkernen – in kleine Würfel schneiden

Zubereitung:
1. Alle Zutaten miteinander vermischen
2. Abschmecken

Senfschaum BR

Nährwerte pro 100 ml
Energie 134,6 kcal / 563 kj
Fett 10,45 g
Proteine 2,74 g
Kohlenhydrate 6,91 g
Salzgehalt 0,58 g

Zutaten für 1 Liter
670 g Grundsauce weiß BR
60 g Senf
270 g Sahne
1 g Meersalz fein
1 g Currypulver
1 g Essig

Vorbereitung:
Basisrezeptur zubereiten

Zubereitung:
Alle Zutaten mischen – glatt rühren – in einen Sahneboy füllen – kräftig schütteln – fertig zur weiteren Verwendung

Pfeffersauce BR

Nährwerte pro 100 g
Energie 177 kcal / 741 kj
Fett 11,45 g
Proteine 10,23 g
Kohlenhydrate 4,59 g
Salzgehalt 0,16 g
Alkohol 1,67 g

Zutaten für 1 Kilogramm
10 g Butter
100 g Schalotten
20 g Pfeffer grün ganz in Salzlake
40 g Weinbrand
560 g Bratensaft BR
260 g Sahne
1 g Estragon getrocknet
10 g Maisstärke

Vorbereitung:
Basisrezeptur »Bratensaft« zubereiten – zur Hälfte einreduzieren lassen
Schalotten schälen – fein hacken

Zubereitung:
1. Feingeschnittene Schalotten in Butter anschwitzen – grünen Pfeffer beigeben – mit Weinbrand ablöschen
2. Mit Bratensaft und Sahne auffüllen – Estragon hinzufügen – aufkochen – abschmecken und etwas reduzieren

Krusten

Tomaten-Meerrettichkruste BR

Nährwerte pro 100 g
Energie 238,5 kcal / 998 kj
Fett 21,08 g
Proteine 1,85 g
Kohlenhydrate 9,54 g
Salzgehalt 0,37 g

Zutaten für 1 Kilogramm
250 g Butter
150 g Weißbrotbrösel
5 g Meerrettich
600 g Tomaten frisch
5 g Petersilie glatt
2 g Salz
2 g Pfeffer weiß frisch gemahlen
1 g Muskatnuss gemahlen

Vorbereitung:
Butter erweichen – Tomatenstielansatz entfernen – auf der unteren Seite die Haut kreuzweise einschneiden – 8 Sek. in kochendes Wasser legen – herausnehmen und in eiskaltem Wasser abkühlen – die Haut abziehen, entkernen und in kleine Würfel schneiden
Petersilie waschen – schleudern – Blätter abzupfen – fein hacken
Meerrettich schälen – fein reiben

Zubereitung:
1. Butter mit einem Schneebesen schaumig rühren
2. Weißbrotbrösel und Gewürze beigeben
3. Am Schluss die Tomatenwürfel, gehackte Petersilie sowie den geriebenen Meerrettich locker unterheben
4. Mit Salz, Pfeffer und Muskat abschmecken
5. Auf Backpapier ca. 4 mm dick ausrollen, kurz durchkühlen – auf die gewünschte Größe ausstechen und das Fleisch oder den Fisch damit belegen
6. Im Backofen bei Oberhitze überbacken bis die Kruste schön braun ist

Reiskruste BR

Nährwerte pro 100 g
Energie 168,1 kcal / 703 kj
Fett 13,23 g
Proteine 5,96 g
Kohlenhydrate 5,68 g
Salzgehalt 0,55 g

Zutaten für 1 Kilogramm
210 g Vollkornreis Rohgewicht
10 g Sonnenblumenöl zum Braten
106 g Zwiebeln
4 g Knoblauchpaste BR
50 g Kräuteröl BR
110 g Bergkäse
4 g Salz
21 g Tomaten frisch
100 g Pfifferlinge frisch
110 g Ei
40 g Haselnüsse ganz
4 g Ingwer frisch
2 g Pfeffer schwarz frisch gemahlen
10 g Walnussöl

Vorbereitung:
Basisrezepturen zubereiten
Vollkornreis in reichlich Wasser ohne Salz zum Kochen bringen – Reis hineingeben – langsam aufkochen lassen – mit kaltem Wasser abschrecken – langsam aufkochen lassen – mit kaltem Wasser abschrecken. Vorgang so oft wiederholen bis der Reis weich ist. Nach der halben Kochzeit (nach ca. 30 Min.) das Salz hinzufügen. Abseihen – kurz abschrecken – abtropfen lassen.
Zwiebeln schälen – grob hacken
Käse fein reiben – Tomaten waschen – Stielansatz entfernen – halbieren – Kerne entfernen – kleine Würfel schneiden
Pfifferlinge waschen – gut abtropfen lassen – grob hacken – Haselnüsse grob hacken – Ingwer schälen – fein hacken

Zubereitung:
1. Sonnenblumenöl in einer Pfanne leicht erhitzen – Zwiebel, Knoblauch und Pfifferlinge darin anschwitzen – auskühlen lassen
2. Alle Zutaten miteinander vermischen
3. Auf das gebratene Fleisch legen – im Backofen bei starker Oberhitze ca. 5 Min. überbacken

Kräuterkruste BR

Nährwerte pro 100 g
Energie 660 kcal / 2762 kj
Fett 62,00 g
Proteine 2,80 g
Kohlenhydrate 18,00 g
Salzgehalt 0,70 g

Zutaten für 1 Kilogramm
625 g Olivenöl Bio
375 g Weißbrotbrösel
5 g Rosmarin frisch
5 g Thymian frisch
5 g Petersilie glatt
5 g Basilikum frisch
5 g Oregano frisch
3 g Salz
1 g Pfeffer weiß frisch gemahlen

Vorbereitung am Vortag:
Olivenöl einkühlen – gutes Olivenöl verfestigt sich, wenn es kalt wird, so erreichen Sie eine butterähnliche Konsistenz.

Zubereitung:
1. Kräuter abrebeln – einzeln fein hacken
2. Gekühltes Olivenöl mit den Weißbrotbröseln, Kräutern, Salz und Pfeffer vermengen – kühlstellen
3. Gebratenes Fleisch mit Senf bestreichen – mit Kruste belegen – im Backofen bei starker Oberhitze überbacken bis die Kruste schön braun ist.

Zitronenkruste BR

Nährwerte pro 100 g
Energie 157,7 kcal / 660 kj
Fett 12,88 g
Proteine 7,14 g
Kohlenhydrate 2,74 g
Salzgehalt 1,14 g

Zutaten für 1 Kilogramm
20 g Basilikum frisch
20 g Rosmarin frisch
20 g Petersilie glatt
100 g Oliven grün
5 g Zitronenschale gerieben
100 g Parmesan gerieben
360 g Geißkäsle
360 g Tomaten frisch

Vorbereitung:
Kräuter abrebeln – einzeln hacken
Oliven entsteinen – hacken
Geißkäse in dünne Scheiben schneiden
Tomaten in dünne Scheiben schneiden

Zubereitung:
1. Alle Kräuter mit Zitronenschale und Parmesan vermischen
2. Fischstücke anbraten – Tomate und Geißkäse dachziegelartig auf den Fisch legen
3. Die Kräuter-Parmesankäsemischung darüberstreuen

Tomaten-Meerrettichkruste

Reiskruste

Kräuterkruste

Zitronenkruste

Krusten

Kräuter-Parmesankruste BR

Nährwerte pro 100 g
Energie 530,7 kcal / 2220 kj
Fett 46,48 g
Proteine 12,62 g
Kohlenhydrate 13,66 g
Salzgehalt 1,46 g

Zutaten für 1 Kilogramm
330 g Olivenöl Bio
130 g Eidotter
260 g Parmesan
5 g Rosmarin frisch
5 g Thymian frisch
5 g Petersilie glatt
5 g Basilikum frisch
5 g Oregano frisch
270 g Weißbrotbrösel
4 g Salz
2 g Pfeffer bunt frisch gemahlen
1 g Muskatnuss gemahlen
10 g Senf

Vorbereitung am Vortag:
Olivenöl einkühlen – gutes Olivenöl verfestigt sich, wenn es kalt wird, so erreichen Sie eine butterähnliche Konsistenz

Vorbereitung am Zubereitungstag:
Kräuter abrebeln – einzeln fein hacken
Petersilie waschen – schleudern – hacken

Zubereitung:
1. Kaltes Olivenöl mit Eidotter verrühren
2. Kräuter, Parmesan und Weißbrotbrösel beigeben
3. Mit Salz, Pfeffer, Muskat und Senf würzen
4. Die Kruste lässt sich zwischen zwei Streifen Backpapier gleichmäßig ausrollen – kurz durchkühlen lassen – danach zurechtschneiden oder ausstechen und auf das Fleisch auflegen
5. Im Backofen bei starker Oberhitze überbacken bis die Kruste schön braun ist

Walnusskruste BR

Nährwerte pro 100 g
Energie 505,5 kcal / 2115 kj
Fett 41,37 g
Proteine 7,85 g
Kohlenhydrate 23,60 g
Salzgehalt 0,49 g

Zutaten für 1 Kilogramm
210 g Butter
100 g Olivenöl Bio
80 g Eidotter
60 g Eiklar
170 g Walnüsse gerieben
420 g Weißbrotbrösel
20 g Rosmarin frisch
20 g Thymian frisch
20 g Oregano frisch
20 g Petersilie glatt
20 g Basilikum frisch
20 g Feigensenf

Zubereitung:
1. Kräuter abrebeln – hacken
2. Butter schaumig schlagen – Eidotter dazu geben – kurz mitschlagen – Walnüsse, Weißbrotbrösel und Kräuter beigeben – mit Salz und Pfeffer würzen
3. Fleisch mit Feigensenf bestreichen – Kruste darauf streuen und im Backofen bei starker Oberhitze überbacken bis die Kruste schön braun ist

Bierlack BR

Nährwerte pro 100 g
Energie 107,6 kcal / 450 kj
Fett 0,00 g
Proteine 0,37 g
Kohlenhydrate 21,09 g
Salzgehalt 0,01 g
Alkohol 2,73 g

Zutaten für 1 Kilogramm
780 g Bier dunkel
150 g Honig
75 g Zucker braun

Zubereitung:
1. Alle Zutaten mischen und langsam bis zur Sirupdicke einkochen lassen
2. Das Fleisch mit Salz und Pfeffer würzen – anbraten – am Ende der Garzeit mit dem Bierlack öfters einpinseln

Apfelkruste BR

Nährwerte pro 100 g
Energie 371,4 kcal / 1554 kj
Fett 32,19 g
Proteine 4,28 g
Kohlenhydrate 14,85 g
Salzgehalt 0,24 g

Zutaten für 1 Kilogramm
260 g Olivenöl Bio
100 g Eidotter
52 g Mandeln gerieben
210 g Weißbrotbrösel
2 g Zitronenmelisse
370 g Äpfel

Vorbereitung am Vortag:
Olivenöl einkühlen – gutes Olivenöl verfestigt sich, wenn es kalt wird, so erreichen Sie eine butterähnliche Konsistenz

Vorbereitung am Zubereitungstag:
Äpfel entkernen – in kleine Würfel schneiden
Zitronenmelisse hacken

Zubereitung:
1. Olivenöl und Eigelb verrühren – Mandeln, Weißbrotbrösel, Zitronenmelisse und die Apfelwürfel untermengen – salzen – kühlstellen
2. Die Kruste auf die gebratenen Fleischstücke auflegen
3. Im Backofen bei starker Oberhitze überbacken bis die Kruste schön braun ist

Kräuter-Parmesankruste

Walnusskruste

Bierlack

Apfelkruste

Beilagen

Vollkornreis mit Limettensaft und Haselnüssen BR

Nährwerte pro 1 Portion
Energie 159 kcal / 665 kj
Fett 6,76 g
Proteine 2,95 g
Kohlenhydrate 20,79 g
Salzgehalt 0,32 g

Zutaten für 10 Portionen
1000 g Vollkornreis gekocht
3 g Meersalz fein
15 g Limettensaft
8 g Olivenöl Bio
25 g Kräuteröl BR
60 g Haselnüsse ganz

Vorbereitung:
Basisrezepturen zubereiten
Vollkornreis in reichlich Wasser ohne Salz zum Kochen bringen – Reis hineingeben – langsam aufkochen lassen – mit kaltem Wasser abschrecken – langsam aufkochen lassen – mit kaltem Wasser abschrecken.
Vorgang so oft wiederholen, bis der Reis weich ist. Nach der halben Kochzeit (nach ca 30 Min.) das Salz hinzufügen
Abseihen – kurz abschrecken – abtropfen lassen. Auf diese Weise spaltet sich das Reiskorn nicht.
Limetten auspressen
Haselnüsse grob hacken – im Backofen bei starker Oberhitze leicht anrösten

Zubereitung:
1. Den Reis mit Salz und Pfeffer würzen
2. Abschmecken mit Limettensaft, Olivenöl etwas Kräuteröl und Haselnüsse hinzufügen
3. Gut durchmischen
4. Im Dampf regenerieren (erwärmen)
5. Servieren

Palatschinkenteig für pikante Füllungen BR

Nährwerte pro 100 g
Energie 185,8 kcal / 777 kj
Fett 5,23 g
Proteine 7,58 g
Kohlenhydrate 26,13 g
Salzgehalt 0,70 g

Zutaten für 1 Kilogramm
480 g Milch
100 g Dinkelmehl W 700
100 g Weizenmehl W–700
100 g Dinkel-Vollkornmehl
170 g Ei
0,1 g Muskatblüte gemahlen
6 g Meersalz fein
50 g Maiskörner
9 g Petersilie glatt
10 g Butterschmalz

Vorbereitung:
Petersilie waschen – schleudern – grob hacken
Eier aufschlagen – mixen
Mais mit dem Mixer glatt mixen

Zubereitung:
1. Milch in eine große Schüssel füllen
2. Das Weißmehl nach und nach unter ständigem Rühren mit dem Schneebesen in die Milch einrühren – das Vollkornmehl ebenfalls einrühren
3. Die Eier und Mais hinzufügen
4. Mit Salz und Muskat würzen
5. Mit dem Stabmixer durchmixen
6. Petersilie dazugeben und nochmals gut umrühren
7. In einer Pfanne Butterschmalz erhitzen – Palatschinken braten

Sauerkraut BR

Nährwerte pro 100 g
Energie 29,6 kcal / 124 kj
Fett 0,75 g
Proteine 1,46 g
Kohlenhydrate 4,15 g
Salzgehalt 0,66 g

Zutaten für 1 Kilogramm
4 g Butterschmalz
150 g Zwiebeln
1 g Knoblauchpaste BR
7 g Honig
714 g Gemüsebrühe BR
1 g Majoran getrocknet
1 g Thymian getrocknet
3 g Meersalz fein
1 g Chili geschrotet – frisch mahlen
1 g Kümmel gemahlen
360 g Sauerkraut
10 g Maisstärke

Vorbereitung:
Basisrezepturen zubereiten
Sauerkraut kalt abwaschen – abtropfen lassen
Zwiebeln schälen – in feine Streifen schneiden

Zubereitung:
1. Butterfett in einem Topf erhitzen Zwiebeln und Knoblauch darin ohne Farbgebung anschwitzen – Honig hinzufügen – kurz mischen
2. Mit Gemüsebrühe auffüllen – würzen mit Majoran, Thymian, Salz, Chili und Kümmel gemahlen
3. Sauerkraut dazugeben – weichkochen – nach Bedarf immer wieder Gemüsebrühe nachgießen
4. Wenn das Kraut weichgekocht ist, Maisstärke mit etwas Wasser anrühren – das Kraut leicht abbinden

Tipp: *Das Kraut sollte schön weich und cremig schmecken, dann lieben es die Schüler besonders.*
Für den Sauerkrautstrudel sollten Sie das Kraut abtropfen lassen, solange es noch warm ist. Das Abtropfgewicht ist maßgebend für das Rezept Sauerkrautstrudel

Kartoffelviertel gebacken

Nährwerte pro 1 Portion
Energie 138 kcal / 577 kj
Fett 3,21 g
Proteine 3,03 g
Kohlenhydrate 23,50 g
Salzgehalt 1,54 g

Zutaten für 10 Portionen
1500 g Kartoffeln – festkochende
20 g Spezialgewürzmischung BR
30 g Olivenöl Bio

Vorbereitung:
Basisrezeptur zubereiten
Biokartoffeln waschen – vierteln – nicht schälen

Zubereitung:
1. Kartoffeln abtropfen lassen
2. Mit Spezialgewürz würzen
3. Mit wenig Olivenöl marinieren
4. Im Backofen bei 180 °C/Heißluft ca. 30 Min. backen

Pizzateig BR

Nährwerte pro 100 g
Energie 226,5 kcal / 948 kj
Fett 1,59 g
Proteine 7,41 g
Kohlenhydrate 44,30 g
Salzgehalt 1,22 g

Zutaten für 0,80 Kilogramm
250 g Weizenmehl W–700
176 g Dinkelmehl W 700
96 g Vollkornmehl
10 g Meersalz fein
290 g Wasser
4 g Trockenhefe
4 g Sonnenblumenöl

Vorbereitung:
Weizenmehl und Dinkelweißmehl sieben
Vollkornmehl nicht sieben

Zubereitung:
Alle Zutaten in der Rührmaschine langsam – ca. 10 Min. – zu einem geschmeidigen Teig rühren

Panaden

Kernemix BR

Nährwerte pro 100 g
Energie 572,6 kcal / 2396 kj
Fett   48,60 g
Proteine   21,35 g
Kohlenhydrate   10,44 g
Salzgehalt   1,95 g

Zutaten für 1 Kilogramm
220 g Kürbiskerne
100 g Sesam geschält
440 g Sonnenblumenkerne
220 g Mandeln gehobelt
4 g Walnussöl
20 g Meersalz fein

Vorbereitung:
Die Kerne getrennt in der Pfanne ohne Öl leicht rösten – auskühlen lassen

Zubereitung:
1. Alle Kerne zusammenmischen
2. Mit einigen Tropfen Walnussöl marinieren
3. Leicht salzen

Schmeckt herrlich gut!

Würzige Brösel BR

Nährwerte pro 100 g
Energie 421,8 kcal / 1765 kj
Fett   14,43 g
Proteine   8,80 g
Kohlenhydrate   62,08 g
Salzgehalt   1,12 g

Zutaten für 1 Kilogramm
12 g Sardellen Konserve
6 g Zitronensaft
1 g Chili geschrotet – frisch mahlen
840 g Semmelbrösel
60 g Olivenöl Bio
80 g Kräuteröl BR
1 g Zitronenschale gerieben
7 g Knoblauchpaste BR

Vorbereitung:
Basisrezepturen zubereiten
Sardellen klein hacken
Zitronenschale abreiben
Zitrone auspressen

Zubereitung:
1. Die Brösel in einem Topf trocken braun rösten – Herd ausschalten
2. Das Olivenöl und das Kräuteröl dazugeben – kurz mitrühren
3. Die restlichen Zutaten dazugeben – abschmecken

Tipp: *Eignet sich sehr gut für Spirellinudeln als Beilage*

Dinkelpanade BR

Nährwerte pro 100 g
Energie 412,5 kcal / 1726 kj
Fett   16,60 g
Proteine   11,64 g
Kohlenhydrate   52,14 g
Salzgehalt   0,65 g

Zutaten für 1 Kilogramm
370 g Dinkelflakes
250 g Cornflakes – Vollkorn
70 g Kokoschips Bio
100 g Kürbiskerne
100 g Sonnenblumenkerne
9 g Petersilie glatt
9 g Schnittlauch
50 g Semmelbrösel
30 g Sesam geschält
20 g Leinsamen

Vorbereitung:
Folgende Zutaten einzeln in einer Moulinette hacken:
Dinkelflocken – Vollkorn–Flakes – Kokoschips – Kürbiskerne – Sonnenblumenkerne
Kräuter waschen – schleudern – grob hacken

Zubereitung:
1. Alle Zutaten miteinander vermischen
2. Fleisch oder Fischstücke damit panieren

Schmeckt ausgezeichnet!

Dinkelpanade

Würzige Brösel

Kernemix

VOR

48	Fruchtiger Salat vom Bregenzerwälder Geißkäsle mit bunter Gurkensalsa und hausgemachten Brötle vom Mischbrot-Teig
50	Ofensalat
52	Falafel mit Vorarlberger Bergkäse und Speck vom Ländlemetzger – Salat mit arabischem Dressing
54	Zarte Frischkäsebällchen auf knackigem Gemüse – mariniert mit Olivenöl und Apfelessig
56	Gebratenes Lachsfilet auf saftig-buntem Natur-Reissalat
58	Hausgeräucherter Bio-Lachs mit Senfdillsauce
60	Kreative Salatkompositionen mit Salatplan

SPEISEN

Fruchtiger Salat vom Bregenzerwälder Geißkäsle mit bunter Gurkensalsa und hausgemachten Brötle vom Mischbrot-Teig

Nährwerte pro 1 Portion
Energie 441 kcal / 1845 kj
Fett 37,84 g
Proteine 13,73 g
Kohlenhydrate 10,05 g
Salzgehalt 2,19 g

Zutaten für 10 Portionen
1000 g Gurkensalsa mit Mango BR
0,5 g Chili geschrotet frisch mahlen
1500 g Bregenzerwälder Geißkäsle
5 g Apfelessig
50 g Schnittlauch
10 g Petersilie glatt

Vorbereitung:
Basisrezeptur zubereiten
Käse in feine Streifen schneiden
Schnittlauch schneiden
Petersilie waschen – schleudern – grob hacken

Zubereitung:
1. Gurkensalsa mit Chili abschmecken
2. Geschnittenen Käse dazugeben – leicht unterheben
3. Mit Essig abschmecken
4. Mit Kräutern garnieren

Schülerin Anna meint: Voll schräg, aber super gut!

Das Rezept für die »Brötchen« entnehmen Sie bitte den Basisrezepturen »Brotrezepte« auf Seite 22.

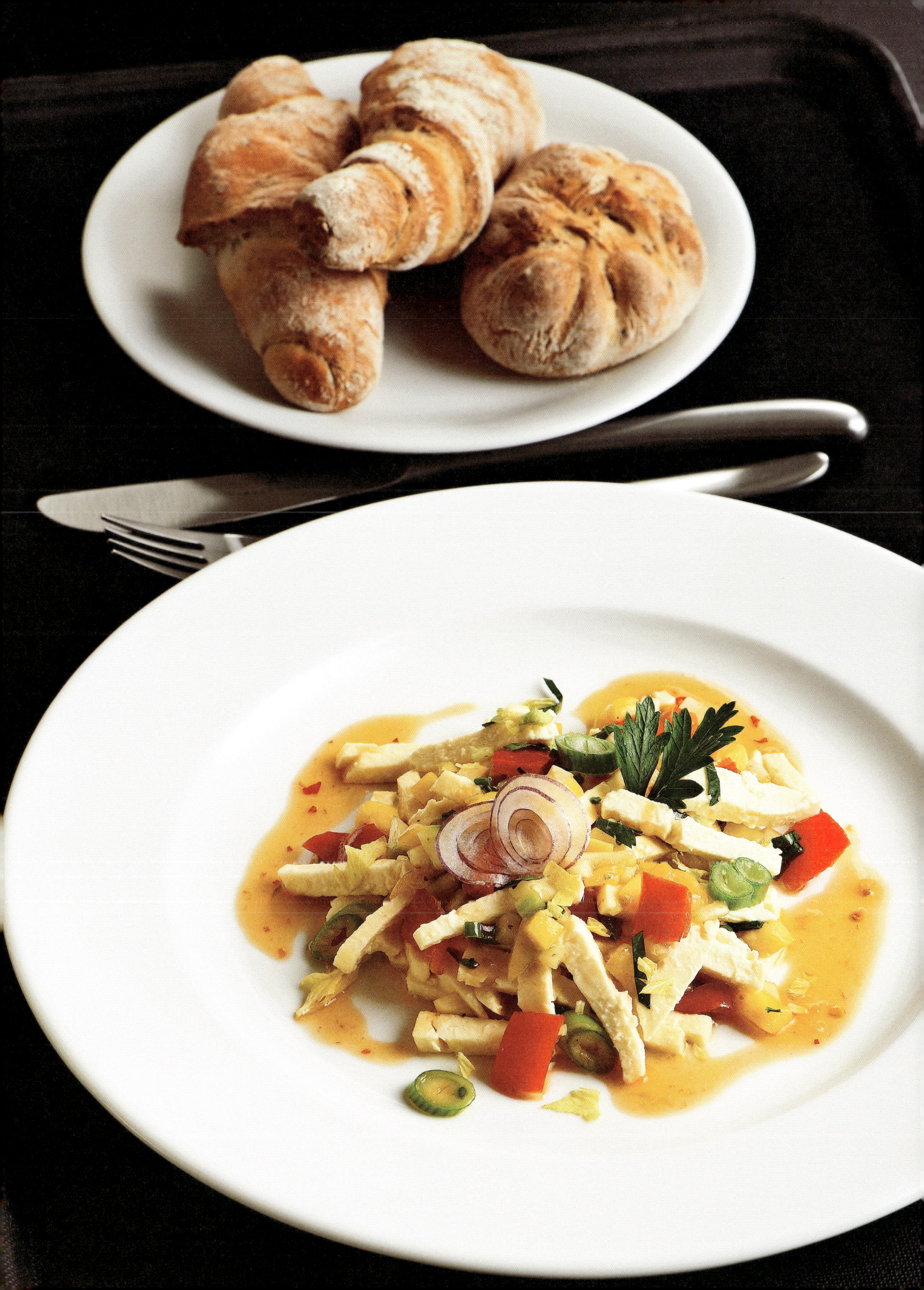

Ofensalat

Nährwerte pro 1 Portion
Energie 254 kcal / 1063 kj
Fett 16,32 g
Proteine 7,19 g
Kohlenhydrate 18,39 g
Salzgehalt 1,11 g

Zutaten für 10 Portionen
500 g Kartoffeln – festkochende Bioqualität
500 g Rote Beete gekocht
500 g Karotten
10 g Schmormarinade für Gemüse BR
500 g Spargel grün
150 g Eisbergsalat
100 g Blattsalat-Mix
50 g Ruccola
100 g Eichblattsalat grün
200 g Balsamico-Marinade BR

Vorbereitung:
Basisrezepturen zubereiten
Biokartoffeln gründlich waschen – in große Würfel schneiden – in Wasser einlegen
Rote Beete schälen – in große Würfel schneiden
Karotten schälen – in große Würfel schneiden
Spargel grün – die Enden schälen – ca. 0,5 cm vom unteren Ende abschneiden
Eisbergsalat waschen – schleudern – in grobe Streifen schneiden
Ruccola waschen – schleudern
Eichblattsalat in mundgerechte Stücke reißen – waschen – schleudern

Zubereitung:
1. Kartoffeln abtropfen lassen – mit den Karotten mischen – mit Schmormarinade marinieren – auf ein schwarzes Blech legen
2. Rote Beetewürfel ebenfalls mit Schmormarinade marinieren und auf ein schwarzes Blech legen – alles im Backofen bei 180 °C Heißluft backen bis das Gemüse und die Kartoffeln weich sind
3. Zum Schluss noch die Spargel zu dem Kartoffel-Karottengemisch dazugeben – leicht umrühren – den Spargel ca. 15 Min. mitbacken
4. Das Gemüse aus dem Ofen herausnehmen – kurz überkühlen lassen – in eine Salatschüssel füllen – mit Balsamico-Marinade marinieren – Salat und Ruccola unterheben

Tipp: Parmesan, frisch darüber gehobelt, schmeckt besonders gut!

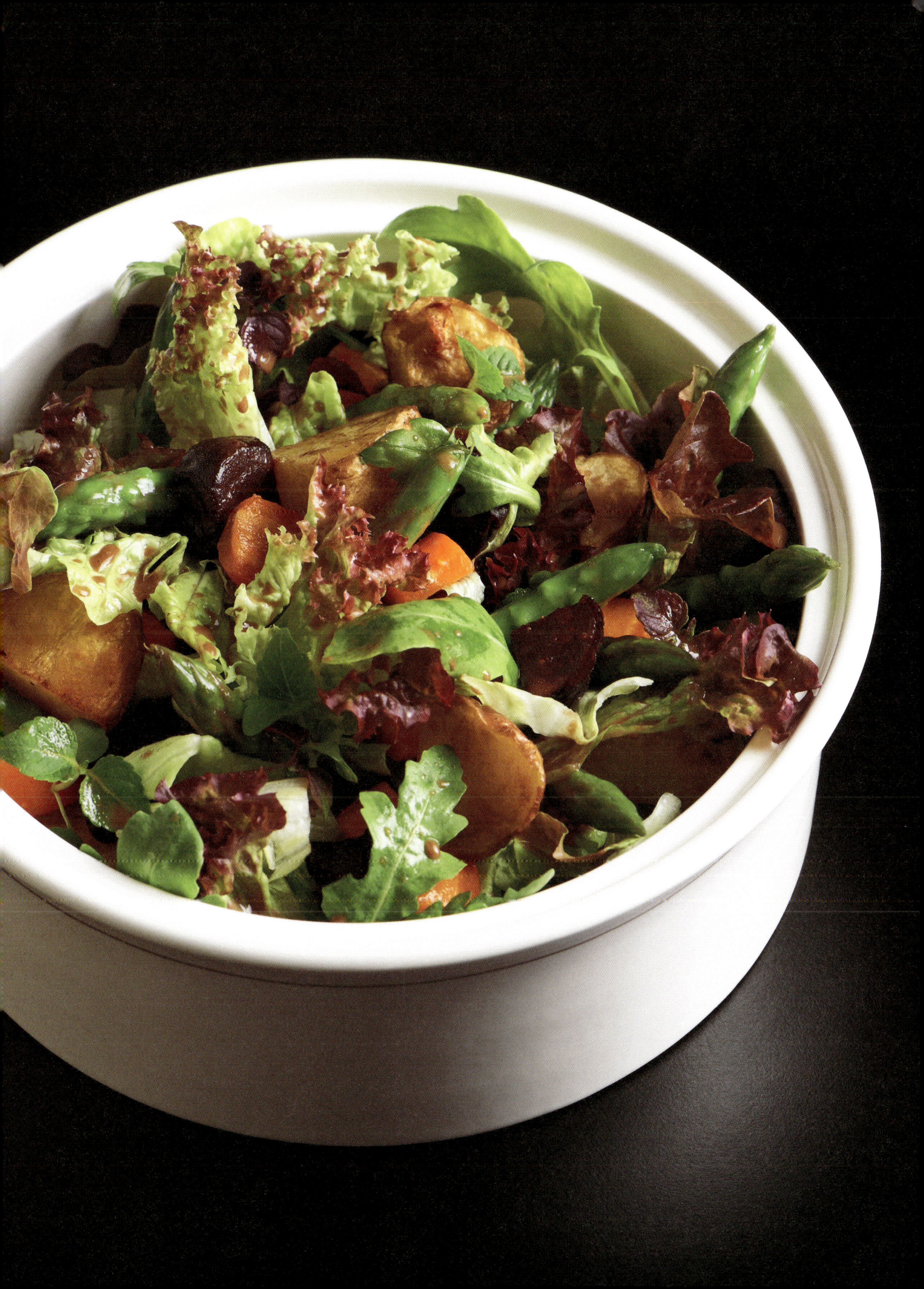

Falafel mit Vorarlberger Bergkäse und Speck vom Ländlemetzger – Salat mit arabischem Dressing

Nährwerte pro 1 Stück
Energie 86 kcal / 360 kj
Fett 4,54 g
Proteine 3,43 g
Kohlenhydrate 7,24 g
Salzgehalt 0,33 g

Zutaten für 10 Stück
10 g Sonnenblumenöl
80 g Zwiebeln geviertelt
1 g Knoblauchpaste BR
5 g Petersilie glatt mit Stiel
130 g Kichererbsen ungekocht
3 g Meersalz fein
1 g Pfeffer schwarz – frisch mahlen
1 g Kreuzkümmel – frisch mahlen
1 g Curcuma Bio gemahlen
0,5 g Zimt gemahlen
1 g Koriander-Samen – frisch mahlen
1 g Weinsteinbackpulver
20 g Schweine-Bauchspeck
28 g Bergkäse

Vorbereitung 3 Tage bevor:
Kichererbsen über 3 Tage in reichlich Wasser, bedeckt, einweichen (am besten im Kühlhaus, denn bei zuviel Licht oder Wärme keimen die Kichererbsen)

Vorbereitung am Tag der Zubereitung:
Basisrezeptur zubereiten
Kichererbsen abtropfen lassen
Zwiebeln schälen – Petersilie waschen – schleudern
Speck in kleine Würfel schneiden, anbraten – abtropfen lassen
Käserinde entfernen – Käse grob reiben

Zubereitung
1. Sonnenblumenöl in einer Pfanne leicht erhitzen, Zwiebeln, Knoblauch und Petersilie darin ohne Farbgebung anschwitzen – etwas auskühlen lassen
2. Kichererbsen und die angeschwitzten Zutaten durch den Fleischwolf, feine Scheibe, faschieren
3. Gewürze und Backpulver hinzufügen
4. Speck und Käse unterheben
5. Probelaibchen formen, in der Fritteuse backen – nochmals abschmecken
6. Mit einem Eisportionierer Kugeln von der Masse abstechen und diese mit den Händen zu kleinen Kugeln glatt rollen
7. Die Kugeln in der Fritteuse nicht ganz durch backen bis sie leicht braun sind
8. Auf einem Küchenkrepp abtropfen lassen
9. Im Backofen bei 170 °C / Heißluft durchgaren

Ein Sommerimbiss, der sich gut mit arabischen Salaten, Dips oder Avocadocrème kombinieren lässt

Salat mit arabischem Dressing

Nährwerte pro 1 Portionen
Energie 85 kcal / 351 kj
Fett 5,90 g
Proteine 1,97 g
Kohlenhydrate 5,35 g
Salzgehalt 0,93 g

Zutaten für 10 Portionen
373 g Arabisches Dressing BR
150 g Karotten
100 g Apfel
4 g Zitronensaft für die Äpfel
30 g Radieschen
40 g Mango frisch, Orangen/Grapefruitfilets
15 g Sesam geschält
10 g Petersilie glatt Blätter
150 g Blattsalat – Eisberg
150 g Blattsalat-Mix
50 g Blattsalat – Radiccio

Vorbereitung:
Basisrezeptur zubereiten
Karotten schälen – grob reiben
Apfel entkernen grob reiben – mit etwas Zitronensaft beträufeln
Radieschen zuputzen – waschen – in Stifte schneiden
Mango schälen – entkernen – in kleine Würfel schneiden
Petersilie waschen – schleudern – in Blätter zupfen
Eisbergsalat zuputzen – in 1x1 cm große Stücke schneiden – waschen – schleudern
Blattsalatemix zuputzen – waschen – in mundgerechte Stücke reissen
Radiccio zuputzen – in 1x1 cm große Stücke schneiden

Zubereitung:
1. Alle Zutaten locker vermischen
2. Kurz vor dem Servieren mit arabischem Salatdressing marinieren

Guten Appetit!

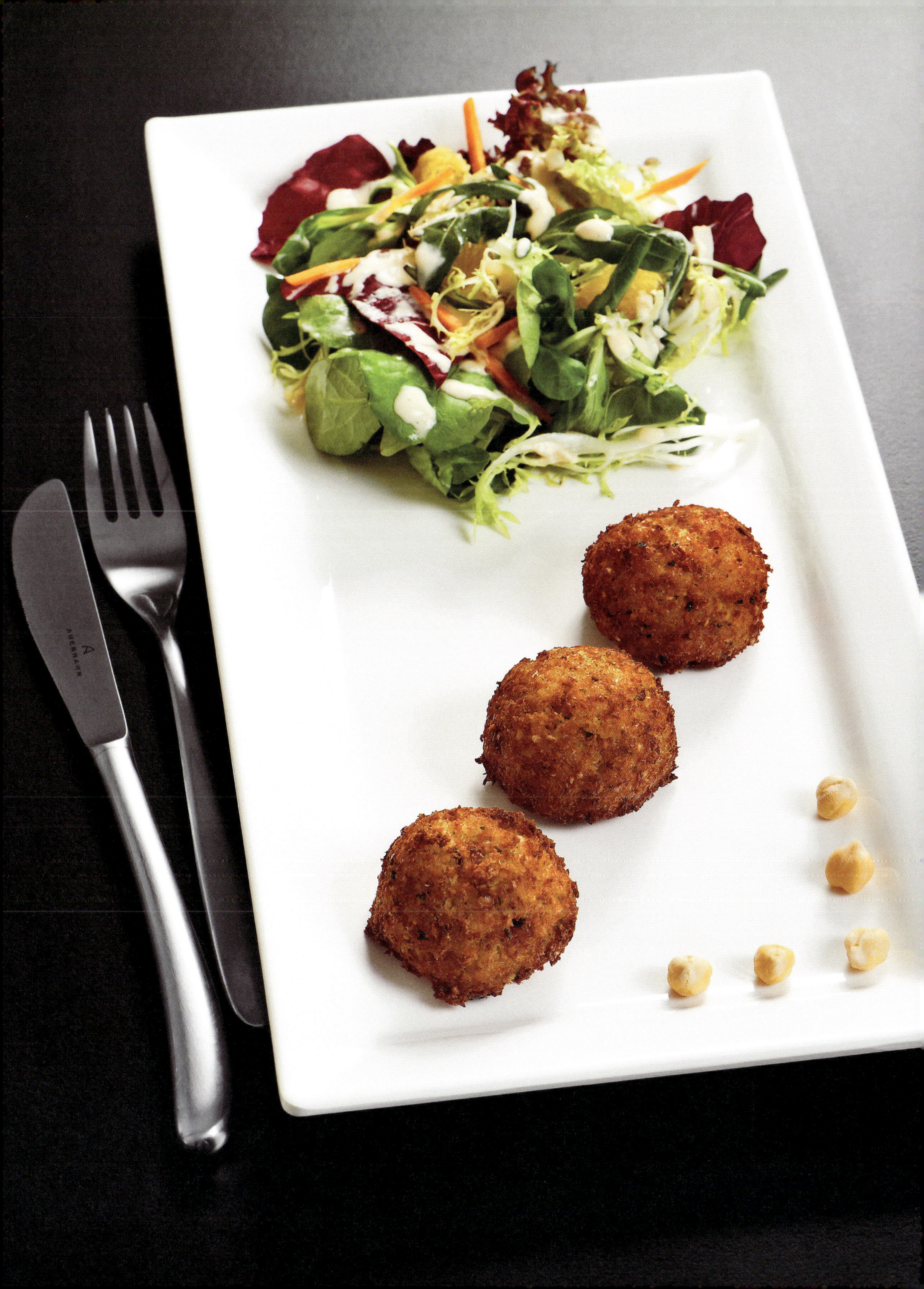

Zarte Frischkäsebällchen auf knackigem Gemüse – mariniert mit Olivenöl und Apfelessig

Nährwerte pro 1 Stück
Energie 81 kcal / 339 kj
Fett 6,88 g
Proteine 3,39 g
Kohlenhydrate 0,91 g
Salzgehalt 0,42 g

Zutaten für 10 Stück
70 g Feta Schafskäse
70 g Bregenzerwälder Geißkäsle
30 g Doppelrahm-Frischkäse – natur
6 g Kürbiskerne für die Fülle
6 g Sonnenblumenkerne für die Fülle
12 g Tomaten halbgetr. in Öl eingelegt
6 g Sesam geschält für die Fülle
2 g Paprikapulver edelsüß – zum Rollen
10 g Schnittlauch – zum Rollen
30 g Kernemix BR – zum Rollen
0,5 g Walnussöl
0,5 g Meersalz fein

Vorbereitung:
Basisrezeptur zubereiten
Fetakäse und Geißkäse durch den Fleischwolf, feine Scheibe, passieren – mit Doppelrahm-Frischkäse glatt rühren
Tomaten abtropfen lassen – hacken
Schnittlauch schneiden – Kerne für die Fülle grob hacken
Kernemix zum Rollen grob hacken – mit wenig Walnussöl und Salz marinieren

Zubereitung:
1. Käsemischung, gehackte Kürbiskerne, Sonnenblumenkerne, Sesam und gehackte Tomaten gut vermengen
2. Die Masse in einen Dressiersack füllen – dicke Rollen spritzen
3. Die Rollen in ca. 2 cm große Stücke portionieren
4. Aus den Stücken in der Handfläche Kugeln formen
5. Die Kugeln in Paprikapulver, Schnittlauch oder Kernemix rollen

Knackiges Gemüse – mariniert mit Olivenöl und Apfelessig

Nährwerte pro 100 g
Energie 72,2 kcal / 302 kj
Fett 5,19 g
Proteine 1,96 g
Kohlenhydrate 4,13 g
Salzgehalt 0,50 g

Zutaten für 1 Kilogramm
125 g Karotten
125 g Paprika gelb frisch
125 g Paprika rot frisch
125 g Zwiebeln rot
125 g Fenchel
125 g Zucchini
16 g Olivenöl Bio
3 g Meersalz fein
1 g Pfeffer weiß – frisch mahlen
2 g Knoblauchpaste BR
15 g Kräuteröl BR
14 g Apfelessig
40 g Kaminwurzen (geräucherte Hartwurst)
50 g Aubergine – Melanzani
5 g Sonnenblumenöl zum Braten
40 g Frühlingszwiebeln
2 g Salbei-Blätter frisch
2 g Basilikum frisch
2 g Petersilie glatt

Vorbereitung:
Basisrezepturen zubereiten
Karotten schälen – in 2x2 cm große Stücke schneiden – abwechslungsweise schneiden – gerader Schnitt – schräger Schnitt – im Dampf weichkochen – abkühlen lassen
Gelbe und rote Paprika waschen – entkernen – in 2x2 cm große Stücke schneiden
Zwiebeln schälen – Strunk herausschneiden – in 2x2 cm große Stücke schneiden
Fenchel putzen – waschen – in 2x2 cm große Würfel schneiden
Zucchini waschen – Stiele entfernen – in 2x2 cm große Würfel schneiden, so dass an jedem Würfel noch etwas grüne Schale vorhanden ist
Frühlingszwiebeln waschen – Wurzel entfernen – diagonal in 3 cm lange Stücke schneiden – blanchieren – mit kaltem Wasser abschrecken – abtropfen lassen
Auberginen waschen in dünne Scheiben schneiden – salzen – ca. 2 h stehen lassen – mit einem Küchenpapier abtupfen – in wenig Sonnenblumenöl anbraten – abtropfen lassen – mit Essig und wenig Knoblauchpaste marinieren
Kaminwurzen wenn möglich schälen – diagonal in dünne Scheiben schneiden

Zubereitung:
1. Karotten, Paprika, Zwiebeln, Fenchel und Zucchini miteinander vermischen – mit Olivenöl, Salz, Pfeffer und wenig Knoblauchpaste marinieren
2. Auf ein Blech nicht zu dicht verteilen
3. Im Backofen bei 180 °C Heißluft ca. 20 min schmoren – auskühlen lassen
4. Mit Kräuteröl und Apfelessig abschmecken
5. Die Gemüsemischung abwechselnd mit Kaminwurzen, den gebratenen Auberginenscheiben und den Frühlingszwiebeln auf eine weiße Porzellanplatte schlichten
6. Frische Salbeiblätter oder Basilikumblätter und Petersilienblätter darüberstreuen
7. Servieren

Tipp: Der Essig zieht nach einiger Zeit in das Gemüse ein, so ist es notwendig, nach ca. 30 Min. nochmals etwas Essig darüber zu träufeln

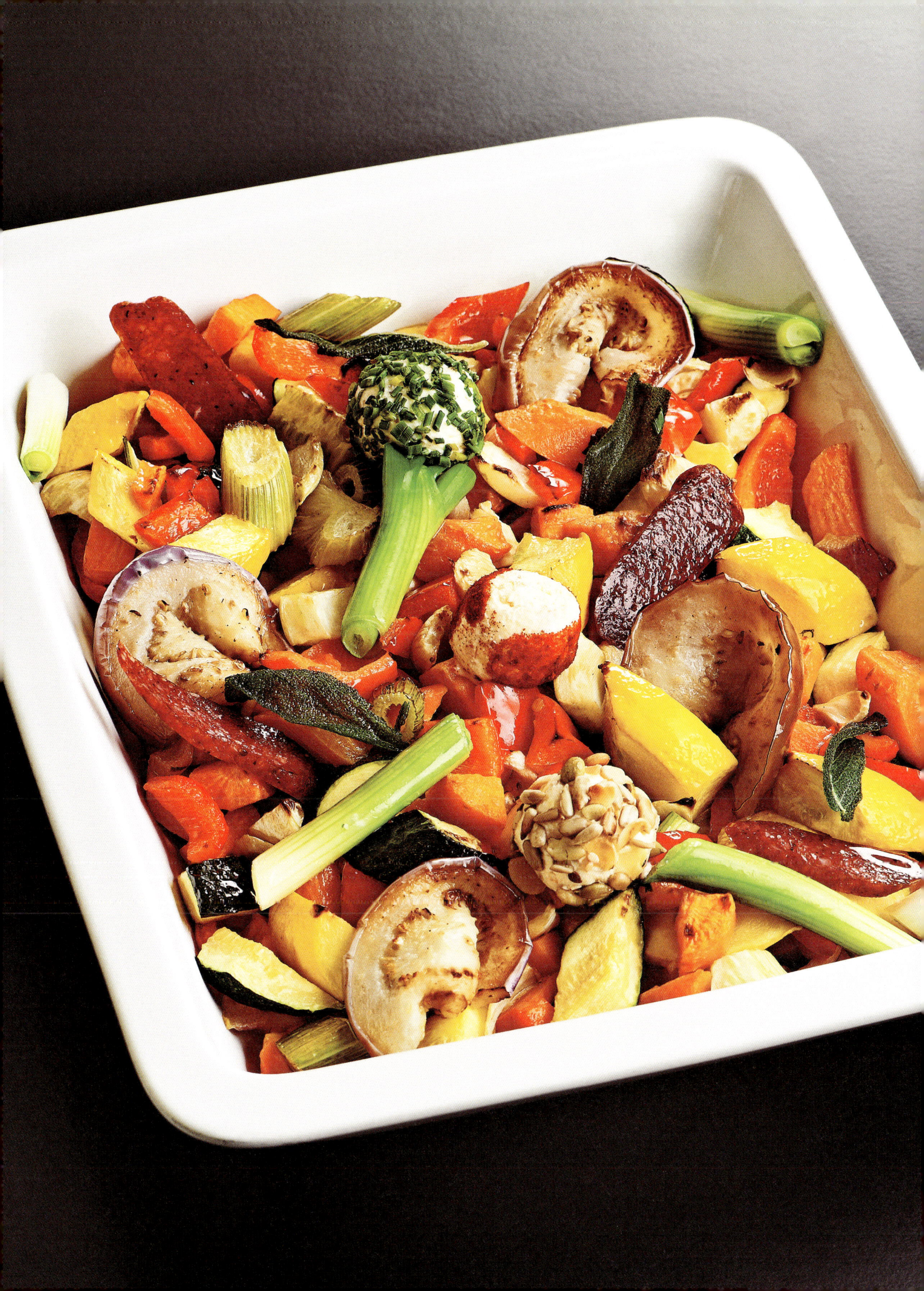

Gebratenes Lachsfilet auf saftig-buntem Natur-Reissalat

Nährwerte pro 1 Portion
Energie 219 kcal / 916 kj
Fett 11,37 g
Proteine 12,20 g
Kohlenhydrate 15,85 g
Salzgehalt 1,11 g

Zutaten für 10 Portionen
500 g Reis – Vollkornreis gekocht
50 g Paprika rot frisch
50 g Paprika gelb frisch
10 g Schmormarinade für Gemüse BR
50 g Tomaten halbgetrocknet in Öl eingelegt
10 g Zwiebeln rot
50 g Sellerie-Stange
10 g Spinat jung – frisch
50 g Zucchini
5 g Sonnenblumenöl zum Braten
2 g Ingwer frisch
1 g Zitronenschale gerieben
60 g Frühlingszwiebeln
5 g Petersilienblätter
15 g Schnittlauch
35 g Olivenöl Bio
50 g Apfelessig
3 g Meersalz fein
0,5 g Pfeffer weiß – frisch mahlen

Gebratener Fisch
500 g Lachs-Filet frisch
10 g Fischgewürz BR
50 g Mehl griffig
5 g Sonnenblumenöl zum Braten

Garnitur
2 g Basilikum frisch
50 g Zitrone
3 g Kräuteröl BR

Vorbereitung:
Basisrezepturen zubereiten
Vollkornreis in kochendes Wasser ohne Salz geben – 1x aufkochen – abschalten – ziehen lassen – nochmals aufkochen – abschalten – ziehen lassen – nach der halben Kochzeit (ca. nach 45 Min.) salzen – aufkochen – abschalten – ziehen lassen – wiederholen bis der Reis durchgegart ist – abseihen – mit kaltem Wasser kurz abschrecken – abtropfen lassen. Auf diese Weise spaltet sich das Reiskorn nicht
Paprika waschen – Stiele und Kerne entfernen – in 0,5 x 0,5 cm große Stücke schneiden – mit der Schmormarinade marinieren – im Backofen bei 180 °C Heißluft ca. 20 Min. schmoren – auskühlen lassen
Tomaten grob hacken
Zwiebeln schälen – fein hacken
Stangensellerie waschen – die Längsfäden herausziehen – kleine Würfel schneiden
Blattspinat waschen – schleudern – in Streifen schneiden
Zucchini in 0,5 x 0,5 cm große Würfel schneiden – darauf achten, dass jeder Zucchiniwürfel auch grüne Schalenteile dabei hat – in heißem Sonnenblumenöl ohne Farbgebung kurz anschwitzen – auskühlen lassen
Ingwer schälen – fein hacken
Frühlingszwiebeln in feine Ringe schneiden
Petersilie waschen – Blätter abzupfen
Schnittlauch fein schneiden
Lachs in 50 g Stücke schneiden – mit dem Fischgewürz würzen – mehlieren – in heißem Sonnenblumenöl langsam anbraten – auf einem Küchenpapier abtropfen und auskühlen lassen

Zubereitung:
1. Reis mit allen Zutaten vermischen
2. Mit Olivenöl, Essig, Salz und Pfeffer abschmecken
3. Ca. 1 h ziehen lassen – nochmals abschmecken, weil das Reiskorn die Marinade einzieht und der Salat eher geschmacklos wird
4. Auf einer weißen Porzellanplatte einen ca. 8 cm Metallring platzieren – Reis einfüllen – etwas andrücken – Ring entfernen – Lachsstücke darauflegen – mit Basilikumblättern und Zitronenscheiben garnieren.

Tipp: Fisch vom Vortag übrig? Kein Problem. Machen Sie doch diesen bunten Reis-Salat und servieren Sie den Fisch vom Vortag am Salatbuffet.

Wichtig: Erwärmen Sie den Fisch auf Zimmertemperatur vor dem Anrichten. Falls Sie auch den Reis vom Vortag verwenden möchten, dann unbedingt auch diesen im Dampf vor dem Marinieren kurz erwärmen. Anstelle von Lachs können Sie auch Schinken, Roastbeef, gebratene Speckscheiben usw. verwenden.

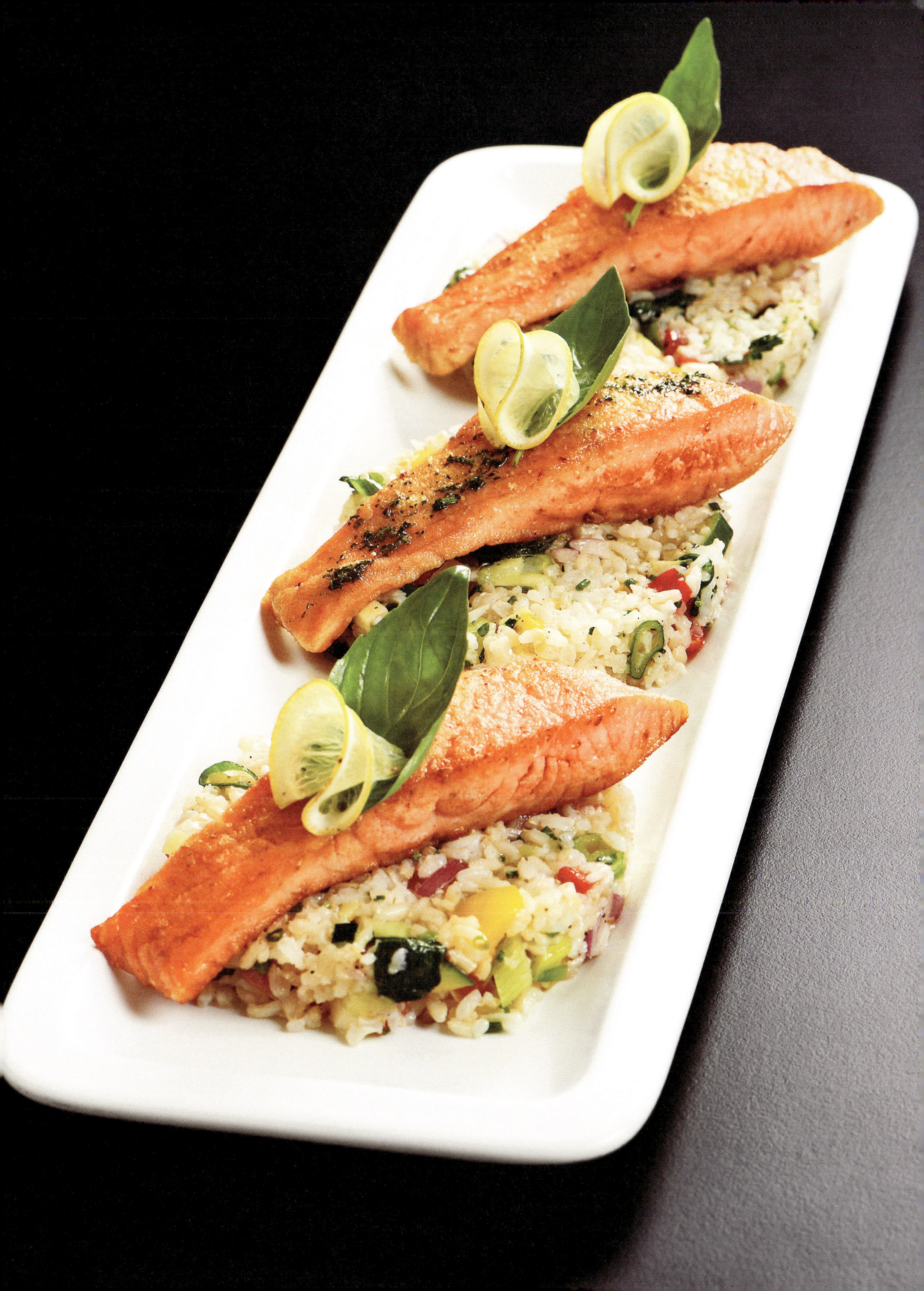

Hausgeräucherter Bio-Lachs mit Senfdillsauce

Nährwerte pro 100 g
Energie 223,4 kcal / 935 kj
Fett 14,60 g
Proteine 20,34 g
Kohlenhydrate 1,75 g
Salzgehalt 95,33 g

Zutaten für 1 Kilogramm Lachsfilet
1000 g Lachs-Filet frisch
1200 g Beize zum Fisch Räuchern BR
100 gr Senfsauce BR

Vorbereitung:
Basisrezeptur zubereiten
Lachs zuputzen – die Gräten nicht zupfen – diese werden erst nach dem Räuchern entfernt

Zubereitung:
1. Etwas Beize in eine Wanne streuen, den Lachs darauf legen – beim dicken Teil dicht mit der Beize bestreuen
2. Nach 4 Stunden auch den dünnen Teil mit Beize dicht bestreuen
3. Nach ca. 10 h sollte das Fisch-Fleisch schön fest sein
4. Die Beize gründlich abwaschen
5. Das Filet auf ein Gitter mit einer Tropftasse legen und ca. 12 h im Kühlraum trocknen lassen
6. 12 h kalt räuchern
7. Gräten herauszupfen
8. In dünne Scheiben schneiden
9. Mit Senfsauce servieren

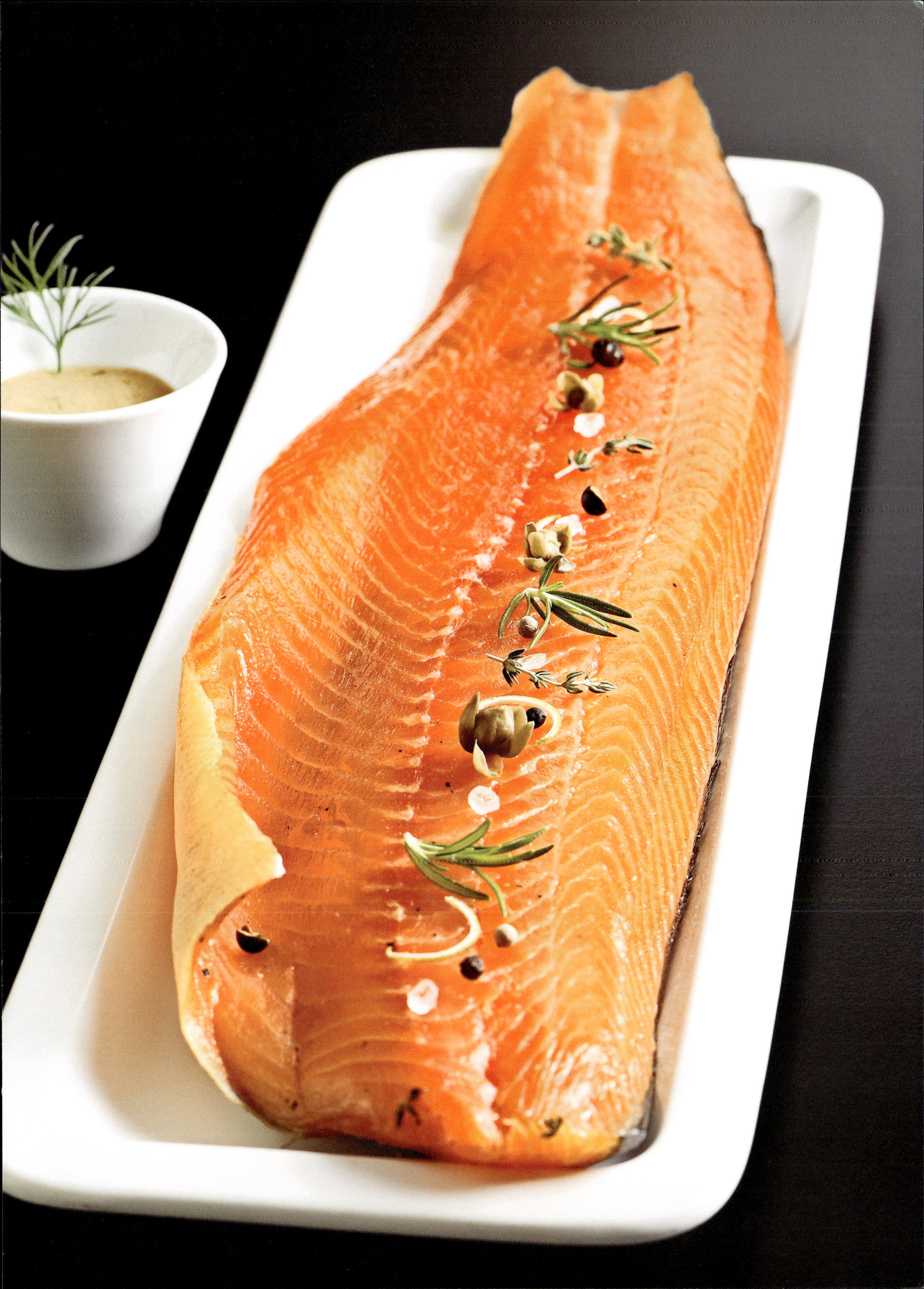

Kreative Salatkompositionen

Wer täglich Salate zubereitet oder ein Salatbuffet bestückt, hat es möglicherweise bereits selbst erlebt, wie schnell sich Gewohnheiten einschleichen. Trotz vielfältiger Möglichkeiten bleiben Abwechslung sowie Kreativität auf der Strecke.

Ein simples Instrument und eine Erinnerungshilfe für die schnelle und abwechslungsreiche Zusammenstellung von Salaten mit schmackhaften Dressings und ansprechenden Garnituren finden Sie hier. Aufgelistet sind unterschiedlichste Salate von knackigen bis weichen Sorten, Gemüsesalate, Garnituren, Kräuter und Gewürze, Käse und Salatsaucen. Die Übersicht ist beliebig erweiterbar.

Zeichnen Sie die jeweilige Salatkomposition mit einem farbigen Stift ein, indem Sie die gewünschten Zutaten miteinander verbinden. So sehen Sie bei der Planung auf einen Blick, ob das Angebot bunt oder eintönig wird und welche Zutaten benötigt werden. Anhand der Übersicht können auch Mitglieder des Küchenteams das Salatbuffet ohne lange Erklärungen selbstständig bestücken.

Die einfache Variante für ein abwechslungsreiches Salatbuffet

Knackige Salate	Chinakohl Streifen 3 mm · Zuckerhut in Streifen 2 cm · Brüsseler Salat · Radicchio Streifen 3 mm · Radicchio Vierecke 1x1 cm · Endivien Streifen 3 mm · Eisberg Vierecke 1x1 cm · Eisberg Streifen 3 mm
Weiche Salate zum Garnieren – Mundgerechte Stücke	Eichblatt · Lollo rot · Lollo grün · Kopfsalat · Feldsalat wie gewachsen · Frisée-Salat · Ruccola-Salat
Gemüse	Paprika gewürfelt 2x2 mm · Zwiebel-Streifen rot · Avocados gewürfelt 5x5 mm · Lauchstreifen Länge 1 cm · Gurken geschält ohne Samen gewürfelt · Tomaten gewürfelt mit oder ohne Kerne · Tomaten getrocknet in Streifen · Sellerie-Knollen gewürfelt · Karotten Streifen oder Würfel · Stauden-Sellerie in Würfel · Champignons · Radieschen · Zucchini Würfel 2x2 cm
Kerne	Pinienkerne · Cashew-Körner grob gehackt · Kürbiskerne grob gehackt · Sonnenblumen-Kerne · Sesam · Pistazien · Mandeln gehobelt und geröstet · Kernemix BR · Sesam schwarz geröstet
Zum Bestreuen	Ruccolapesto · Speckstreifen geröstet · Brot-Croutons mit Kräuteröl BR · Brot-Croutons ohne Kräuter · Gekochte Eier gehackt oder in Spalten · Tofu-Würfel gebraten · Oliven · Kartoffel scheiben gekocht · Weiß- oder Rotkraut-Würfel
Frische Kräuter – Gewürze	Junge Spinat-Blätter · Basilikumblätter frisch · Glatte Petersilienblätter · Schnittlauch-Stifte · Ingwer kleingehackte Würfel · Chilifäden · Kresse Dikon grob · Kress rot · Petersilie gehackt · Oreganoblätter
Käse	Ziegenfrischkäse · Parmesan grob gerieben · Feta-Käse in Würfel
Salat-Saucen	Himbeer-Marinade · Essig-Öl-Marinade · Parmesan-Marinade · Balsamico-Marinade · French-Dressing · Paprika-Dressing · Cocktail-Dressing

HAUPT

64 Frische Ländle-Bandnudeln mit zartem Rindfleisch und Kräuteröl für den wahren Gaumengenuss

66 Chinesischer Nudeltopf mit frischem Gemüse und Limetten

68 Puten-Zitronenschnitzel auf Gemüsenudeln mit Preiselbeernockerl

Schupfnudel-Gröstel mit knusprig gebratener Putenoberkeule und frischen Kräutern
70 Chiliger Sauerkrautstrudel

72 Würziges Putengeschnetzeltes mit herrlich guten Zucchinilaibchen

Gefülltes Putenröllchen mit Salbei und Frischkäse
Frisches Rosenkohlgemüse mit Knusperspeck
74 Perfekte Rahmpolenta mit Kräuterölsahne

76 Bunte Gemüsepfanne mit gebratenem Putensteak in Dinkelpanade und Kokosnusschutney

78 Putenroulade mit Dörrpflaumenfülle und feinem Lauchröllchen

80 Geräucherte Putenoberkeule auf Rosmarinrösti mit gekochtem Ackergemüse

82 Das Lieblings-Zitronenhuhn, geschmort im Fencheltopf mit buntem Bulgur, den Sie nie mehr vergessen werden

84 Gefüllte Paprikaringe mit Broccoli und würzigen Bröselnudeln

86 Hackfleischkugeln mit Pesto auf lauwarmem Kartoffel-Radieschensalat

88 Hackfleisch-Bulgur-Strudel mit wunderbarem Fenchelgemüse und Vollkornreis

90 Mais-Palatschinken gefüllt mit Hackfleisch, knackigem Salat und frischen Bio-Tomaten – dazu Gurkensauerrahm-Sauce

92	**Kartoffel-Hackfleischpfanne mit geschmortem Wurzelgemüse und frischen Kräutern – dazu herzhafter Bratensaft**
94	**Knusprige Pizzatasche gefüllt mit Ricotta, Spinat und Schinken**
96	**Schweineripple mit Süß-Sauermarinade** **Wunderbares Kürbis-Linsengemüse und Kräuternockerl**
98	**Zarte Rindshuft auf Aprikosen-Tomatensauce** **Gemüse vom Acker mit gebratenem Grünkern** **Knusprig gebackene Kartoffelviertel**
100	**Rindsgeschnetzeltes – Gemüsegröstel mit Senfschaum** **Gebratene Schwobe-Spätzle**
102	**Gefüllte Zucchinitaschen mit Käse und Schinken** **Gebratene Kürbiswürfel mit Sesam** **Kräuterkartoffeln mit Knusperkernen**
104	**Maultaschen einmal anders**

VEGETARISCH

106	Tagliatellenudeln mit Ruccolapesto und Gartengemüse
108	Spaghettinudeln mit Tomaten und Basilikum
110	Die perfekte Gemüselasagne mit Kräutern frisch aus dem Garten
112	Gebratene Ricottalaibchen mit fruchtiger Gurkensalsa Bunter Salat mit scharfem Paprikadressing
114	Knusprige Dinkelflakes-Laibchen auf Apfelrotkraut
116	Buntes Gartengulasch mit frischem Gemüse und Kartoffellaibchen
118	Salatwraps mit süß-saurem Gemüse, würzigem Paprikadip und gebackenem Kräuterölbrötchen

FISCH

120	Gedämpfter Biolachs auf dem besten Olivenpesto mit Kartoffel-Pastinakenpüree
122	Gebratenes Welsfilet mit Broccoli-Rosmarinsauce und Gemüsereis
124	Bratfische
126	Fisch im Jufkabrot

SPEISEN

Frische Ländle-Bandnudeln mit zartem Rindfleisch und Kräuteröl für den wahren Gaumengenuss

Nährwerte pro 1 Portion
Energie 438 kcal / 1833 kj
Fett 21,35 g
Proteine 31,64 g
Kohlenhydrate 26,06 g
Salzgehalt 1,65 g
Alkohol 0,95 g

Zutaten für 10 Portionen
800 g Nudeln Tagliatelle Rohgewicht
25 g Sonnenblumenöl
1200 g Rind-Geschnetzeltes
170 g Zwiebeln rot
2 g Knoblauchpaste BR
5 g Rosmarin frisch
1 g Thymian frisch
175 g Karotten rot
175 g Sellerie-Stange
100 g Rotwein
300 g Tomaten würfelig Konserve
10 g Rollgerste
200 g Gemüsebrühe BR
0,4 g Zimt gemahlen
10 g Meersalz fein
1 g Pfeffer weiß – frisch mahlen
15 g Butter
20 g Parmesankäse gerieben

Garnitur
1 g Rosmarin-Zweig – frisch
1 g Thymian Zweig – frisch
100 g Limette
50 g Kräuteröl BR

Vorbereitung:
Tagliatelle-Nudeln in reichlich Salzwasser bissfest kochen –
abseihen – mit kaltem Wasser abschrecken – abtropfen lassen –
mit etwas Sonnenblumenöl marinieren, damit die Nudeln nicht
zusammenkleben
Basisrezepturen zubereiten
Zwiebeln schälen – fein hacken
Karotten schälen – fein hacken
Stangensellerie – die Fäden herausziehen – fein hacken
Rosmarin und Thymian abrebeln – hacken

Zubereitung:
1. Fleisch in heißem Sonnenblumenöl nach und nach anbraten, so dass das Fleisch nicht zu kochen beginnt – herausnehmen
2. In der gleichen Pfanne Zwiebeln, Knoblauch, Rosmarin, Thymian, Karotten und Sellerie anschwitzen – bei reduzierter Hitze ca. 5 Min. mitbraten – Fleisch wieder hinzufügen
3. Mit Rotwein ablöschen – leicht köcheln lassen
4. Tomaten, Gerste, und soviel Geflügelfond bis das Fleisch damit bedeckt ist hinzufügen
5. Zimt hinzufügen – umrühren
6. Alles in eine feuerfeste Form füllen – Deckel schließen
7. Im Backofen bei 160 °C/Heißluft/reduzierte Lüfterleistung ca. 3 Stunden schmoren lassen
8. Würzen mit Salz und Pfeffer – evtl. mit etwas Geflügelfond verdünnen – mit kleinen Butterstücken verfeinern (so bekommt die Sauce einen schönen Glanz)
9. Wasser mit Salz und etwas Butter zum Kochen bringen, Nudeln darin erwärmen – abseihen – auf einem heißen Teller anrichten – die Fleischsauce darüber gießen
10. Garnieren mit Rosmarin, Thymian, Limettenscheibe und etwas frischem Kräuteröl.

Zergeht auf der Zunge!

Tipp: *Frisch geriebener Parmesan kann dazu serviert werden.*

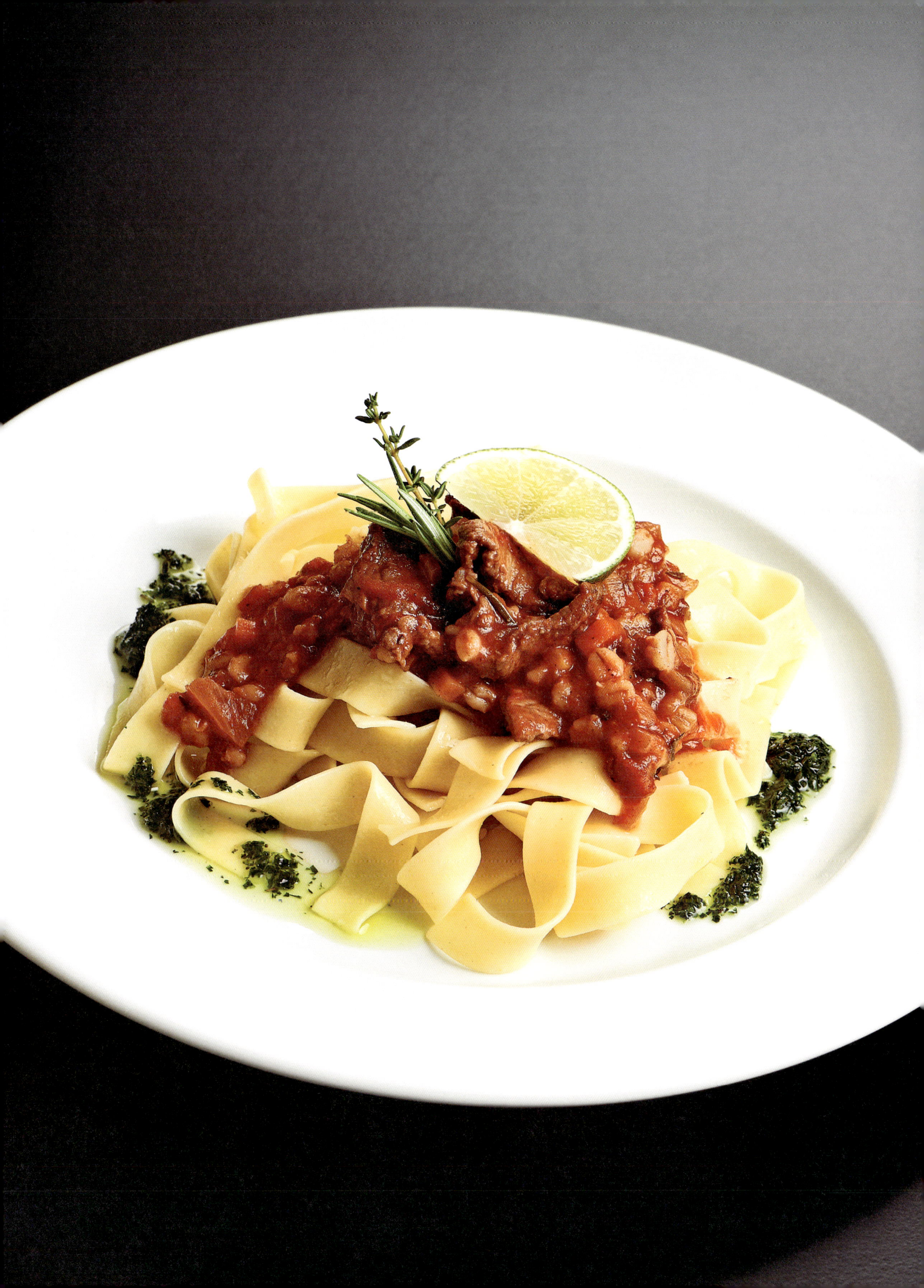

Chinesischer Nudeltopf mit frischem Gemüse und Limetten

Nährwerte pro 1 Portion
Energie 533 kcal / 2230 kj
Fett 12,93 g
Proteine 33,92 g
Kohlenhydrate 67,15 g
Salzgehalt 1,42 g

Zutaten für 10 Portionen
1000 g Rinder-Hackfleisch
30 g Honig
0,5 g Chili geschrotet – frisch mahlen
2 g Knoblauchpaste BR
1 g Ingwer gemahlen
3 g Koriander-Samen – frisch mahlen
1 g Pfeffer schwarz – frisch mahlen
1400 g Gemüsebrühe BR
60 g Sojasauce
2 g Meersalz fein
30 g Maisstärke
200 g Karotten
200 g Zucchini
4 g Sonnenblumenöl zum Braten
60 g Spinat jung
130 g Chinakohl frisch
4 g Sonnenblumenöl zum Braten
200 g Broccoli frisch
60 g Shii-Take-Pilze
2 g Sonnenblumenöl
40 g Frühlingszwiebeln
800 g Spaghettinudeln Rohgewicht
2 Stk Limette

Vorbereitung:
Basisrezepturen zubereiten
Karotten schälen – in 3 cm lange Stifte schneiden – in Dampf bissfest kochen – sie sollten noch knackig sein – auskühlen lassen
Zucchini waschen und in 3 cm lange Stifte schneiden – in Sonnenblumenöl ohne Farbgebung anbraten – auskühlen lassen
Spinat waschen und schleudern
Chinakohl waschen – in feine Streifen schneiden – in etwas Sonnenblumenöl kurz anbraten – auskühlen lassen
Broccoli waschen – in Röschen zupfen – blanchieren – in kaltem Wasser abschrecken – abtropfen lassen
Shii-Take in kleine Stücke schneiden – in wenig Sonnenblumenöl anbraten – auskühlen lassen
Frühlingszwiebeln in diagonale, ca. 1 cm breite Streifen schneiden – blanchieren – in kaltem Wasser abschrecken – abtropfen lassen
Nudeln in Salzwasser bissfest kochen – mit kaltem Wasser abschrecken – abtropfen lassen – mit etwas Sonnenblumenöl marinieren, damit sie nicht zusammenkleben
Limetten in 1/8 schneiden

Zubereitung:
1. Das Hackfleisch in einer heißen Pfanne ohne Fett unter ständigem Rühren anbraten bis es knusprig goldbraun ist. Dabei das Fleisch ständig mit einem Schneebesen zerstossen, damit es schön krümelig wird
2. Den Honig unter das Fleisch ziehen, bis das ganze Fleisch gleichmäßig überzogen ist
3. Chili, Knoblauch, Ingwer, Koriander und Pfeffer hinzufügen
4. Mit Gemüsefond und Sojasauce auffüllen
5. Maisstärke mit etwas Wasser anrühren und die Hackfleischmasse abbinden
6. Aufkochen lassen
7. Mit Salz abschmecken
8. Gemüse dazugeben (erst kurz vor dem Servieren)
9. Nochmals kurz aufkochen
10. Wasser mit etwas Butter und Salz zum Kochen bringen – die Nudeln darin erhitzen – abseihen – abtropfen lassen
11. Die Nudeln anrichten und die heiße Sauce darübergießen
12. Mit einer Limettenspalte und frischen Kräutern garnieren

Ich liebe es!

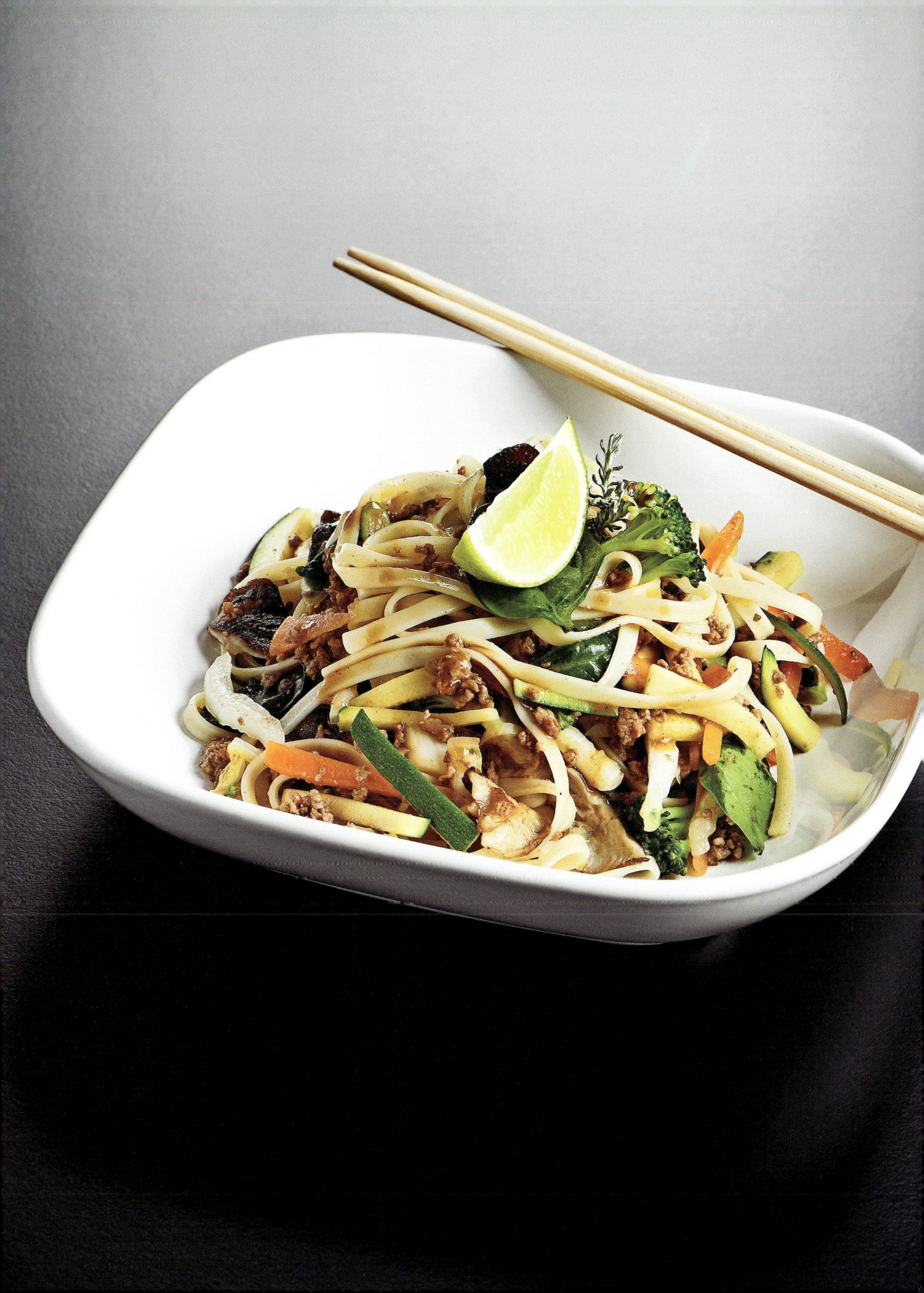

Puten-Zitronenschnitzel auf Gemüsenudeln mit Preiselbeernockerl

Nährwerte pro 1 Portion
Energie 232 kcal / 971 kj
Fett 7,75 g
Proteine 31,39 g
Kohlenhydrate 7,98 g
Salzgehalt 1,19 g

Zutaten für 10 Portionen
25 g Sonnenblumenöl zum Braten
1200 g Putenbrust ohne Haut
4 g Zitronenschale gerieben
50 g Zitronensaft
20 g Olivenöl Bio
10 g Meersalz fein
2 g Pfeffer weiß – frisch mahlen
30 g Parmesan gerieben
100 g Mehl griffig
20 g Sesam geschält

Vorbereitung:
Putenbrust in 120 g große Schnitzel schneiden
Zitronenschale abreiben – Zitrone auspressen – zusammen mit Olivenöl eine Marinade herstellen
Eine flache Schüssel mit der Marinade einstreichen – etwas Salz und Pfeffer darauf verteilen – Putenschnitzel dicht darauf legen – die Schnitzel mit Salz und Pfeffer würzen – mit Marinade einstreichen – wieder Schnitzel darauf legen – wieder würzen, und mit Marinade einstreichen usw.
Ca. 1 h ziehen lassen – je länger Sie das Fleisch in der Marinade liegen lassen, umso mehr überträgt sich der Zitonengeschmack auf das Putenfleisch
Weizenmehl griffig, Parmesan und Sesam mischen

Zubereitung:
1. In einer Pfanne Sonnenblumenöl leicht erhitzen – die Schnitzel aus der Marinade nehmen – auf beiden Seiten in das Mehl/Parmesangemisch legen und sofort in die heiße Pfanne legen
2. Auf beiden Seiten goldgelb anbraten
3. Nicht ganz durchbraten – auf ein Gitter auflegen
4. Im Backofen bei 140 °C kombinierte Hitze, 70 % Feuchtigkeit auf Kerntemperatur Min. 72 °C erhitzen
5. Anrichten

Gemüselinguine

Nährwerte pro 1 Portion
Energie 145 kcal 607 kj
Fett 2,44 g
Proteine 4,53 g
Kohlenhydrate 25,20 g
Salzgehalt 2,21 g

Zutaten für 10 Portionen
800 g Nudeln Linguine
20 g Meersalz fein
10 g Sonnenblumenöl zum Marinieren
200 g Karotten
200 g Lauch
100 g Zucchini

Vorbereitung:
Linguinenudeln in reichlich kochendem Salzwasser bissfest kochen – abseihen –mit kaltem Wasser abschrecken –mit etwas Sonnenblumenöl marinieren, damit sie nicht zusammenkleben
Karotten schälen –in feine Streifen schneiden –in Dampf bissfest kochen –auskühlen lassen
Lauch waschen – in feine Streifen schneiden –in kochendem Salzwasser bissfest kochen –mit kaltem Wasser abschrecken – abtropfen lassen
Zucchini waschen – beide Enden abschneiden – auf allen vier Seiten der Länge nach dünne Scheiben bis zum Kern herunterschneiden (den Kern für Gemüsebrühe weiterverwenden)
Aus den dünnen Zucchinischeiben feine Streifen schneiden
Nudeln mit dem Gemüse mischen

Zubereitung:
1. Wasser mit Salz zum Kochen bringen
2. Gemüsenudelmischung darin erwärmen –herausnehmen – abtropfen lassen
3. Etwas Butter in einer Pfanne erwärmen –die Nudel-Gemüsemischung darin kurz schwenken – abschmecken – anrichten

Als Garnitur 100 g Preiselbeernockerlmasse BR

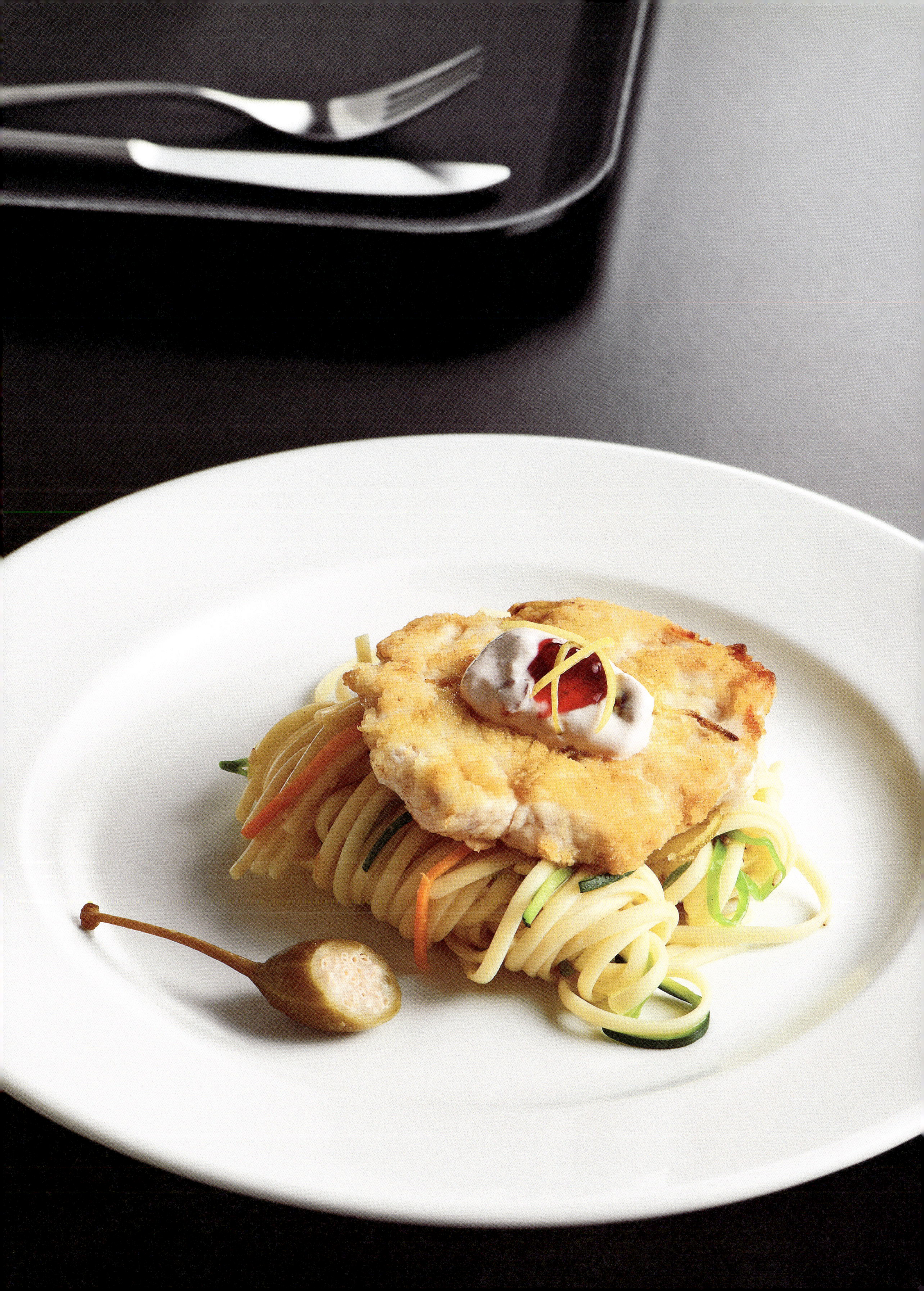

Schupfnudel-Gröstel mit knusprig gebratener Putenoberkeule und frischen Kräutern
Chiliger Sauerkrautstrudel

Nährwerte pro 1 Portion
Energie 444 kcal / 1858 kj
Fett 28,02 g
Proteine 17,83 g
Kohlenhydrate 28,13 g
Salzgehalt 1,50 g

Zutaten für 10 Portionen
50 g Sonnenblumenöl
2000 g Schupfnudeln TK-Produkt
500 g Putenoberkeule geräuchert
200 g Zwiebeln
4 g Kümmel ganz
8 g Meersalz fein
2 g Pfeffer schwarz – frisch mahlen
30 g Petersilie glatt
15 g Schnittlauch

Vorbereitung:
Schupfnudeln in reichlich Salzwasser kochen – abseihen – mit kaltem Wasser abschrecken – abtropfen lassen – mit etwas Sonnenblumenöl marinieren, damit die Nudeln nicht zusammenkleben
Zwiebeln schälen – halbieren – in feine Streifen schneiden
Putenoberkeule blättrig schneiden
Petersilie waschen – schleudern – grob hacken
Schnittlauch fein schneiden

Zubereitung:
1. Sonnenblumenöl in einer Pfanne erhitzen – Schupfnudeln darin goldbraun anbraten – aus der Pfanne herausnehmen
2. Putenoberkeule ebenfalls anbraten – herausnehmen
3. Etwas Sonnenblumenöl nachgießen – die Zwiebeln anbraten
4. Schupfnudeln und Putenoberkeule wieder in die Pfanne zu den Zwiebeln hinzufügen
5. Würzen mit Kümmel ganz, Salz, Pfeffer
6. Vor dem Servieren mit Petersilie und Schnittlauch bestreuen

Tipp: Statt den frischen Zwiebeln können Sie auch hausgemachte Röstzwiebeln verwenden.

Chiliger Sauerkrautstrudel

Nährwerte pro 1 Portion
Energie 286 kcal / 1197 kj
Fett 18,59 g
Proteine 7,64 g
Kohlenhydrate 20,78 g
Salzgehalt 2,25 g

Zutaten für 10 Portionen
500 g Blätterteig TK
160 g Putenschinken
1500 g Sauerkraut BR
20 g Ei
10 g Sesam geschält

Vorbereitung:
Basisrezeptur Sauerkraut zubereiten – abtropfen lassen
Schinken in dünne Scheiben schneiden
Blätterteig ausrollen

Zubereitung:
1. Blätterteig ausrollen – mit Putenschinken belegen
2. Die Ränder mit Ei bestreichen
3. Pro Strudel mit 1500 Gramm Sauerkraut abgetropft belegen
4. Einrollen
5. Mit Ei bestreichen
6. Mit Sesam bestreuen
7. Auf der oberen Seite in der Mitte 5 Löcher mit dem Spieß einstechen
8. Im Backofen bei 220 °C ca. 15 Min. anbacken
9. Zurückschalten und bei 180 °C weitere 20 Min. fertig backen
10. Mit dem Elektromesser portionieren

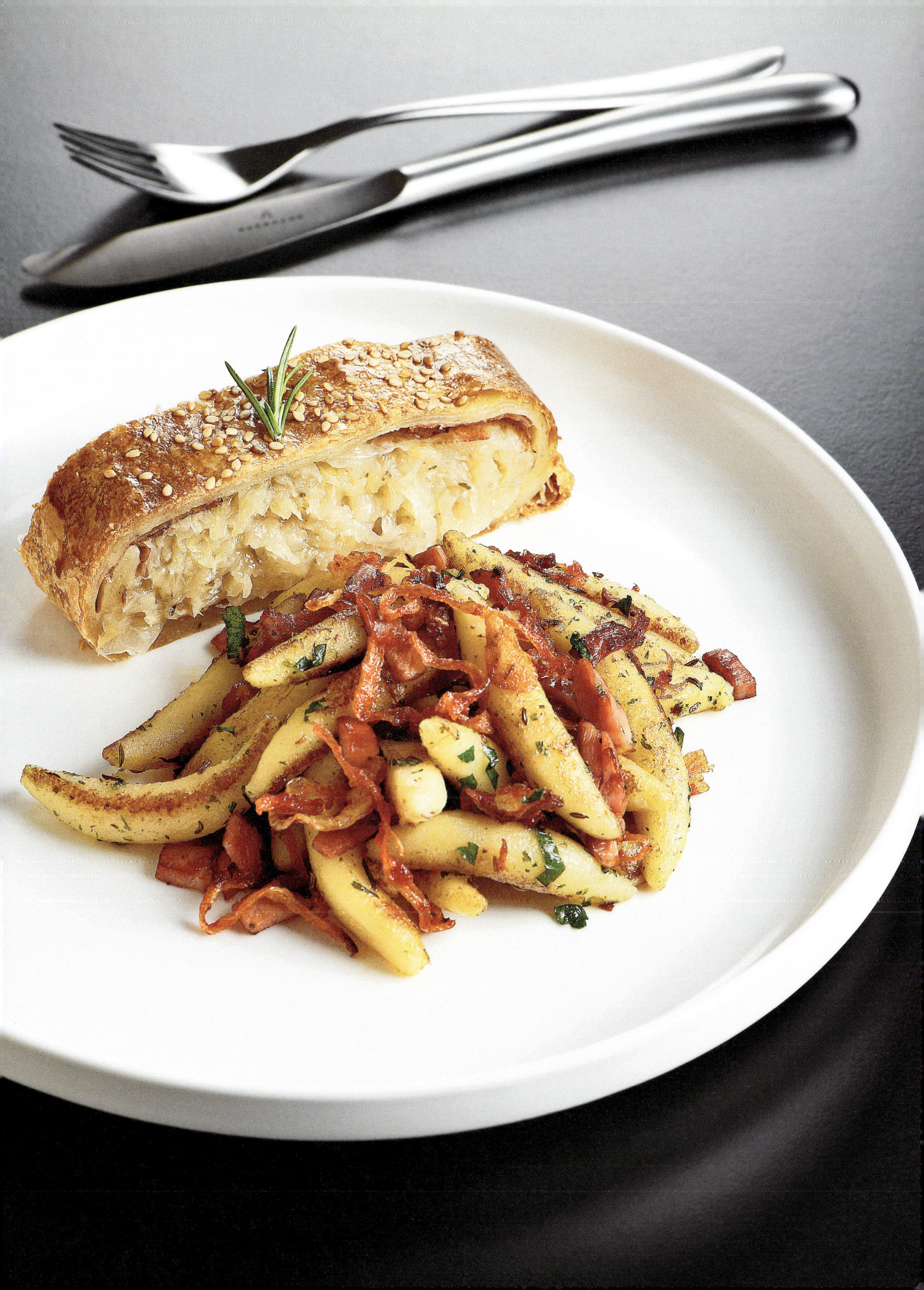

Würziges Putengeschnetzeltes mit herrlich guten Zucchinilaibchen

Nährwerte pro 1 Portion
Energie 248 kcal / 1038 kj
Fett 4,54 g
Proteine 33,70 g
Kohlenhydrate 16,50 g
Salzgehalt 2,62 g

Zutaten für 10 Portionen
Fleisch Tumbeln:
1200 g Pute – geschnetzelt
360 g Wasser
20 g Meersalz fein
40 g Maisstärke
10 g Sonnenblumenöl zum Braten
600 g Zwiebeln weiß
40 g Paprikapulver edelsüß
0,5 g Chili geschrotet – frisch mahlen
3 g Kreuzkümmel – frisch mahlen
1000 g Gemüsebrühe BR
270 g Indianerbohnen rot mit Saft – Konserve
7 g Schmormarinade für Gemüse BR
340 g Paprika rot – frisch
1 g Meersalz fein
1 g Pfeffer weiß – frisch mahlen
70 g Sojasauce Tamari
50 g Limettensaft
15 g Maisstärke

Vorbereitung am Vortag:
Basisrezepturen zubereiten
Putengeschnetzeltes mit Wasser, Salz und Stärke vermischen – solange mit den Händen massieren bis die Flüssigkeit vom Fleisch aufgenommen ist. Diesen Vorgang nennt man Tumbeln. Dadurch wird das Fleisch herrlich saftig.

Vorbereitung:
Zwiebeln schälen – in Streifen schneiden
Indianerbohnen mit dem eigenen Saft mixen, so dass noch einige Bohnen ganz bleiben
Paprika waschen – Stiele und Kerne entfernen – in Streifen schneiden – mit Schmormarinade marinieren –
Im Backofen bei 180 °C Heißluft ca. 20 Min. schmoren – auskühlen lassen
Limetten auspressen

Zubereitung:
1. Sonnenblumenöl in einer Pfanne erhitzen – das Putenfleisch nach und nach anbraten – so dass das Fleisch nicht zu kochen beginnt – Fleisch herausnehmen
2. Etwas Sonnenblumenöl nachgießen
3. Zwiebeln anbraten
4. Paprikapulver und Gewürze bei niederer Temperatur kurz mitrösten
5. Mit Gemüsebrühe auffüllen
6. Bohnenpüree einrühren
7. Geschmorte Paprika hinzufügen
8. Abschmecken mit Salz, Pfeffer, Sojasauce und Limettensaft
9. Auf niedriger Stufe 5 Min. köcheln lassen
10. Maisstärke mit etwas Wasser anrühren – die Sauce damit abbinden
11. Putenfleisch dazugeben – nochmals aufkochen lassen bis das Putenfleisch durchgegart ist

Zucchinilaibchen

Nährwerte pro 1 Portion
Energie 128 kcal / 536 kj
Fett 4,33 g
Proteine 4,19 g
Kohlenhydrate 17,33 g
Salzgehalt 1,33 g

Zutaten für 10 Portionen
840 g Zucchini
500 g Karotten
300 g Kartoffeln speckig
30 g Eidotter
60 g Semmelbrösel
60 g Dinkel-Vollkornmehl
16 g Petersilie glatt
2 g Dill frisch
1 g Pfeffer schwarz – frisch mahlen
10 g Meersalz fein
16 g Sonnenblumenöl zum Braten

Vorbereitung:
Zucchini waschen – Stielansatz enfernen – fein reiben
Karotten schälen – fein reiben
Kartoffeln waschen – schälen – fein reiben – in ein Stofftuch legen und fest ausdrücken

Zubereitung:
1. Zucchini, Karotten und Kartoffeln mischen
2. Eigelb, Semmelbrösel, Mehl und Kräuter in die Gemüse-Kartoffelmasse einarbeiten
3. Mit Pfeffer und Salz würzen
4. Öl in einer Pfanne erhitzen – mit einer Eiszange Kugeln aus der Gemüse-Kartoffelmasse stechen und direkt in die heiße Pfanne einlegen
5. Auf beiden Seiten goldbraun anbraten, bis die Laibchen durchgegart sind

Guten Appetit!

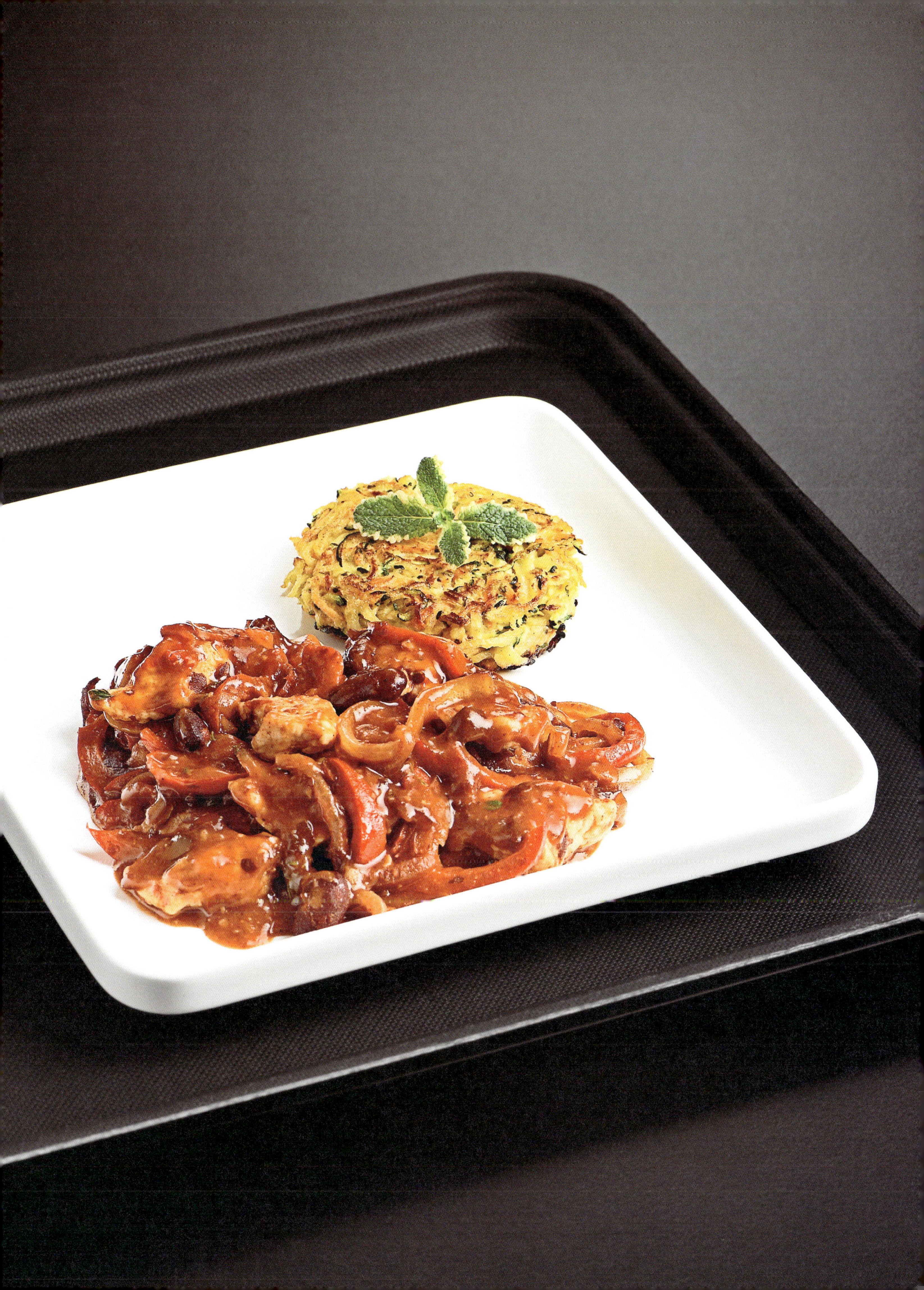

Gefülltes Putenröllchen mit Salbei und Frischkäse
Frisches Rosenkohlgemüse mit Knusperspeck
Perfekte Rahmpolenta mit Kräuterölsahne

Nährwerte pro 1 Portion
Energie 341 kcal / 1427 kj
Fett 18,51 g
Proteine 37,73 g
Kohlenhydrate 3,49 g
Salzgehalt 1,56 g

Zutaten für 10 Portionen
200 g Karotten
24 g Schmormarinade für Gemüse BR
1200 g Putenbrust ohne Haut
10 g Sonnenblumenöl zum Braten
10 g Meersalz fein
6 g Pfeffer schwarz – frisch mahlen
130 g Rohschinken in Scheiben
5 g Salbeiblätter frisch
300 g Bregenzerwälder Geißkäsle in Scheiben
30 g Rosmarin frisch – ganze Zweige
250 g Pfeffersauce BR

Vorbereitung:
Basisrezeptur zubereiten
Karotten schälen und zu Bischofsmützen schneiden (erster Schnitt schräg – zweiter Schnitt gerade usw.) – ca. 5 cm lang
Im Dampf bissfest garen – auskühlen lassen – mit Schmormarinade marinieren – im Backofen bei 180 °C Heißluft ca. 20 Min. schmoren – auskühlen lassen
Putenbrust in 120 g große Schnitzel schneiden – etwas flach klopfen – mit Salz und Pfeffer würzen – Schinkenscheibe – Salbeiblättchen und Käsescheiben darauflegen – einrollen

Zubereitung:
1. Die Karotten auf einen Rosmarinzweig stecken und dann beides auf das Putenröllchen stecken
2. Sonnenblumenöl in einer Pfanne erhitzen – das Putenröllchen auf allen Seiten goldbraun anbraten
3. In eine feuerfeste Form legen – im Backofen bei 140 °C/kombinierte Hitze bei 40 % Feuchtigkeit/reduzierte Lüfterleistung bis zur Kerntemperatur 72 °C fertig garen

Rosenkohlgemüse mit Knusperspeck

Nährwerte pro 1 Portion
Energie 59 kcal / 247 kj
Fett 3,77 g
Proteine 3,61 g
Kohlenhydrate 2,42 g
Salzgehalt 0,99 g

Zutaten für 10 Portionen
1000 g Rosenkohl
10 g Meersalz fein
30 g Schwein-Bauchspeck

Vorbereitung:
Rosenkohl putzen – die Blätter einzeln herunter schälen – in kochendem Salzwasser bissfest kochen – mit kaltem Wasser abschrecken – abtropfen lassen
Bauchspeck in feine Streifen schneiden

Zubereitung:
1. Pfanne leicht erhitzen – Speck darin leicht anbraten – gekochte Kohlsprossenblätter hinzufügen – durchschwenken bis die Blätter heiß sind – mit Salz abschmecken – anrichten

Rahmpolenta mit Kräuterölsahne

Nährwerte pro 1 Portion
Energie 251 kcal / 1050 kj
Fett 12,21 g
Proteine 7,68 g
Kohlenhydrate 26,32 g
Salzgehalt 0,88 g

Zutaten für 10 Portionen
1000 g Milch
50 g Butter
6 g Meersalz fein
0,5 g Muskatblüte – gemahlen
290 g Polentagrieß
50 g Parmesankäse gerieben
25 g Sahne
25 g Kräuteröl BR

Vorbereitung:
Basisrezeptur zubereiten
Kräuteröl mit Sahne mischen

Zubereitung:
1. In einem Topf Milch und Butter erhitzen – würzen mit Salz und Muskatblüte gemahlen
2. Polenta in einem anderen Topf trocken anrösten – mit dem heißen Milchgemisch aufgießen – bei ständigem Rühren aufkochen lassen – Parmesan einrühren – Herd abschalten – Deckel schließen – 20 Min. ziehen lassen
3. Kräuterölsahne darauf verteilen
4. Am Besten mit einem Eisschöpfer anrichten und darauf achten, dass immer ein bisschen von dem Kräutersahnegemisch mitgezogen wird

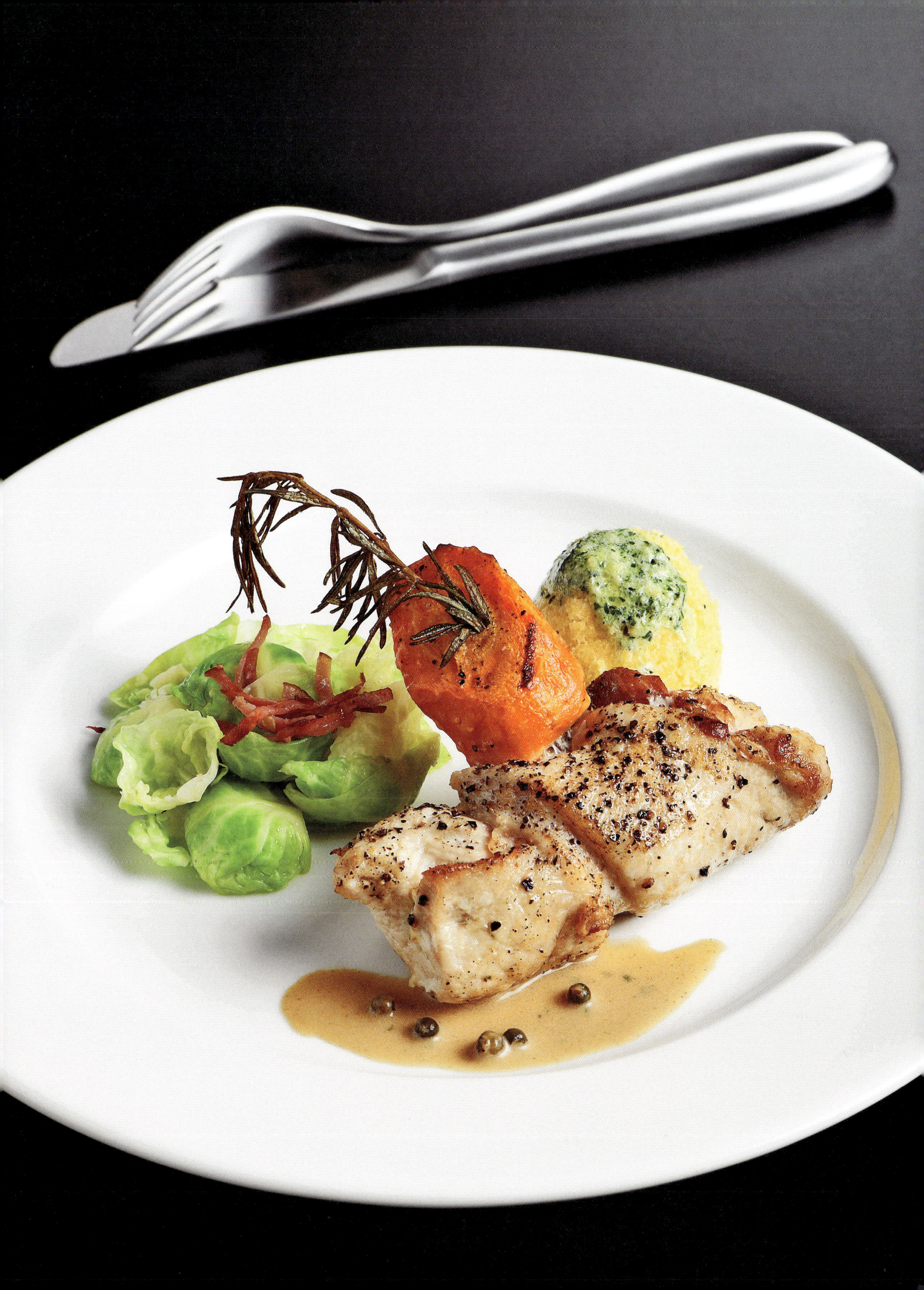

Bunte Gemüsepfanne mit gebratenem Putensteak in Dinkelpanade und Kokosnusschutney

Nährwerte pro 1 Portion
Energie 313 kcal / 1310 kj
Fett 15,96 g
Proteine 36,98 g
Kohlenhydrate 3,46 g
Salzgehalt 1,56 g

Zutaten für 10 Portionen
1200 g Putenbrust ohne Haut
8 g Meersalz fein
2 g Pfeffer weiß – frisch mahlen
60 g Mehl glatt
200 g Ei
130 g Dinkelpanade BR
30 g Sonnenblumenöl zum Braten
320 g Gemüsebrühe BR
130 g Karotten
130 g Paprika rot – frisch
60 g Paprika gelb – frisch
130 g Zucchini
60 g Zwiebeln rot
10 g Schmormarinade für Gemüse BR
60 g Frühlingszwiebeln
125 g Spargel grün
60 g Kohlrabi
60 g Sahne
60 g Ruccolapesto BR
1 g Meersalz fein
10 g Petersilie glatt
6 g Schnittlauch
6 g Basilikum frisch
60 g Kokosnusschutney BR

Vorbereitung:
Basisrezepturen zubereiten
Putenbrust in 120 gr große Schnitzel schneiden – würzen mit Salz und Pfeffer
Eier mixen
Karotten schälen – in ca. 5 cm lange Stifte schneiden – im Dampf bissfest garen – mit Schmormarinade marinieren – im Backofen bei 180 °C Heißluft ca. 20 Min. schmoren
Paprika waschen – Stiele und Kerne entfernen – mit Schmormarinade marinieren – Im Backofen bei 180 °C Heißluft ca. 20 Min. schmoren – auskühlen lassen
Zucchini waschen – Stiele entfernen – in ca. 5 cm lange Stifte schneiden – in wenig Sonnenblumenöl ohne Farbgebung leicht anschwitzen – auskühlen lassen
Zwiebeln schälen – Strunk entfernen – in 1x1 cm große Stücke schneiden mit Schmormarinade marinieren –
Im Backofen bei 180 °C Heißluft ca. 20 Min. schmoren
Frühlingszwiebeln in ca. 2 cm lange Stücke schneiden – blanchieren – mit kaltem Wasser abschrecken – abtropfen lassen
Spargel schälen – in ca. 3 cm lange Stücke schneiden – Wasser zu gleichen Teilen mit Salz und Zucker abschmecken – den Spargel darin bissfest kochen – in Eiswasser abschrecken – abtropfen lassen
Kohlrabi schälen – in ca. 5 cm lange Stücke schneiden – in Dampf bissfest kochen – auskühlen lassen
Petersilienblätter abzupfen, Schnittlauch in 5 cm lange Stifte schneiden,

Zubereitung:
1. Putenschnitzel mit Salz und Pfeffer würzen – mehlieren – in Ei einlegen – kurz abtropfen lassen – in Dinkelpanade panieren – in wenig Sonnenblumenöl auf beiden Seiten goldbraun anbraten – auf einem Küchenpapier abtropfen lassen – warm stellen
2. In einer Pfanne Gemüsebrühe erwärmen – alle Gemüsesorten dazugeben – aufkochen lassen, bis das Gemüse heiß ist – Sahne dazugeben – mit Pesto und Salz abschmecken
3. Vor dem Servieren die Kräuter darüber streuen
4. Etwas Gemüse auf die Tellermitte legen – das Putenschnitzel darauflegen – mit Kokosnusschutney und Basilikumblättern garnieren

WOW, schmeckt das gut!

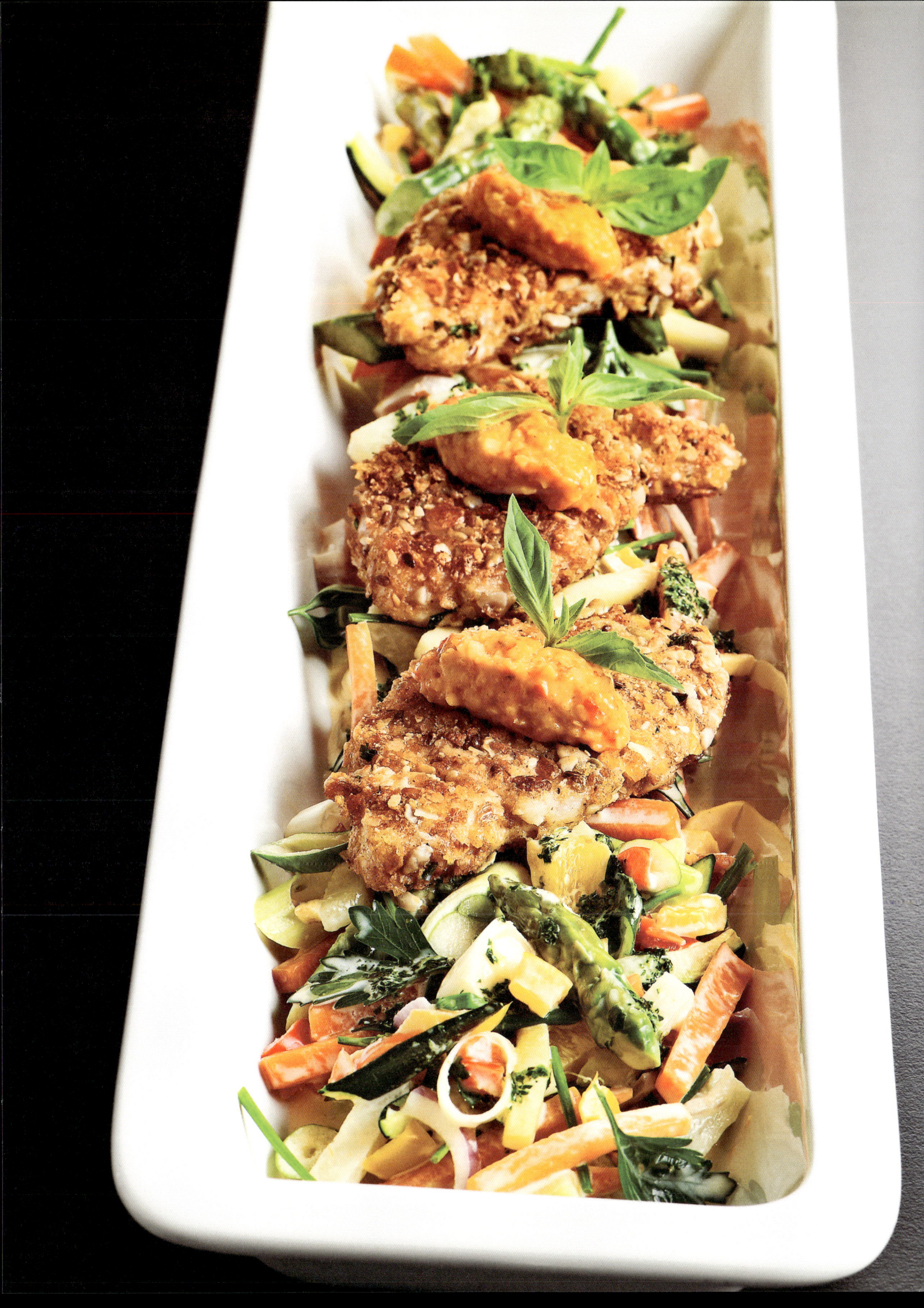

Putenroulade mit Dörrpflaumenfülle und feinem Lauchröllchen

Nährwerte pro 1 Portion
Energie 416 kcal / 1741 kj
Fett 18,17 g
Proteine 42,61 g
Kohlenhydrate 18,44 g
Salzgehalt 1,89 g

Zutaten für 10 Portionen
8 g Butter
90 g Zwiebeln
2 g Knoblauchpaste BR
500 g Milch teilen
0,5 g Majoran getrocknet
0,5 g Thymian getrocknet
0,5 g Kümmel gemahlen
0,5 g Pfeffer schwarz – frisch mahlen
1 g Meersalz fein
150 g Ei
40 g Dörrpflaumen
80 g Karotten
140 g Knödelbrot frisch aus Vollkornbrot
140 g Knödelbrot frisch aus Weißbrot
1500 g Putenbrust ohne Haut
15 g Spezialgewürzmischung BR
150 g Schweinenetz

Vorbereitung:
Basisrezepturen zubereiten
Zwiebeln schälen – hacken
Karotten schälen – in kleine Würfel schneiden
Dörrpflaumen grob zerhacken
Schweinenetz in kaltes Wasser einlegen
Putenbrust flach in der Mitte teilen – nicht ganz durchschneiden – auseinanderklappen – in eine große Vaccumierfolie einlegen – mit einem kleinen Topf oder einem Plattiereisen klopfen bis das Fleisch ca. 1 cm dick ist und eine große Fläche möglichst ohne Schlitze ergibt

Zubereitung:
1. Butter in einem Topf erwärmen – Zwiebeln darin ohne Farbgebung anrösten bis sie süß schmecken – Knoblauch kurz mitrösten – mit der Hälfte der Milch auffüllen
2. Gewürze dazugeben – kurz aufkochen lassen
3. Die Milchmasse leicht abkühlen lassen
4. Die andere Hälfte der Milch mit den Eiern aufmixen und rasch zu der warmen Milchmasse gießen – mit einem Schneebesen kräftig umrühren. Achtung: Das ganze muss schnell gehen, da sonst die Eier gerinnen
5. Die Dörrpflaumen und die Karottenwürfel dazugeben – aufpassen, dass die Dörrpflaumen nicht zusammenkleben, sie sollten in einzelne Würfel zerfallen
6. Die Milchmasse gleichmässig über das Knödelbrot gießen – dabei das Brot immer wieder durchmischen
7. Gut durchmischen – ca. 30 Min. ziehen lassen – nochmals kräftig durchmischen – weitere 30 Min. ziehen lassen
8. Jetzt können Sie die Masse in die vorbereitete Putenbrust füllen
9. Einrollen
10. Das Schweinenetz aus dem Wasser ziehen – kräftig ausdrücken – auseinanderziehen – die Putenbrust damit einhüllen
11. Die Roulade mit einer Bratenschnur binden – mit Spezialgewürz BR würzen
12. Im Backofen bei 170 °C/Heißluft/Kombinierte Hitze und 70 % Feuchtigkeit auf 72 °C Kerntemperatur garen
13. Den Backofen auf 180 °C Heißluft umschalten und die Roulade weitere 10 Min. bräunen – Fett abschöpfen
14. Die Bratenschnur entfernen – mit einem Elektromesser aufschneiden

Tipp: Wenn Sie die Vaccumierfolie vor dem Klopfen der Putenbrust mit den Händen richtig fest zu einer Kugel zusammenpressen, dann rollt sich die Folie beim Klopfen nicht so stark ein.

Feines Lauchröllchen

Nährwerte pro 1 Portion
Energie 136 kcal / 569 kj
Fett 7,00 g
Proteine 10,22 g
Kohlenhydrate 5,69 g
Salzgehalt 1,30 g
Alkohol 0,88 g

Zutaten für 10 Portionen
500 g Tomaten würfelig Konserve
100 g Weißwein
4 g Meersalz fein
1 g Pfeffer schwarz ganz – frisch mahlen
500 g Weißes vom Lauch
200 g Bergkäse
200 g Putenschinken

Vorbereitung:
Weißes vom Lauch in 5 cm große Stücke schneiden – dabei aufpassen, dass kein Sand zwischen den Lauchringen ist.
Bergkäse in dünne Scheiben schneiden
Putenschinken in dünne Scheiben schneiden

Zubereitung:
1. Lauchstücke in Dampf ca 10 Min. weich kochen – auskühlen lassen
2. Die Lauchstücke zuerst mit Käse, dann mit Speck umwickeln – mit einem Zahnstocker fixieren
3. Tomatenwürfel mit Weißwein in eine feuerfeste Form gießen – würzen mit Salz und Pfeffer – die Putenröllchen in die Sauce legen
4. Zugedeckt im Backofen bei 160 °C ca. 25 Min. schmoren lassen – Deckel abnehmen – weitere 15 Min. garen
5. Anrichten

Nicht aufwendig und super gut!

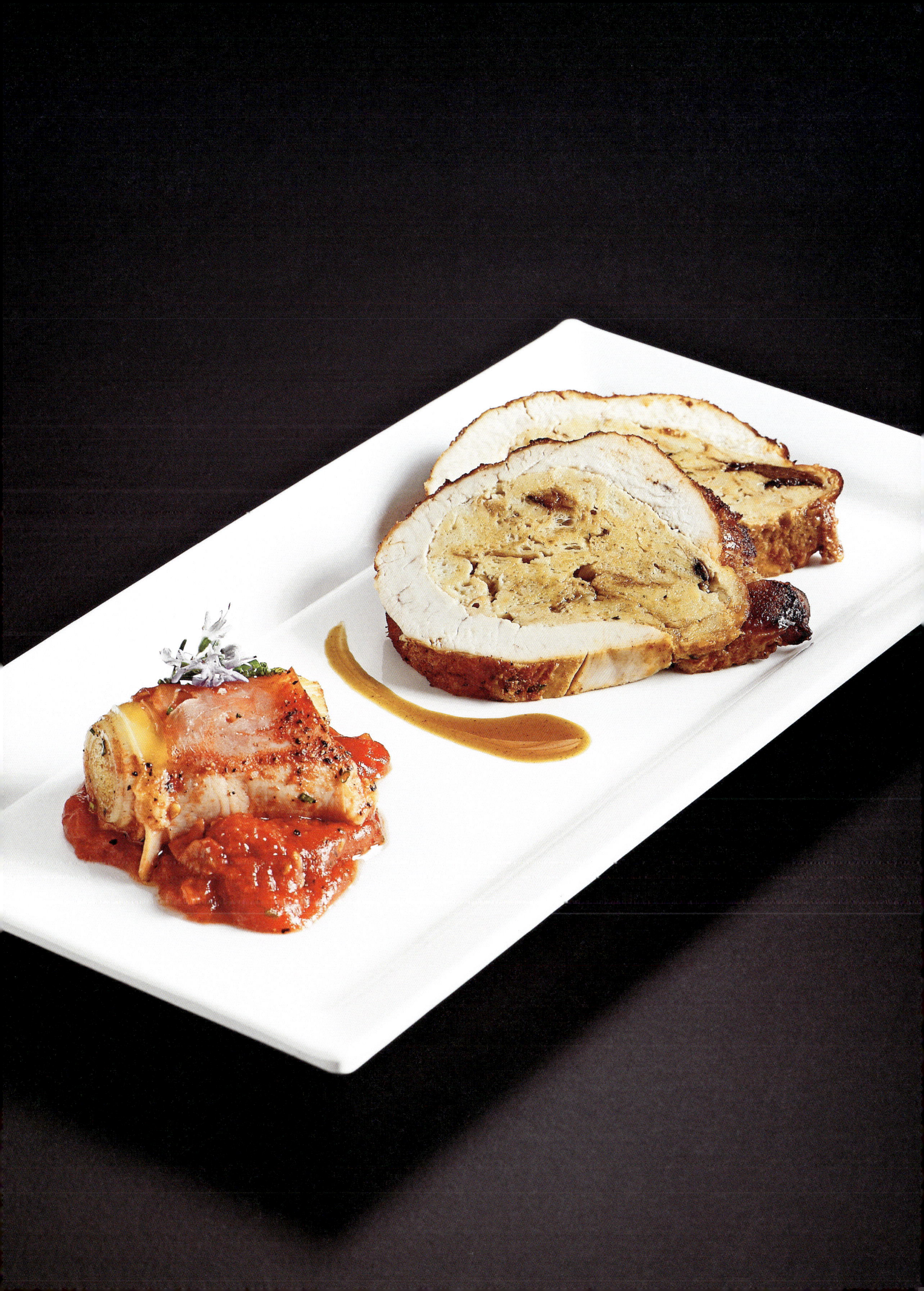

Geräucherte Putenoberkeule auf Rosmarinrösti mit gekochtem Ackergemüse

Geräucherte Putenoberkeule

Nährwerte pro 1 Portion
Energie 233 kcal / 975 kj
Fett 11,63 g
Proteine 30,53 g
Kohlenhydrate 0,46 g
Salzgehalt 0,11 g

Zutaten für 10 Portionen
1200 g geräucherte Putenoberkeule
40 g frisch geriebener Kren

Zubereitung:
Einfach in Dampf erhitzen und in 1 cm dicke Scheiben schneiden. Außerdem als Garnitur frisch geriebener Kren.

Rosmarinrösti

Nährwerte pro 1 Portion
Energie 120 kcal / 502 kj
Fett 1,00 g
Proteine 3,09 g
Kohlenhydrate 23,87 g
Salzgehalt 0,79 g

Zutaten für 10 Portionen
8 g Sonnenblumenöl zum Braten
1500 g Kartoffeln – festkochende
8 g Meersalz fein
1 g Pfeffer weiß – frisch mahlen
8 g Rosmarin frisch
15 g Knoblauch-Zehe ganz mit Schale

Vorbereitung am Vortag:
Kartoffeln schälen – im Dampf ca. 20 Min. kochen – nur so lange, dass der Kern einmal kurz warm geworden, aber noch nicht durchgegart ist – Tuch darauflegen und im Kühlraum über Nacht auskühlen lassen

Vorbereitung am Zubereitungstag:
Kartoffeln reiben – Rosmarinnadeln abzupfen

Zubereitung:
1. Sonnenblumenöl in einer Pfanne erhitzen
2. Kartoffeln einlegen, würzen mit Salz und Pfeffer
3. Rosmarinnadeln darüberstreuen
4. Knoblauchzehen mit der Schale auf die Kartoffeln legen, so dass sie vor dem Servieren leicht entfernt werden können
5. Flach drücken – goldbraun braten
6. Umdrehen – die andere Seite ebenfalls goldbraun braten
7. Umdrehen – der mitgebratene Knoblauch muss natürlich nicht unbedingt entfernt werden. Manche Gäste freuen sich jedoch geradezu auf diesen Leckerbissen.
8. Servieren

Gekochtes Ackergemüse

Nährwerte pro 100 g
Energie 70 kcal / 293 kj
Fett 3,45 g
Proteine 5,48 g
Kohlenhydrate 3,78 g
Salzgehalt 0,22 g

Zutaten für 0,5 Kilogramm
0,5 l Geflügelbrühe BR
250 g Karotten
200 g Lauch
50 g Sellerie-Knolle

Vorbereitung:
Basisrezeptur zubereiten
Karotten schälen – in feine Streifen schneiden
Lauch halbieren – waschen – in feine Streifen schneiden
Sellerie schälen – in feine Streifen schneiden

Zubereitung:
1. Geflügelbrühe in einem Topf zum Kochen bringen
2. Karotten und Sellerie darin bissfest kochen
3. Kurz vor dem Servieren Lauchstreifen hinzufügen
4. Herausziehen – anrichten

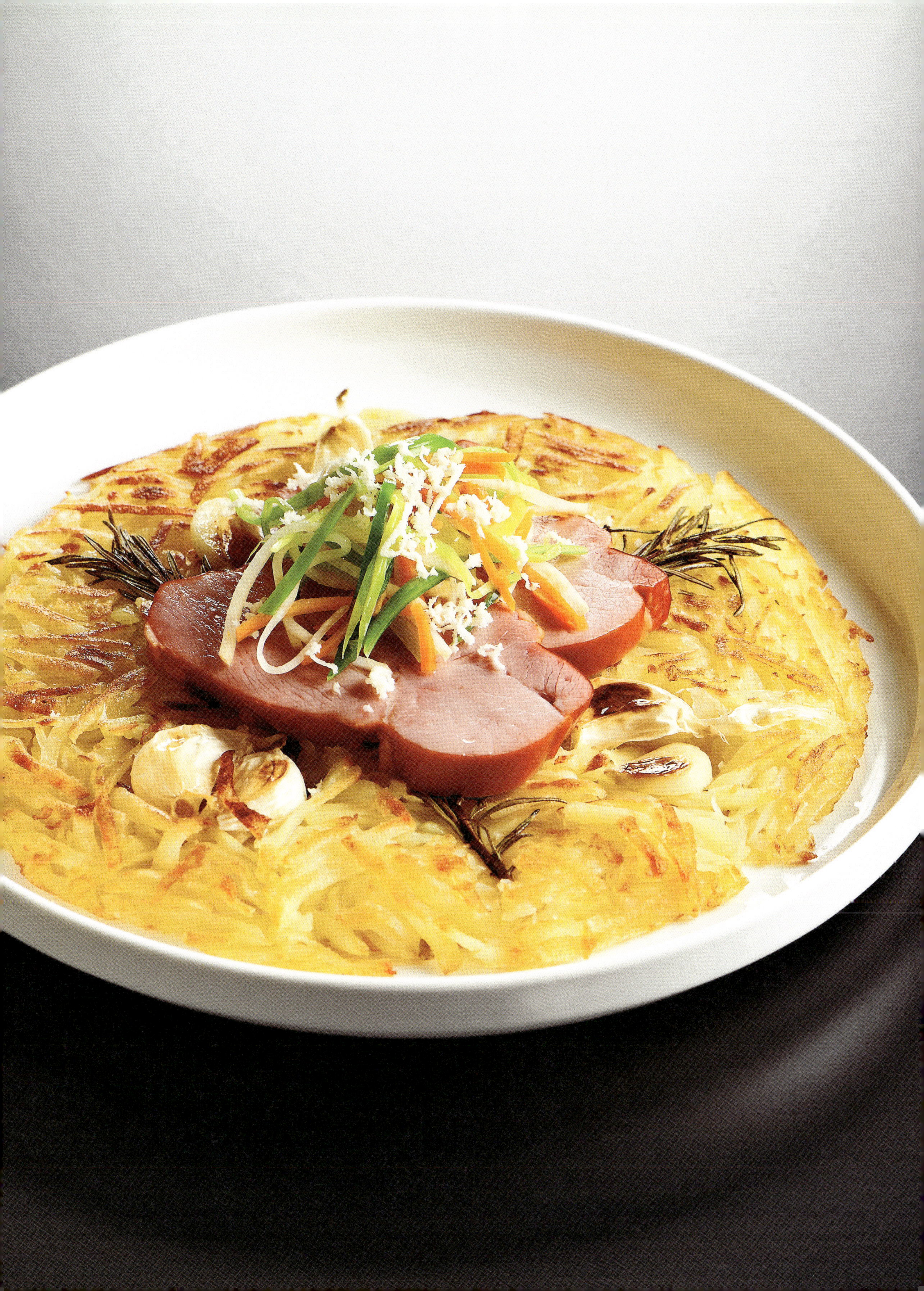

Das Lieblings-Zitronenhuhn, geschmort im Fencheltopf mit buntem Bulgur, den Sie nie mehr vergessen werden

Nährwerte pro 1 Portion
Energie 535 kcal / 2238 kj
Fett 30,72 g
Proteine 54,10 g
Kohlenhydrate 6,11 g
Salzgehalt 0,95 g
Alkohol 1,14 g

Zutaten für 10 Portionen
2700 g Huhn ganz
0,5 g Zimt gemahlen
2 g Fenchelsamen – frisch mahlen
1 g Kreuzkümmel – frisch mahlen
0,5 g Chili geschrotet – frisch mahlen
0,5 g Pfeffer schwarz – frisch mahlen
6 g Meersalz fein
20 g Mehl griffig
10 g Olivenöl Bio
400 g Fenchel frisch
130 g Zwiebeln rot
6 g Rosmarin frisch
1 g Curcuma Bio gemahlen
130 g Weißwein
400 g Kokosmilch
100 g Limette
6 g Sesam geschält

Vorbereitung:
Ganze Hühner in Brust und Keule zerlegen
Gemahlene Gewürze, außer Curcuma, mit Salz und Mehl mischen – Huhn damit würzen – restliche Würze für später aufheben
Fenchelknolle waschen – zuputzen – längs in Streifen schneiden
Zwiebeln schälen – fein hacken – Limetten halbieren – Rosmarin grob hacken

Zubereitung:
1. Die gewürzten Hühnerteile in eine feuerfeste Form legen – im Backofen bei kombinierter Hitze bei 170 °C Heißluft, 30 % Feuchtigkeit/Kerntemperatur auf 50 °C garen – abkühlen lassen
2. Olivenöl leicht erhitzen
3. Fenchel, Zwiebeln und Rosmarin darin 5 Min. dünsten
4. Sobald die Zutaten weich sind, restliche Würzmischung und Curcuma hinzufügen
5. Weißwein dazugießen – köcheln lassen, bis der Alkohol verkocht ist – mit Kokosmilch auffüllen
6. Die Sauce mit dem Fenchel in eine feuerfeste Form gießen – die vorgegarten Hühnerteile darauf legen – die Limetten darüber auspressen – die Limettenschalen zwischen das Fleisch legen – alles zusammen mit Sesam bestreuen
7. Im Backofen bei 160 °C/Kombinierte Hitze, 50 % Feuchtigkeit schmoren, bis das Hühnerfleisch mind. 72 °C Kerntemperatur erreicht hat
8. 5 Min. vor dem Servieren den Backofen auf Oberhitze schalten und kurz überbacken, bis das Fleisch schön knusprig ist
9. In der feuerfesten Schale servieren

Bunter Bulgur

Nährwerte pro 1 Portion
Energie 268 kcal / 1121 kj
Fett 11,93 g
Proteine 11,75 g
Kohlenhydrate 27,12 g
Salzgehalt 0,26 g

Zutaten für 10 Portionen
350 g Bulgur
700 g Geflügelbrühe BR
13 g Pistazien
20 g Mandeln gerieben
20 g Walnüsse ohne Schale
20 g Sonnenblumenkerne
10 g Rosinen
70 g Karotten
10 g Dörraprikosen
4 g Olivenöl Bio
1 g Zitronenschale gerieben
1 g Meersalz fein
13 g Zitronensaft
6 g Orangenschale gerieben
13 g Orangensaft
40 g Kräuteröl BR
8 g Petersilie glatt

Vorbereitung:
Basisrezeptur zubereiten
Pistazien, Walnüsse, Rosinen und Dörraprikosen grob hacken
Mandeln im Backofen bei starker Oberhitze leicht braun rösten
Sonnenblumenkerne rösten
Karotten schälen – in 2x2 mm große Würfel schneiden
Zitrone und Orange abreiben – auspressen
Petersilie waschen – schleudern – Blätter abzupfen – grob hacken

Zubereitung:
1. Bulgur in doppelter Menge Geflügelfond zum Kochen bringen – 10 Min. bei schwacher Hitze köcheln lassen – Herd ausschalten – Deckel schließen – weitere 10 Min. ziehen lassen
2. Pistazien, Mandeln, Walnüsse, Zitronenschale, Orangenschale und Sonnenblumenkerne mit den gehackten Rosinen, Karotten und Aprikosen in Olivenöl leicht anrösten, so dass die Zutaten nicht mehr zusammenkleben
3. Die Nussmasse in den noch heißen Bulgur einarbeiten
4. Mit etwas Kräuteröl, Salz, Zitronensaft und Orangensaft abschmecken
5. Anrichten – Petersilie darüberstreuen – servieren

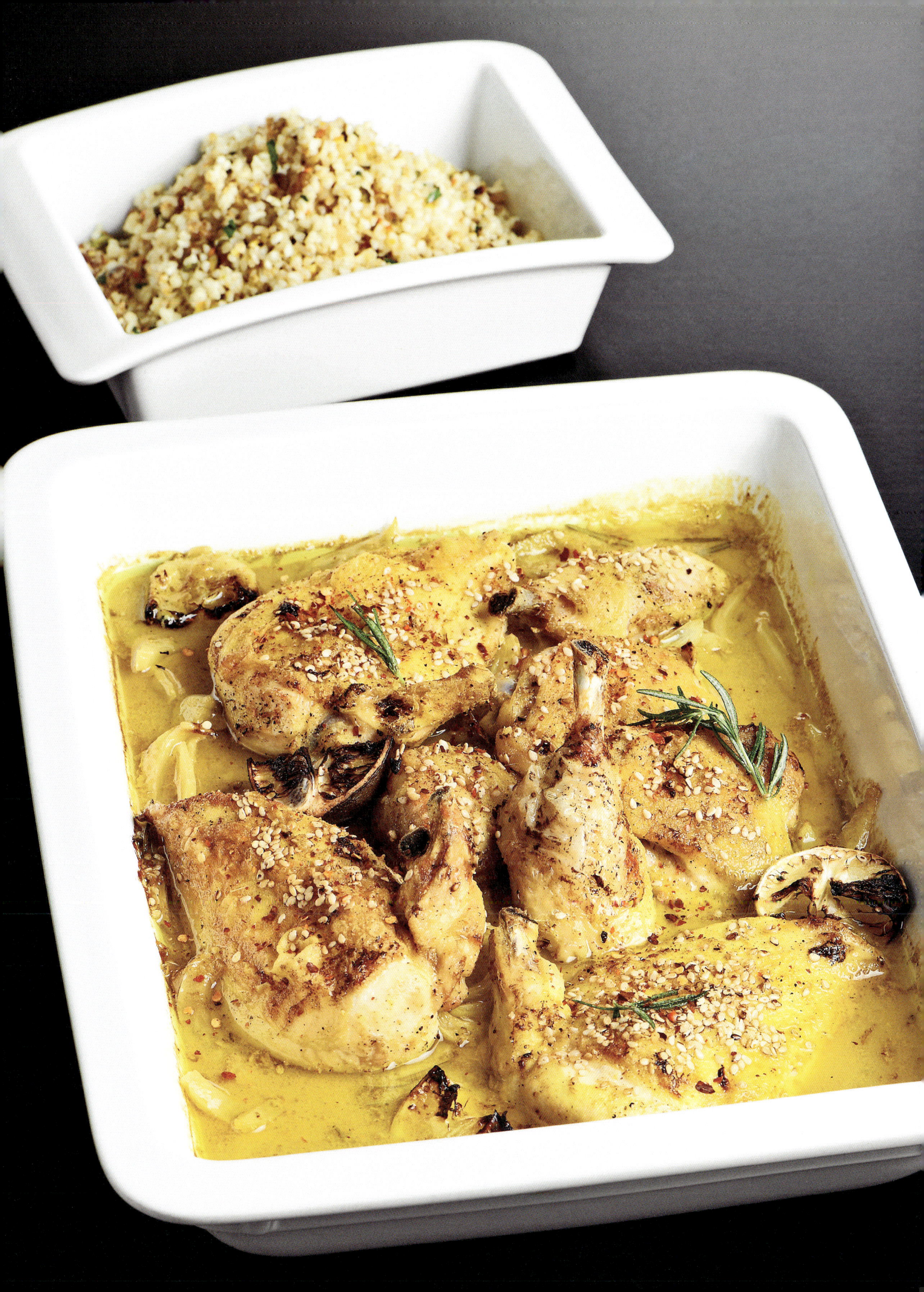

Gefüllte Paprikaringe mit Broccoli und würzigen Bröselnudeln

Nährwerte pro 1 Portion
Energie 210 kcal / 879 kj
Fett 8,44 g
Proteine 17,27 g
Kohlenhydrate 15,20 g
Salzgehalt 1,07 g

Zutaten für 10 Portionen
40 g Toastbrot Dinkel
40 g Gemüsebrühe BR
500 g Paprika rot frisch – für die Ringe

Zum Faschieren
250 g Paprika rot frisch
80 g Zwiebeln
2 g Petersilie glatt
1 g Thymian frisch
2 g Schmormarinade für Gemüse BR
50 g Ei
30 g Tomatenmark
650 g Rinder-Hackfleisch
5 g Meersalz fein
1 g Pfeffer schwarz – frisch mahlen
0,5 g Chili geschrotet – frisch mahlen

Kürbiscrème
120 g Zwiebeln
12 g Butter
600 g Kürbis – Hokaido
30 g Mehl
600 g Gemüsebrühe BR
4 g Meersalz fein
0,5 g Chili geschrotet – frisch mahlen
0,5 g Muskatblüte gemahlen
100 g Milch

Vorbereitung:
Basisrezepturen zubereiten
Toastbrot in warmer Gemüsebrühe einweichen
Paprika waschen – Stiel und Kerne entfernen, in ca. 2 cm hohe Ringe schneiden
Zum Schmoren:
Paprika-Abschnitte – in 1x1 cm große Stücke schneiden
Zwiebeln schälen – vierteln
Petersilie mit Stiel waschen – schleudern
Thymian abrebeln
Alles zu den Paprikawürfel hinzufügen – mit Schmormarinade marinieren – im Backofen bei 180 °C/Heißluft ca. 20 Min. schmoren – auskühlen lassen
Toastbrot ausdrücken und mit dem geschmorten Gemüse faschieren (feine Lochscheibe)
Zwiebeln für die Kürbiscrème schälen – vierteln
Kürbis waschen – Stiel und Wurzelansatz entfernen – halbieren – entkernen – Würfel schneiden

Zubereitung Kürbiscrème:
1. Zwiebeln in Butter glasig rösten
2. Kürbis hinzufügen – mit Mehl stauben
3. Mit Gemüsefond auffüllen
4. Gewürze hinzufügen
5. Alles weich kochen
6. Mixen
7. Mit Milch vollenden

Zubereitung:
1. Faschierte Brot-Gemüsemischung mit Ei, Tomatenmark und dem Hackfleisch vermischen
2. Abschmecken mit Salz, Pfeffer, Chili
3. Probe braten – nach Bedarf nochmals abschmecken
4. Paprikaringe mit der Hackfleischmischung füllen
5. Die gefüllten Ringe beidseitig braun anbraten
6. In eine 5 cm hohe feuerfeste Form legen
7. Mit Kürbiscrème auffüllen, so dass die Ringe ca. 0,5 cm aus der Sauce stehen
8. Zudecken
9. Im Backofen bei 120 °C Kombinierte Hitze/60 % Feuchtigkeit auf 70 °C Kerntemperatur fertig garen – kurz vor dem Servieren Deckel abnehmen – 10 Min. bei starker Oberhitze überbacken
10. Mit Kräutern bestreuen – servieren
11. Das fertige Gericht mit etwas Ruccolapesto garnieren: schmeckt besonders gut!

Tipp: Die Gefüllten Ringe auf beiden Seiten mit Semmelbrösel bestreuen, dann kleben sie beim Anbraten in der Pfanne weniger an.

Würzige Bröselnudeln

Zutaten für 10 Portionen
600 gr Dinkelspiralnudeln – Rohgewicht
10 g Sonnenblumenöl zum Marinieren
20 gr Salz
100 gr Würzige Brösel BR

Vorbereitung:
Basisrezeptur zubereiten
Spiralnudeln in reichlich Salzwasser bissfest kochen – abseihen – mit kaltem Wasser abschrecken – abtropfen lassen – mit etwas Sonnenblumenöl marinieren, damit die Nudeln nicht zusammenkleben

Zubereitung:
1. Wasser mit Salz und etwas Butter zum Kochen bringen, Nudeln darin erwärmen – abseihen – abtropfen lassen
2. Mit den würzigen Bröseln vermengen – anrichten

Frisch gekochter Broccoli schmeckt besonders gut dazu. Für 10 Portionen benötigen Sie 600 g gekochte Broccoliröschen.

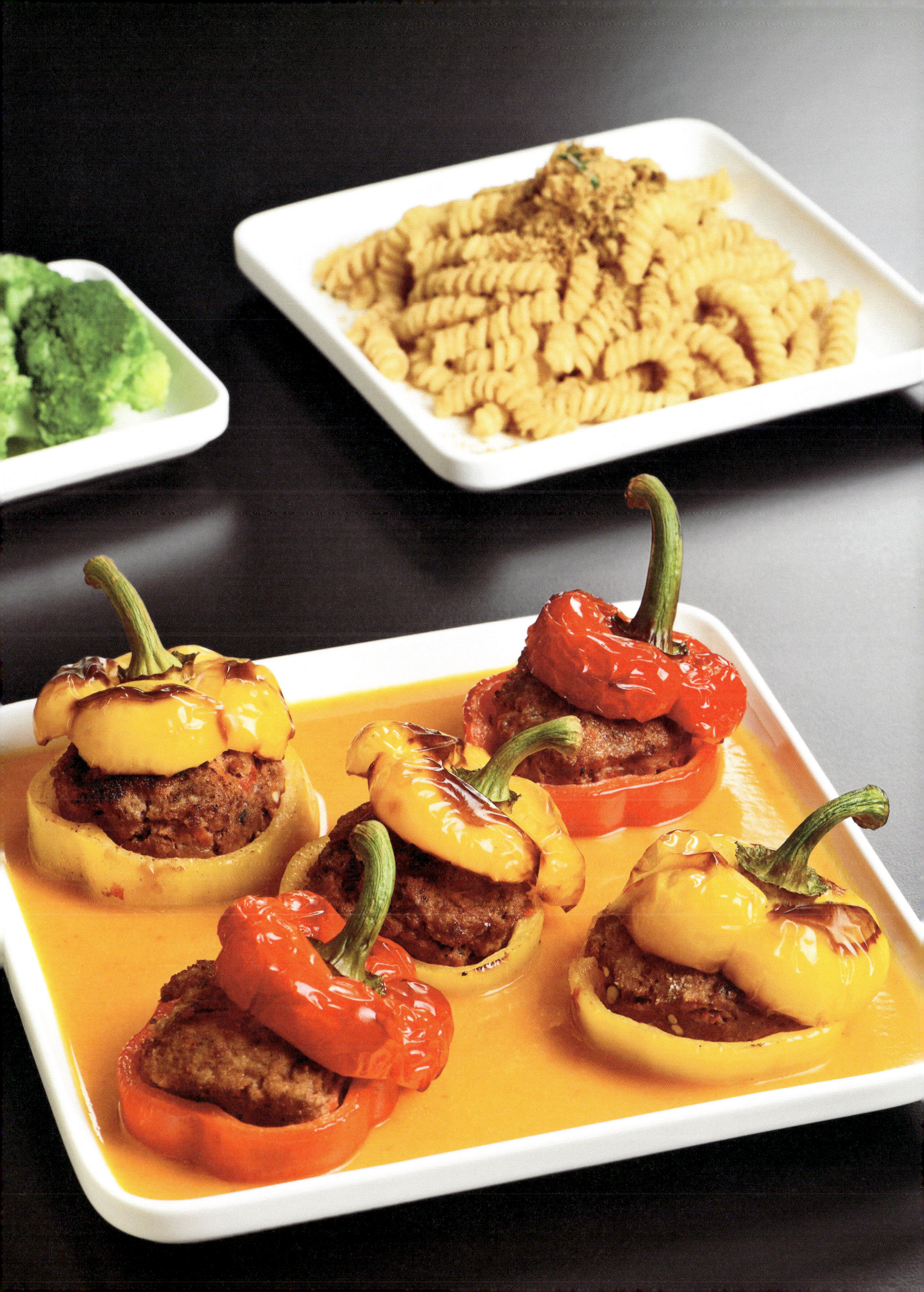

Hackfleischkugeln mit Pesto auf lauwarmem Kartoffel-Radieschensalat

Nährwerte pro 1 Portion
Energie 341 kcal / 1427 kj
Fett 23,86 g
Proteine 26,95 g
Kohlenhydrate 3,06 g
Salzgehalt 1,29 g

Zutaten für 10 Portionen
1200 g Rinder-Hackfleisch
20 g Sonnenblumenöl zum Braten
220 g Ruccolapesto BR
7 g Meersalz fein
3 g Pfeffer schwarz – frisch mahlen
30 g Semmelbrösel
40 g Ei
0,5 g Chili geschrotet – frisch mahlen

Garnitur
1 g Petersilie glatt
20 g Tsatsikisauce BR

Vorbereitung:
Basisrezeptur zubereiten
Ei mixen

Zubereitung:
1. Alle Zutaten, außer Sonnenblumenöl, gut vermengen
2. Kugeln formen
3. In Sonnenblumenöl anbraten – im Backofen bei 180 °C Heißluft auf Kerntemperatur 72 °C fertig garen
4. Servieren

Lauwarmer Kartoffel-Radieschensalat

Nährwerte pro 1 Portion
Energie 249 kcal / 1042 kj
Fett 10,35 g
Proteine 4,59 g
Kohlenhydrate 33,04 g
Salzgehalt 0,47 g

Zutaten für 10 Portionen
2000 g Kartoffeln – festkochende
100 g Zwiebeln rot
160 g Essig
120 g Gemüsebrühe BR
100 g Sonnenblumenöl
4 g Meersalz fein
0,5 g Pfeffer schwarz ganz
12 g Senf
4 g Kristallzucker
12 g Petersilie glatt
200 g Radieschen

Vorbereitung:
Basisrezeptur zubereiten
Kartoffeln kochen – schälen – in Würfel schneiden
Radiesenblätter entfernen – Radieschen waschen – achteln
Zwiebeln schälen – halbieren – in Streifen schneiden
Petersilie hacken
Gemüsebrühe erwärmen

Zubereitung:
1. Alle Zutaten außer Zwiebeln und Radieschen zu einem Kartoffelsalat zubereiten
2. Kurz vor dem Servieren die Zwiebeln, Petersilie und die Radieschen hinzufügen
3. Lauwarm servieren

Tipp: *Etwas Tsatsikisauce BR schmeckt besonders gut zu diesem Gericht.*

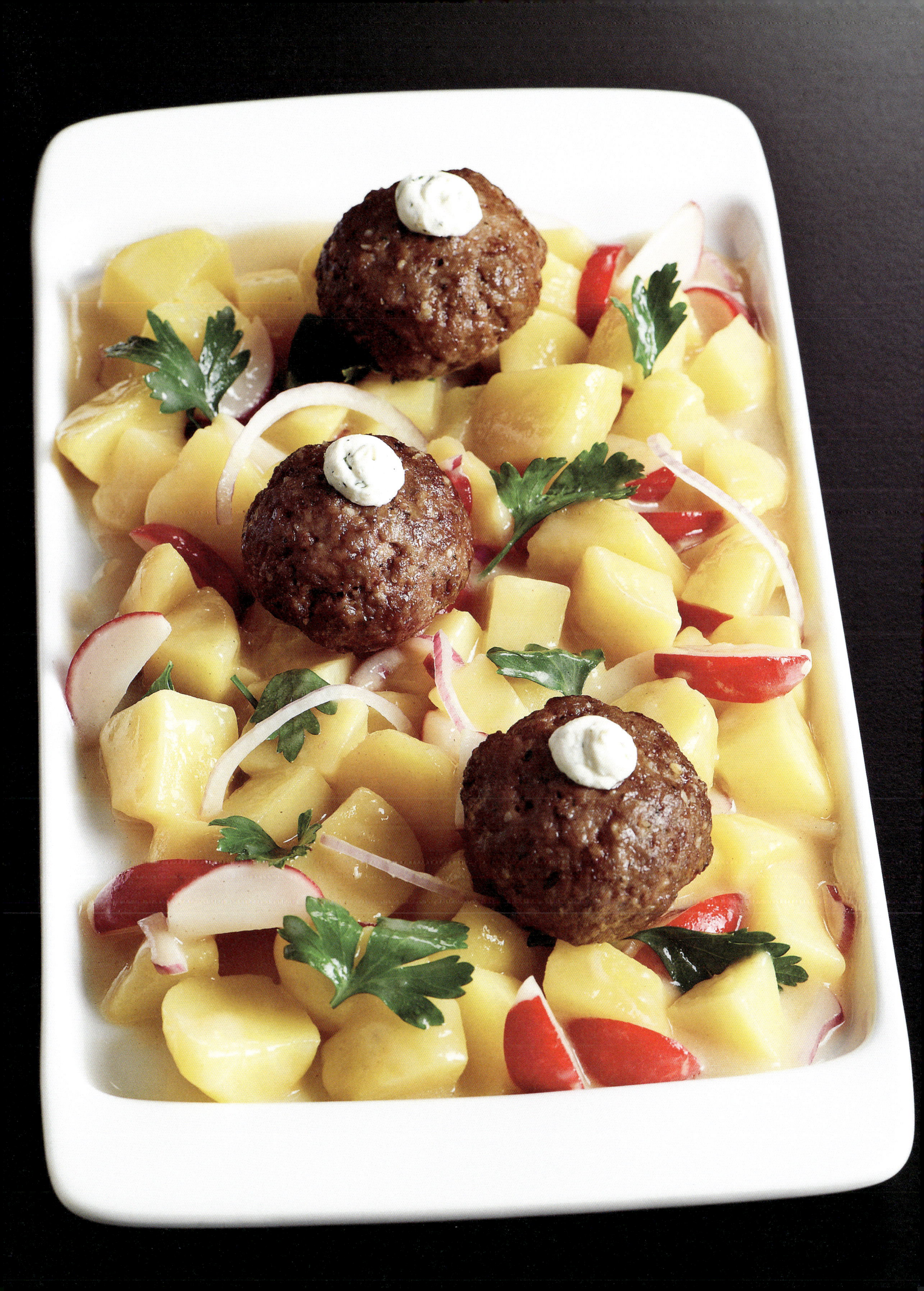

Hackfleisch-Bulgur-Strudel mit wunderbarem Fenchelgemüse und Vollkornreis

Nährwerte pro 1 Portion
Energie 465 kcal / 1946 kj
Fett 26,24 g
Proteine 22,48 g
Kohlenhydrate 32,69 g
Salzgehalt 1,41 g

Zutaten für 10 Portionen
500 g Rinder-Hackfleisch
100 g Karotten
60 g Sellerie-Knolle
90 g Paprika – bunt frisch
5 g Schmormarinade BR
100 g Zwiebeln
1 g Knoblauchpaste BR
0,5 g Curcuma Bio gemahlen
0,1 g Chili geschrotet – frisch mahlen
1 g Koriander-Samen – frisch mahlen
1 g Kreuzkümmel – frisch mahlen
0,5 g Galgant gemahlen
0,5 g Pfeffer schwarz – frisch mahlen
2 g Senfkörner – frisch mahlen
24 g Tomatenmark
300 g Gemüsebrühe BR
25 g Sojasauce Tamari
0,5 g Bockshornklee – frisch mahlen
1 g Oregano getrocknet
400 g Wasser zum Kochen von Bulgur
3 g Meersalz fein für das Hackfleisch
200 g Bulgur Rohgewicht
15 g Maisstärke
50 g Wasser zum Anrühren der Maisstärke
2 g Meersalz fein für den Bulgur
50 g Ei
500 g Blätterteig
140 g Putenpfefferschinken
100 g Bergkäse
25 g Ei zum Bestreichen
10 g Sesam geschält zum Bestreuen

Vorbereitung:
Basisrezepturen zubereiten
Karotten und Sellerie schälen – fein reiben
Paprika waschen – die Stiele und Kerne entfernen – halbieren – in feine Streifen schneiden – mit Schmormarinade marinieren – im Backofen bei 180 °C/Heißluft ca. 20 min schmoren
Zwiebeln schälen – fein hacken – in etwas Butterschmalz mit der Knoblauchpaste rösten, bis die Mischung süßlich schmeckt
Bulgur in doppelter Menge Wasser und Salz zum Kochen bringen – 10 Min. bei schwacher Hitze köcheln lassen – Herd ausschalten – Deckel schließen – weitere 10 Min. ziehen lassen
Putenschinken in dünne Scheiben schneiden
Käse reiben
Ei mixen

Zubereitung:
1. Das Hackfleisch ohne Fett unter ständigem Rühren anbraten – zeitweise mit dem Schneebesen zerstossen bis das Fleisch ganz zerfällt – rösten bis die Flüssigkeit verdampft ist
2. Karotten, Sellerie und Paprika dazugeben – kurz mitrösten
3. Geröstetes Zwiebel-Knoblauchgemisch dazugeben
4. Gewürze außer Bockshornklee und Oregano dazugeben – kurz mitrösten
5. Tomatenmark einrühren – mitrösten
6. Mit Gemüsebrühe und Sojasauce auffüllen – Bockshornklee und Oregano dazugeben
7. Gekochten Bulgur dazu geben – gut durchrühren
8. Maisstärke mit etwas Wasser anrühren – unter ständigem Rühren in die Hackfleischmasse einarbeiten – aufkochen lassen
9. Abschmecken mit Salz
10. Auskühlen lassen
11. Eier beimengen – gut verrühren
12. Den Blätterteig ausrollen – auf ein Strudeltuch legen
13. Auf den ersten 2/3 mit Schinken belegen
14. Am unteren Rand, auf der ganzen Breite die Hackfleisch-Bulgurmischung längs zu einem Hügel auflegen
15. Den geriebenen Käse gleichmässig darauf verteilen
16. Einrollen, so dass der Käse zum Schluss oben ist – den Strudel auf ein mit Butter und Mehl belegtes Blech legen
17. Mit verrührtem Ei bestreichen – mit Sesam bestreuen
18. Mit einem Spieß gleichmäßig in der Mitte 4-5 mal einstechen
19. Im Backofen bei 200 °C Heißluft 20 Min. anbacken – dann bei 170 °C weitere 20 Min. backen

Tipp: *Mit dem Elektromesser aufschneiden*

Fenchelgemüse mit Kirschtomaten

Nährwerte pro 1 Portion
Energie 56 kcal / 234 kj
Fett 0,81 g
Proteine 1,62 g
Kohlenhydrate 10,25 g
Salzgehalt 0,16 g

Zutaten für 10 Portionen
4 g Butterschmalz
1 g Koriander-Samen – frisch mahlen
2 g Senfkörner – frisch mahlen
0,5 g Curcuma-Bio gemahlen
600 g Fenchel
270 g Kokosmilch
150 g Gemüsebrühe BR
1 g Meersalz fein
1 g Chili geschrotet – frisch mahlen
4 g Maisstärke
100 g Kirschtomaten

Vorbereitung:
Basisrezepturen zubereiten
Kirschtomaten waschen – vierteln
Fenchel waschen – halbieren – Wurzelansatz entfernen – in Längsstreifen schneiden

Zubereitung:
1. Butterschmalz erwärmen – Gewürze darin leicht anrösten
2. Fenchel dazugeben – mit Kokosmilch und Gemüsebrühe auffüllen – Deckel schließen
3. Den Fenchel weich kochen
4. Mit Salz und nach Bedarf mit etwas Chili abschmecken
5. Maisstärke mit Wasser anrühren – den Fenchel damit leicht abbinden
6. Vor dem Servieren die Kirschtomaten auf den heißen Fenchel streuen und locker unterheben

Junge Leute essen keinen Fenchel? Das war zehn Jahre lang meine Erfahrung. Mit dieser Zubereitungsart lieben sie den Fenchel, Sie werden schon sehen! Sagen Sie ganz einfach Kokosgemüse dazu. Übrigens, auch ältere Gäste schätzen dieses Gemüse sehr.

Das Rezept für den »Volkornreis mit Haselnüssen« entnehmen Sie bitte den Basisrezepturen »Beilagen« auf Seite 42.

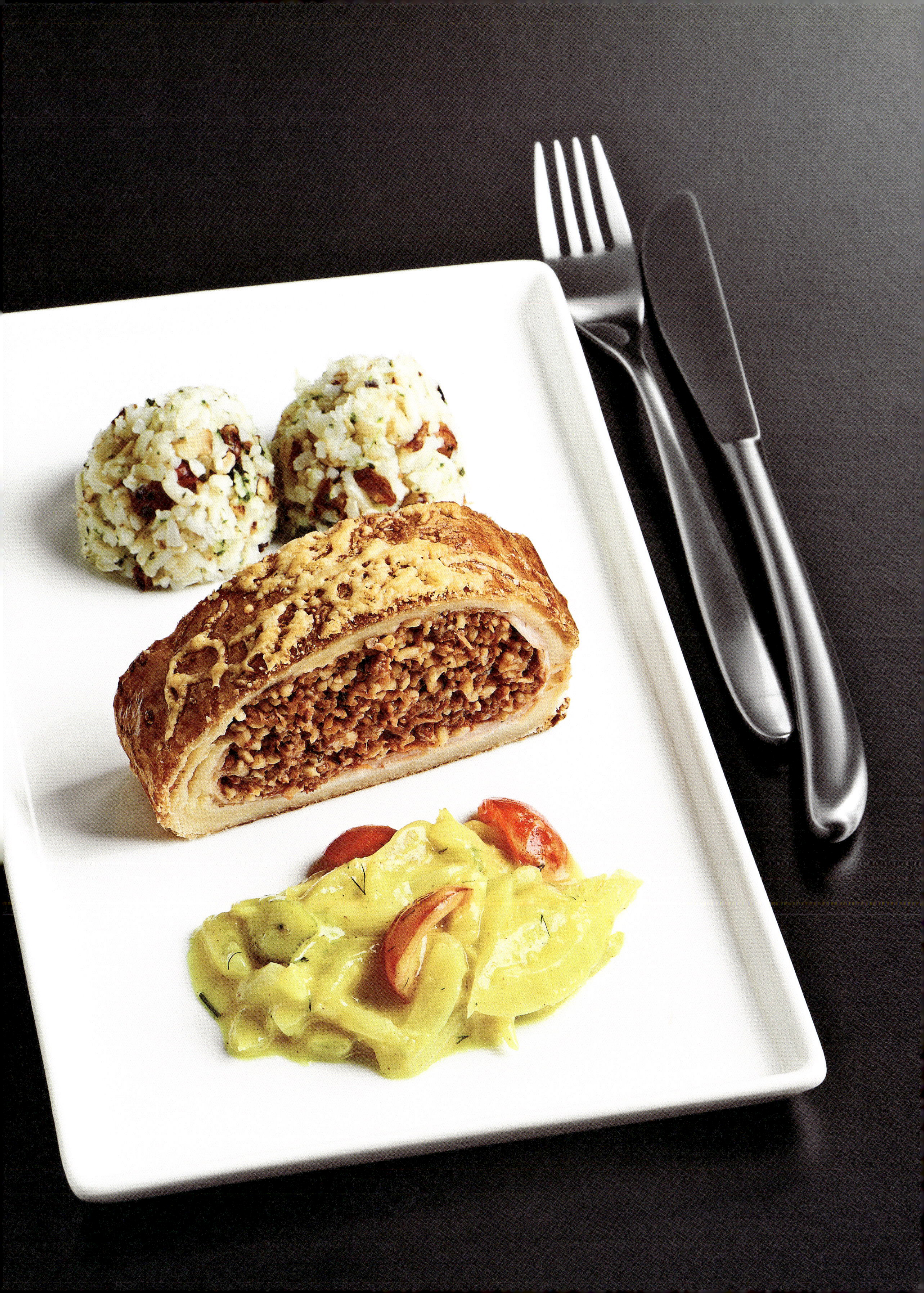

Mais-Palatschinken gefüllt mit Hackfleisch, knackigem Salat und frischen Bio-Tomaten – dazu Gurkensauerrahm-Sauce

Nährwerte pro 1 Portion
Energie 468 kcal / 1958 kj
Fett 19,15 g
Proteine 35,28 g
Kohlenhydrate 36,27 g
Salzgehalt 1,78 g

Zutaten für 10 Portionen
1000 g Palatschinkenteig für scharfe Füllungen BR
6 g Butterschmalz
120 g Zwiebeln
1200 g Rinder-Hackfleisch
180 g Indianerbohnen mit Saft zum Pürieren
120 g Indianerbohnen ganz
60 g Gemüsemais
250 g Tomaten würfelig – Konserve
12 g Gewürzmischung Mexico BR
1 g Pfeffer schwarz – frisch mahlen
60 g Sojasauce Tamari
15 g Maisstärke
200 g Eisberg-Salat
300 g Tomaten frisch
140 g Süß-Sauer-Sauce kalt BR
260 g Gurkensauerrahm-Sauce BR

Vorbereitung:
Basisrezepturen zubereiten
Palatschinken zubereiten – auf ein mit Backpapier belegtes Blech legen – mit Klarsichtfolie gut zudecken – später mit Dampf regenerieren
Einen Teil der Bohnen mit dem Saft pürieren
Den anderen Teil der Bohnen abtropfen lassen
Salat in feine Streifen schneiden – waschen – schleudern
Tomaten waschen – Stielansatz entfernen – mit den Kernen klein würfelig schneiden
Zwiebeln schälen – Strunk herausschneiden – hacken

Zubereitung:
1. Pfanne mit Butterschmalz erhitzen – Zwiebeln darin langsam goldgelb anschwitzen, bis sie süß schmecken
2. Hackfleisch dazugeben – anbraten bis es auseinanderfällt und fein krümelig ist, dabei ständig mit dem Schneebesen die Fleischmasse zerstossen
3. Ganze Bohnen und Bohnenpüree dazugeben
4. Maiskörner hinzufügen
5. Tomaten gewürfelt Konserve dazugeben – gut umrühren
6. Würzen mit der hausgemachten Mexico-Gewürzmischung, Pfeffer und Sojasauce
7. Mit Maisstärke und etwas Wasser anrühren – leicht abbinden
8. Palatschinken im Dampf und reduzierter Lüfterleistung regenerieren

Vorgehensweise bei der Essensausgabe:
Linie aufbauen – langes Blech, auf dem die Teller, wie an einem Fließband, von rechts nach links geschoben werden.

Die Mitarbeiter belegen die Teller wie folgt:
1. Palatschinken (warmhalten)
2. Salat (kalt halten)
3. Tomaten (kalt halten)
4. Hackfleisch (warm halten)
5. Palatschinken zuklappen
6. Mit Gurkensauerrahm– und/oder Süß-/Sauer-Sauce garnieren (kalt halten)

Tipp: *Chilifäden machen dieses Gericht besonders attraktiv.*

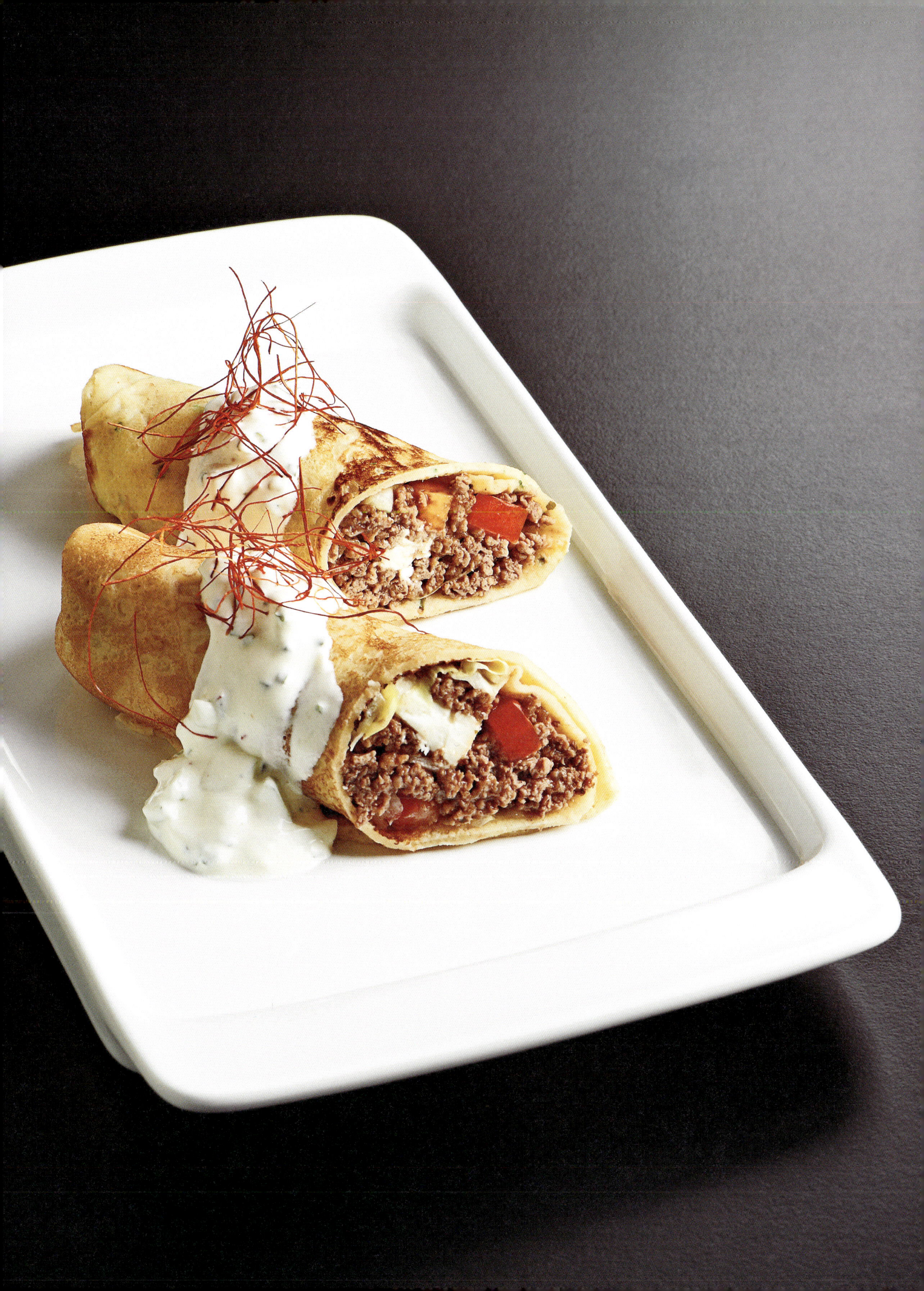

Kartoffel-Hackfleischpfanne mit geschmortem Wurzelgemüse und frischen Kräutern – dazu herzhafter Bratensaft

Nährwerte pro 1 Portion
Energie 559 kcal / 2339 kj
Fett 21,74 g
Proteine 40,06 g
Kohlenhydrate 47,74 g
Salzgehalt 2,33 g

Zutaten für 10 Portionen
2 g Butterschmalz
180 g Zwiebeln
1 g Knoblauchpaste BR
1200 g Rinder-Hackfleisch
60 g Tomatenmark
2 g Koriander-Samen – frisch mahlen
1 g Galgant gemahlen
0,5 g Chili geschrotet – frisch mahlen
1 g Kreuzkümmel – frisch mahlen
0,1 g Zimt gemahlen
800 g Gemüsebrühe BR
30 g Sojasauce Tamari
1 g Majoran getrocknet
1 g Oregano getrocknet
30 g Maisstärke
1 g Meersalz fein
100 ml reduzierter Bratensaft BR
10 g Kräuteröl BR

Überbackene Kartoffeln
4 g Olivenöl
2200 g Kartoffeln – festkochende
15 g Meersalz fein
1 g Muskatnuss gemahlen
1300 g Milch
100 g Parmesan gerieben
20 g Kürbiskerne
10 g Sesam geschält

Vorbereitung:
Basisrezepturen zubereiten
Zwiebeln schälen – klein hacken – Kürbiskerne grob hacken – rösten – Kartoffeln schälen – in kaltes Wasser legen – Milch mit Salz und Muskatnuss abschmecken

Zubereitung:
1. Butterschmalz in einer Pfanne erhitzen, Zwiebeln darin langsam anbraten bis sie süß schmecken – die Knoblauchpaste dazugeben – kurz mitrösten
2. Hackfleisch dazugeben und so lange mitbraten bis das Fleisch auseinander fällt – Tomatenmark dazu geben – kurz mitrösten
3. Gewürze, außer Majoran und Oregano, hinzufügen – kurz mitrösten
4. Mit Gemüsebrühe und Sojasauce aufgießen – Majoran und Oregano hinzufügen
5. Maisstärke mit etwas kaltem Wasser anrühren – die Hackfleischmasse damit binden – aufkochen lassen – mit Salz abschmecken
6. Das fertige Hackfleisch gleichmäßig in eine feuerfeste Form ca. 2-3 cm hoch verteilen
7. Eine andere feuerfeste Form mit etwas Olivenöl einstreichen – Salz und wenig Muskat gleichmäßig darauf verteilen
8. Kartoffeln in dünne Scheiben schneiden – die Form ca. 1/3 mit Kartoffeln füllen – würzen mit Salz und wenig Muskat – wieder 1/3 füllen – erneut würzen mit Salz und wenig Muskat – das letzte 1/3 mit Kartoffeln füllen – würzen mit Salz und wenig Muskat
9. Die Milch darübergiessen – auffüllen bis die Flüssigkeit beim Andrücken über die Kartoffeln fließt
10. Mit Parmesan bestreuen
11. Im Backofen bei 170 °C/Heißluft backen bis die Kartoffeln weich sind – etwas auskühlen lassen
12. Die fertig überbackenen Kartoffeln in große Stücke schneiden – herausheben und auf das vorbereitete Hackfleisch legen
13. Die Kartoffel-Hackfleischpfanne mit gehackten, gerösteten Kürbiskernen und Sesam bestreuen – im Backofen bei 160 °C/ Kombinierte Hitze, 50 % Feuchtigkeit ca. 20 Min. regenerieren
14. Mit Kräuteröl verfeinern und mit etwas Bratensaft servieren.

Geschmortes Wurzelgemüse

Nährwerte pro 1 Portion
Energie 56 kcal / 234 kj
Fett 3,19g
Proteine 1,97g
Kohlenhydrate 4,47g
Salzgehalt 0,93g

Zutaten für 10 Portionen
400 g Karotten
400 g Sellerie-Knolle
300 g Fenchel
200 g Pastinaken
25 g Kräuteröl BR
6 g Meersalz fein
3 g Knoblauchpaste
3 g Rosmarin frisch

Vorbereitung:
Karotten, Sellerie und Pastinaken schälen und in 2x2 cm große Würfel schneiden – Fenchel waschen – Grün entfernen und in 2x2 cm große Würfel schneiden
Karotten, Sellerie, Pastinaken und Fenchel im Dampf bissfest garen – auskühlen lassen

Zubereitung:
1. Die Gemüsearten mit dem Rosmarinzweig zusammenmischen
2. Mit Kräuteröl, Salz und Knoblauchpaste marinieren
3. Im Backofen bei 180 °C Heißluft ca. 20 Min. schmoren
4. Vor dem Servieren mit frischen Kräutern garnieren

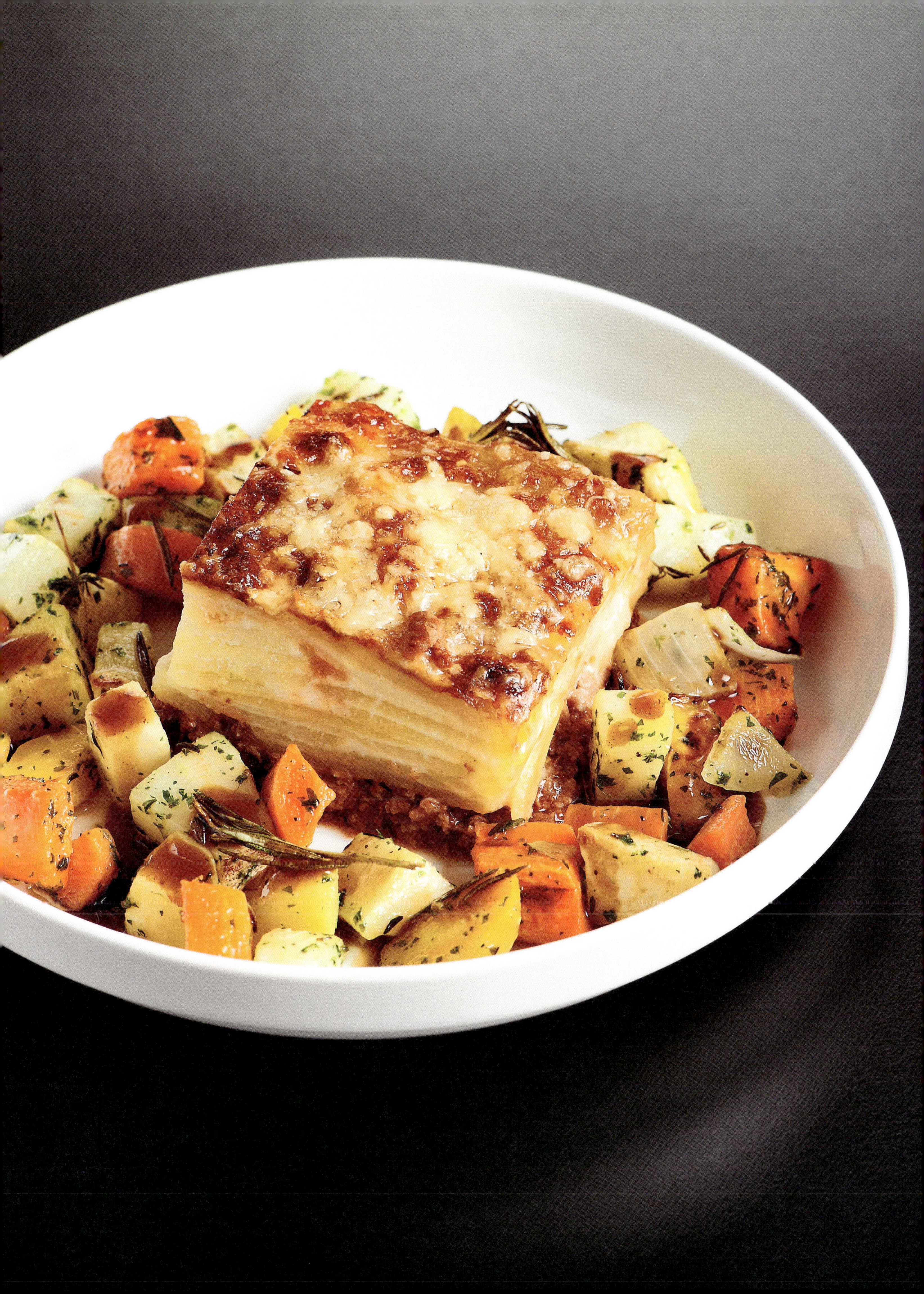

Knusprige Pizzatasche gefüllt mit Ricotta, Spinat und Schinken

Nährwerte pro 1 Portion
Energie 522 kcal / 2184 kj
Fett 23,94 g
Proteine 22,27 g
Kohlenhydrate 52,01 g
Salzgehalt 2,69 g

Zutaten für 10 Portionen
Teig
300 g Mehl glatt
300 g Dinkelmehl W 700
120 g Dinkel-Vollkornmehl
40 g Olivenöl Bio
4 g Trockenhefe
330 g Wasser
13 g Meersalz fein

Fülle
340 g Ricotta – Frischkäse – passiert
100 g Ei
3 g Meersalz fein
1 g Pfeffer schwarz – frisch mahlen
1 g Oregano getrocknet
230 g Bregenzerwälder Geißkäsle
50 g Blattspinat TK
170 g Schinken gekocht
60 g Parmesan gerieben

Zum Bestreichen
20 g Ei

Zum Überbacken
30 g Tomatensauce BR
50 g Käse–Parmesan gerieben
50 g Kräuteröl BR

Vorbereitung:
Für den Teig alle Zutaten möglichst kalt zu einem
glatten Teig kneten
Eier mixen
Geißkäsle in Würfel schneiden
Spinat auftauen – auspressen – leicht zerhacken
Schinken in kleine Würfel schneiden

Zubereitung:
1. Ricottakäse passiert in der Rührmaschine glatt rühren
2. Ei mit dem Ricotta glatt rühren
3. Mit Salz, Pfeffer und Oregano würzen
4. Geißkäsle, Spinat, Schinken und Parmesan dazurühren
5. Teig ca. 15 cm breit ausrollen
6. In 15 cm breite Streifen schneiden
7. Die Ränder mit Ei bestreichen
8. Mit einem großen Eisschöpfer die Fülle auf den Teig portionieren
9. Einschlagen
10. Die Taschen mit dem Wellenrädler in eine Halbkreisform schneiden
11. Mit dem Plastikrad eine Eindrückoptik schaffen
12. Auf ein mit Backpapier belegtes Blech legen – mit Ei bestreichen
13. Im Backofen CD bei 200 °C/Heißluft ca. 10 Min. anbacken – herausnehmen
14. Mit einem EL Tomatensauce garnieren – Parmesan darüberstreuen
15. Im Backofen bei 180 °C, reduzierte Lüfterleistung fertig backen
16. Mit Kräuteröl garnieren

Tipp: Aus den Teigresten können Sie ein wunderbares Brot herstellen. Dazu die Reste nochmals glatt kneten – formen – gehen lassen – backen. Viel Spaß!

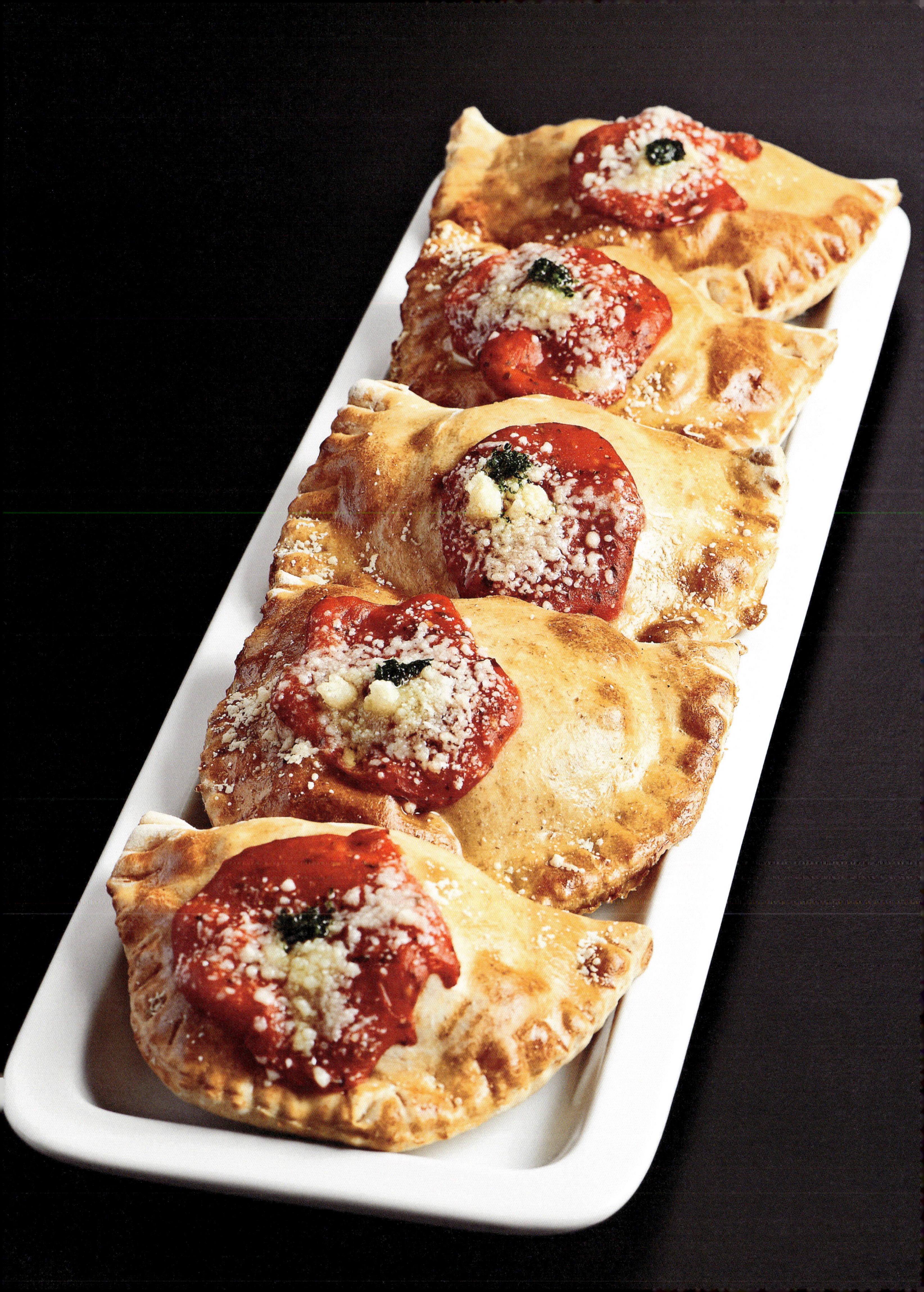

Schweineripple mit Süß-Sauermarinade
Wunderbares Kürbis-Linsengemüse und Kräuternockerl

Nährwerte pro 1 Portion
Energie 642 kcal / 2686 kj
Fett 41,59 g
Proteine 61,07 g
Kohlenhydrate 3,16 g
Salzgehalt 3,08 g
Alkohol 0,01 g

Zutaten für 10 Portionen
3000 g Schweine-Ripple
60 g Apfelsaft
7 g Apfelessig
30 g Spezialgewürzmischung BR
200 g Süß-Sauermarinade BR
250 g Kräuternockerl BR

Vorbereitung am Vortag:
Basisrezepturen zubereiten
Die Schweineripple portionieren (ca. 6 cm breit für 1 Person) – mit Apfelsaft, Essig und Spezialgewürzmischung BR marinieren

Zubereitung:
1. Ca. 2 h vor der Zubereitung die Schweineripple auf Zimmertemperatur bringen
2. In eine feuerfeste Form legen, mit der bauchigen Seite nach unten – im Backofen bei 130 °C/Heißluft reduzierte Lüfterleistung ca. 1,5 Stunden garen
3. Umdrehen – mit einem Deckel abdecken und 1 weitere Stunde bei 130 °C Heißluft, reduzierte Lüfterleistung garen
4. Deckel abnehmen – ca. 15 Min. bei 170 °C/Heißluft, reduzierte Lüfterleistung garen
5. Mit Süß-Sauermarinade BR einpinseln und weitere 30 Min. bei 130 °C/Heißluft, reduzierte Lüfterleistung garen, dabei die Ripple immer wieder mit der Marinade einstreichen.

Kürbis-Linsengemüse

Nährwerte pro 1 Portion
Energie 74 kcal / 310 kj
Fett 1,64 g
Proteine 2,35 g
Kohlenhydrate 11,85 g
Salzgehalt 0,82 g

Zutaten für 10 Portionen
4 g Olivenöl
60 g Zwiebeln
1 g Knoblauchpaste BR
1 g Koriander-Samen – frisch mahlen
0,5 g Chili geschrotet – frisch mahlen
1 g Curcuma Bio gemahlen
2 g Currypulver Madrocas
1 g Ingwer gemahlen
1 g Thymian frisch
25 g Honig
7 g Essig
130 g Gemüsebrühe BR
100 g Mangosaft
200 g Kokosmilch
450 g Kürbis Hokaido
330 g Karotten
100 g Linsen gekocht
6 g Meersalz fein
0,5 g Pfeffer weiß – frisch mahlen
7 g Maisstärke
200 g Zucchini
8 g Petersilie glatt

Vorbereitung am Vortag:
Linsen in reichlich Wasser einweichen

Vorbereitung:
Basisrezepturen zubereiten
Zwiebeln schälen – hacken
Kürbis waschen, Stielansatz entfernen – halbieren – die Kerne entfernen – mit der Schale in 1x1 cm große Würfel schneiden
Karotten schälen – in 1x1 cm große Würfel schneiden
Thymianblätter abzupfen
Linsen in leicht gesalzenem Wasser bissfest kochen – abseihen – gut abtropfen lassen
Zucchini waschen – Stielansatz entfernen – in 0,5x0,5 cm große Würfel schneiden
Petersilie waschen – Blätter abzupfen

Zubereitung:
1. Olivenöl in einer Pfanne leicht erwärmen
2. Die Zwiebeln ohne Farbgebung langsam darin anschwitzen bis sie süß schmecken
3. Den Knoblauch kurz mitbraten
4. Die Gewürze dazugeben – kurz mitbraten – Honig dazugeben mit Essig ablöschen
5. Mit Gemüsebrühe BR, Mangosaft, Kokosmilch aufgießen
6. Die Kürbis- und Karottenwürfel dazugeben – Deckel schließen – das Gemüse bissfest kochen
7. Gekochte Linsen dazugeben
8. Mit Salz und Pfeffer abschmecken
9. Maisstärke mit Wasser anrühren – leicht abbinden
10. Kurz vor dem Servieren Zucchini-Würfel dazugeben
11. Nochmals aufkochen lassen
12. Petersilienblätter darüberstreuen – Servieren

Tipp: Wenn Sie bei den Zucchini die Kerne herausschneiden, ergibt sich eine schönere Optik.

Das Rezept für das »Kräuternockerl« entnehmen Sie bitte den Basisrezepturen »Dips & Saucen« auf Seite 24.

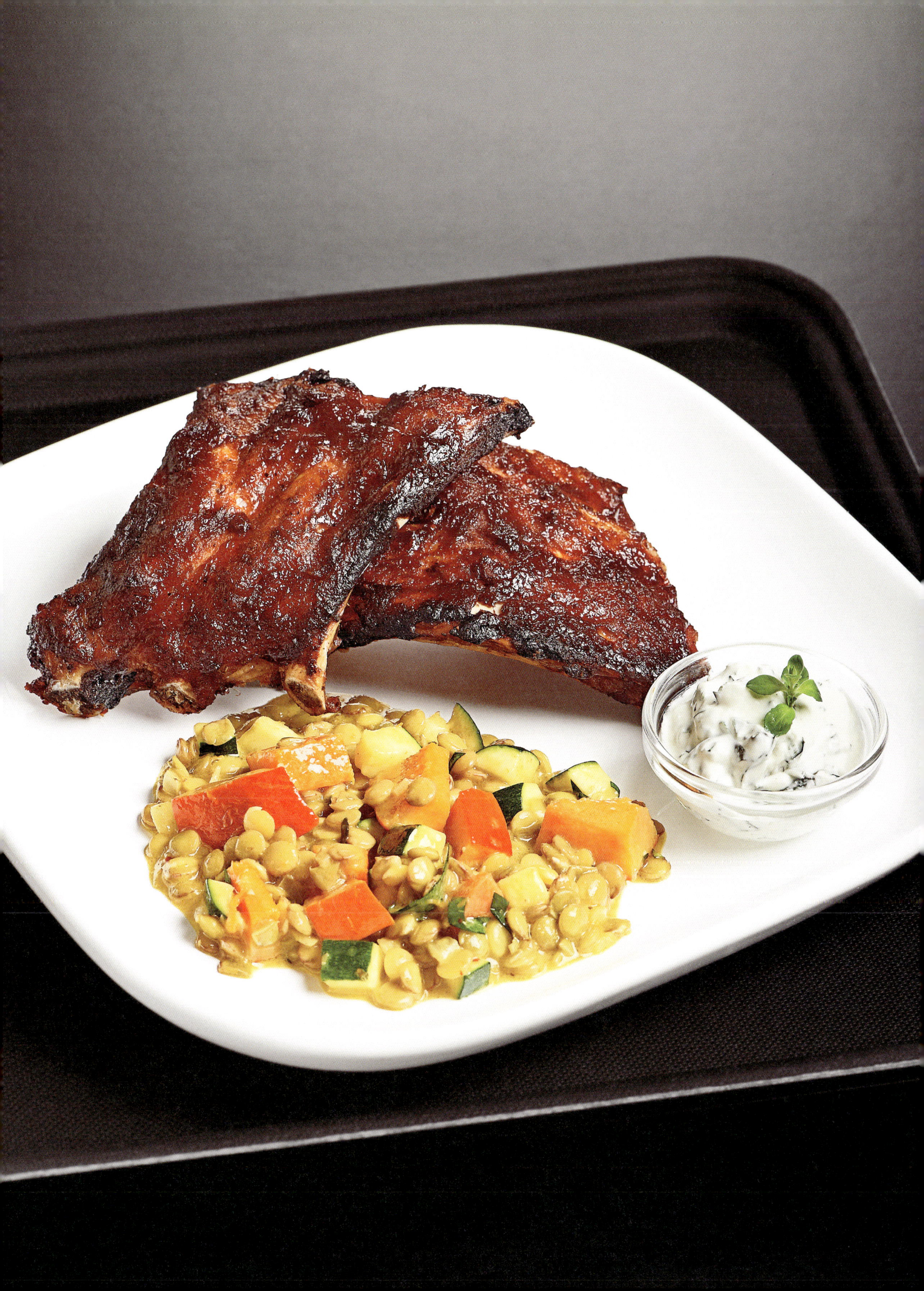

Zarte Rindshuft auf Aprikosen-Tomatensauce
Gemüse vom Acker mit gebratenem Grünkern
Knusprig gebackene Kartoffelviertel

Nährwerte pro 1 Portion
Energie 295 kcal / 1234 kj
Fett 9,19 g
Proteine 40,90 g
Kohlenhydrate 10,62 g
Salzgehalt 2,59 g

Zutaten für 10 Portionen
2000 g Rinds-Schale
30 g Spezialgewürzmischung BR
20 g Sonnenblumenöl zum Braten
10 g Rosmarin frisch
10 g Thymian frisch

Vorbereitung:
Basisrezeptur zubereiten

Niedertemperaturgaren:
Wichtig: Gut abgelagertes Fleisch verwenden. Die Rindsschale sollte vom Metzger bereits zugeputzt sein.

Zubereitung:
Rinderrücken oder Rindsschale:
1. Das Rindfleisch mit dem Spezialgewürz würzen – in eine feuerfeste Form legen
2. In das Backrohr schieben – bei 120 °C Heißluft ca. 10 Min. garen (Keimabtötung)
3. Auf 80 °C, reduzierte Lüfterleistung zurückschalten – so lange weitergaren, bis die Kerntemperatur 55 °C - 58 °C beträgt – der Garvorgang dauert ca. 3 Stunden
4. Eine Pfanne mit etwas Sonnenblumenöl erhitzen – das Rindfleisch mit frischen Rosmarin- und Thymian-Zweigen rundherum knusprig braten
5. Auf ein Schneidebrett legen, vor dem Gast aufschneiden und servieren

Aprikosen-Tomatensauce

Nährwerte pro 1 Portion
Energie 141 kcal / 590 kj
Fett 4,76 g
Proteine 10,10 g
Kohlenhydrate 13,18 g
Salzgehalt 0,63 g
Alkohol 0,28 g

Zutaten für 10 Portionen
300 g Zwiebeln
15 g Olivenöl Bio
2 g Kreuzkümmel – frisch mahlen
0,5 g Chili geschrotet – frisch mahlen
500 g Schältomaten – Konserve
420 g Bratensaft BR
80 g Kichererbsen Rohgewicht
80 g Dörraprikosen
15 g Sonnenblumenkerne
30 g Sojasauce Tamari
2 g Meersalz fein
1 g Pfeffer schwarz – frisch mahlen
8 g Petersilie glatt

Vorbereitung 2 Tage vor der Zubereitung:
Kichererbsen in reichlich Wasser einweichen, zudecken und kühl stellen. Bei zu viel Licht und Wärme keimen die Kichererbsen.

Vorbereitung:
Basisrezeptur zubereiten
Bratensaft zur Hälfte einreduzieren
Kichererbsen in Salzwasser weich kochen – abseien
Zwiebeln schälen – fein hacken
Aprikosen hacken
Petersilie waschen – schleudern – grob hacken
Schältomaten grob mixen

Zubereitung:
1. In einem Topf Olivenöl leicht erhitzen – Zwiebeln darin langsam anschwitzen, bis sie süßlich schmecken
2. Kreuzkümmel und Chili dazugeben – kurz mitrösten
3. Kichererbsen, Dörraprikosen und Sonnenblumenkerne dazugeben
4. Mit Schältomaten und Bratensaft auffüllen
5. Ca. 30 Min. leicht köcheln lassen
6. Abschmecken mit Sojasauce, Salz und Pfeffer
7. Kurz vor dem Servieren Petersilie einstreuen

Gemüse vom Acker mit gebratenem Grünkern

Nährwerte pro 1 Portion
Energie 76 kcal / 318 kj
Fett 3,67 g
Proteine 1,89 g
Kohlenhydrate 8,30 g
Salzgehalt 0,45 g

Zutaten für 10 Portionen
8 g Olivenöl Bio
60 g Grünkern
400 g Karotten
100 g Paprika gelb – frisch
100 g Paprika rot – frisch
120 g Petersilienwurzel
60 g Zwiebeln rot
10 g Aubergine
60 g Fenchel
60 g Zucchini
8 g Schmormarinade für Gemüse BR
10 g Kräuteröl BR
2 g Meersalz fein

Vorbereitung am Vortag:
Grünkern in reichlich Wasser einweichen

Vorbereitung:
Basisrezepturen zubereiten
Grünkern in Salzwasser kochen – abseihen – auskühlen lassen
Karotten schälen – in 1x1 cm große Stücke schneiden – im Dampf weichkochen – auskühlen lassen
Gelbe und rote Paprika waschen – entkernen – in 1x1 cm große Stücke schneiden
Petersilienwurzel schälen – in 1x1 cm große Stücke schneiden – im Dampf bissfest kochen – abkühlen lassen
Zwiebeln schälen – Strunk herausschneiden – in 1x1 cm große Stücke schneiden
Auberginen waschen – beide Enden abschneiden – in 1x1 cm große Würfel schneiden
Fenchel putzen – waschen – in 1x1 cm große Würfel schneiden – im Dampf bissfest kochen
Zucchini waschen – beide Enden abschneiden – in 1x1 cm große Würfel schneiden

Zubereitung:
1. Alle Gemüsesorten miteinander vermischen – mit Schmormarinade marinieren
2. In eine feuerfeste Form nicht zu dicht verteilen
3. Im Backofen bei 180 °C Heißluft ca. 20 Min. schmoren
4. Den Grünkern in wenig Olivenöl goldbraun anbraten, über das Schmorgemüse streuen
5. Mit Kräuteröl und Salz abschmecken
6. Servieren

Tipp: *Wenn Sie vor dem Schmoren frische Rosmarin- und Thymianzweige auf das Gemüse legen, wird es besonders gut.*

Das Rezept für die »Kartoffelviertel gebacken« entnehmen Sie bitte aus den Basisrezepturen »Beilagen« auf Seite 43.

Rindsgeschnetzeltes – Gemüsegröstel mit Senfschaum
Gebratene Schwobe-Spätzle

Nährwerte pro 1 Portion
Energie 383 kcal / 1602 kj
Fett 17,24 g
Proteine 44,81 g
Kohlenhydrate 7,95 g
Salzgehalt 0,50 g
Alkohol 1,37 g

Zutaten für 10 Portionen
10 g Sonnenblumenöl
1200 g Rind-Geschnetzeltes
200 g Zwiebeln
0,5 g Zimt gemahlen
3 g Koriandersamen – frisch mahlen
0,5 g Chili geschrotet – frisch mahlen
60 g Rotwein
1200 g Bratensaft BR
60 g Sojasauce Tamari
10 g Maisstärke
20 g Mandeln gehobelt – geröstet

Vorbereitung:
Basisrezeptur zubereiten
Zwiebeln schälen – in Streifen schneiden

Zubereitung:
1. Sonnenblumenöl in einer Pfanne erhitzen – Rindfleisch darin nach und nach anbraten – herausnehmen – abtropfen lassen
2. Zwiebeln im Bratensatz anbraten
3. Gewürze einstreuen – ganz kurz mitbraten – mit Rotwein ablöschen – mit Bratensaft und Sojasauce auffüllen
4. Das Fleisch wieder zurücklegen – weichkochen
5. In der Zwischenzeit den abgetropften Fleischsaft in einem Topf aufkochen – abseihen – wieder zum Rindsgeschnetzelten dazugeben
6. Maisstärke mit etwas Wasser anrühren – abbinden
7. Abschmecken – es darf ruhig etwas nach Zimt schmecken
8. Mit gerösteten Mandeln garnieren

Gemüsegröstel mit Senfschaum

Nährwerte pro 1 Portion
Energie 134 kcal / 561 kj
Fett 8,37 g
Proteine 4,03 g
Kohlenhydrate 10,03 g
Salzgehalt 0,74 g

Zutaten für 10 Portionen
630 g Karotten
3 g Schmormarinade für Gemüse BR
300 g Broccoli frisch
300 g Kartoffeln – festkochende
5 g Sonnenblumenöl
6 g Sonnenblumenkerne
1 g Spezialgewürzmischung BR
90 g Camembert-Käse
200 g Senfschaum BR

Vorbereitung:
Basisrezepturen zubereiten
Karotten schälen – diagonal in 1 cm lange Stücke schneiden – im Dampf bissfest garen – mit Schmormarinade marinieren – bei 180 °C Heißluft ca. 20 – 30 Min. schmoren
Broccoli in Röschen zupfen – blanchieren – mit kaltem Wasser abschrecken – abtropfen lassen
Biokartoffeln schälen – in 1x1 cm große Würfel schneiden – im Dampf bissfest garen – in heißem Sonnenblumenöl goldbraun anbraten – Sonnenblumenkerne darüber streuen – kurz mitbraten – mit Spezialgewürz würzen
Camembert in kleine Ecken schneiden

Zubereitung:
1. Karotten, Broccoli, Bratkartoffel und Camembert in eine feuerfeste Form gleichmäßig hineinschlichten
2. Im Backofen bei kombinierter Hitze bei 140 °C, 70 % Feuchtigkeit/halbe Lüfterleistung ca. 8 Min. erwärmen
3. Senfschaum darüber spritzen – bei Oberhitze kurz überbacken

Gebratene Schwäbische-Spätzle

Nährwerte pro 1 Portion
Energie 255 kcal / 1067 kj
Fett 4,30 g
Proteine 9,15 g
Kohlenhydrate 43,36 g
Salzgehalt 1,04 g

Zutaten für 10 Portionen
600 g Mehl griffig
240 g Ei
240 g Wasser
10 g Meersalz fein
10 g Sonnenblumenöl

Vorbereitung:
Ei mixen – abseihen – Mehl und Salz im Rührkessel vermischen

Zubereitung:
1. Wasser zu dem Mehl in den Rührkessel geben – restliche Zutaten dazugeben – mit dem Bischof eher schlagen als rühren
2. Mit einer Spätzlepresse in kochendes Salzwasser drücken – mit einem Messer den Teig direkt an der Spätzlepresse abschneiden
3. Unter ständigem Rühren mit einer Fleischgabel, aufkochen lassen
4. Die Spätzle herausholen – in kaltem Wasser abschrecken – abseihen – abtropfen lassen – damit die Spätzle nicht zusammenkleben mit etwas Sonnenblumenöl marinieren
5. Sonnenblumenöl in einer Pfanne erhitzen – Spätzle darin goldgelb anbraten
6. Regenerieren bei kombinierter Hitze 160 °C/50 % Feuchtigkeit

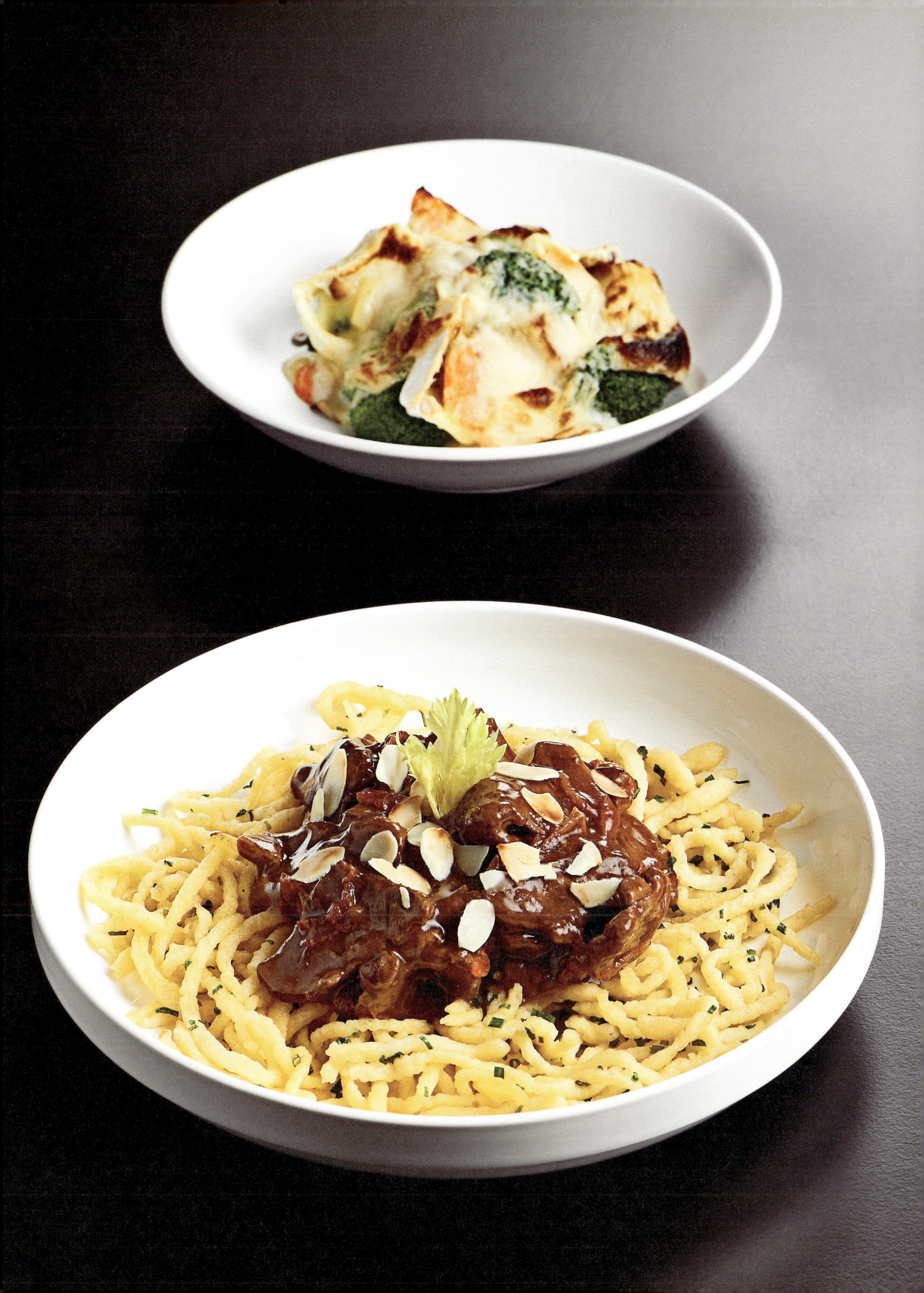

Gefüllte Zucchinitaschen mit Käse und Schinken
Gebratene Kürbiswürfel mit Sesam
Kräuterkartoffeln mit Knusperkernen

Nährwerte pro 1 Portion
Energie 352 kcal / 1473 kj
Fett 23,87 g
Proteine 21,52 g
Kohlenhydrate 11,14 g
Salzgehalt 2,67 g

Zutaten für 10 Portionen
80 g Sonnenblumenöl zum Braten
1500 g Zucchini
300 g Bergkäse
300 g Putenschinken
20 g Spezialgewürzmischung BR
100 g Mehl griffig
200 g Ei
40 g Parmesan gerieben
20 g Kräuteröl BR

Vorbereitung:
Basisrezepturen zubereiten
Käse in dünne Scheiben schneiden, ca. 2 cm. breit
Schinken in dünne Scheiben schneiden, ca. 4 cm breit – Käse damit einrollen
Zucchini waschen – Stiele entfernen – oben und unten mit dem Schäler 2–3x eine gerade Fläche schälen – Zucchini halbieren – mit dem Gemüsemesser in der Mitte eine Tasche schneiden – Käse und Schinken einlegen – würzen mit Spezialgewürz – 2 h stehen lassen
Ei aufschlagen – vermixen – mit Kräuteröl und Parmesan gut vermixen

Zubereitung:
1. Die Zucchini mit einem Küchenpapier abtupfen – in Mehl wenden
2. Bemehlte Zucchinitaschen in die Eimischung einlegen und in heißem Sonnenblumenöl auf beiden Seiten goldbraun anbraten
3. Auf einem Küchenpapier abtropfen lassen
4. Mit Preiselbeer garnieren
5. Servieren

Gebratene Kürbiswürfel mit Sesam

Nährwerte pro 1 Portion
Energie 46 kcal / 192 kj
Fett 2,15 g
Proteine 1,46 g
Kohlenhydrate 4,78 g
Salzgehalt 0,77 g

Zutaten für 10 Portionen
10 g Sonnenblumenöl zum Braten
1000 g Kürbis Hokaido
8 g Meersalz fein
20 g Sesam geschält

Vorbereitung:
Kürbis waschen – Stiel und Wurzelansatz entfernen – halbieren, vierteln – mit der Schale in 1x1 cm große Würfel schneiden

Zubereitung:
1. In einer Pfanne Sonnenblumenöl leicht erhitzen – die Kürbiswürfel darin langsam goldbraun anbraten
2. Sesam hinzufügen – ca. 5 Min. mitbraten
3. Würzen mit Salz
4. Servieren

Kräuterkartoffeln mit Knusperkernen

Nährwerte pro 1 Portion
Energie 236 kcal / 987 kj
Fett 8,64 g
Proteine 6,12 g
Kohlenhydrate 32,19 g
Salzgehalt 1,20 g

Zutaten für 10 Portionen
2000 g Kartoffeln Bio – festkochend
100 g Kernemix BR
25 g Kräuteröl BR
10 g Meersalz fein
16 g Sonnenblumenöl zum Braten

Vorbereitung:
Basisrezepturen zubereiten
Biokartoffeln waschen – halbieren (auf flache Schnittform achten) – mit der Schale bei Dampf weichkochen

Zubereitung:
1. Eine Pfanne mit etwas Sonnenblumenöl erhitzen – gekochte Kartoffeln auf der Schnittfläche hellbraun anbraten
2. Umdrehen – auf der Hautseite ebenfalls helbraun anbraten
3. Kernemix dazugeben – mitbraten
4. Kurz vor dem Servieren das Kräuteröl dazugeben – kurz mitbraten – abschmecken mit Salz

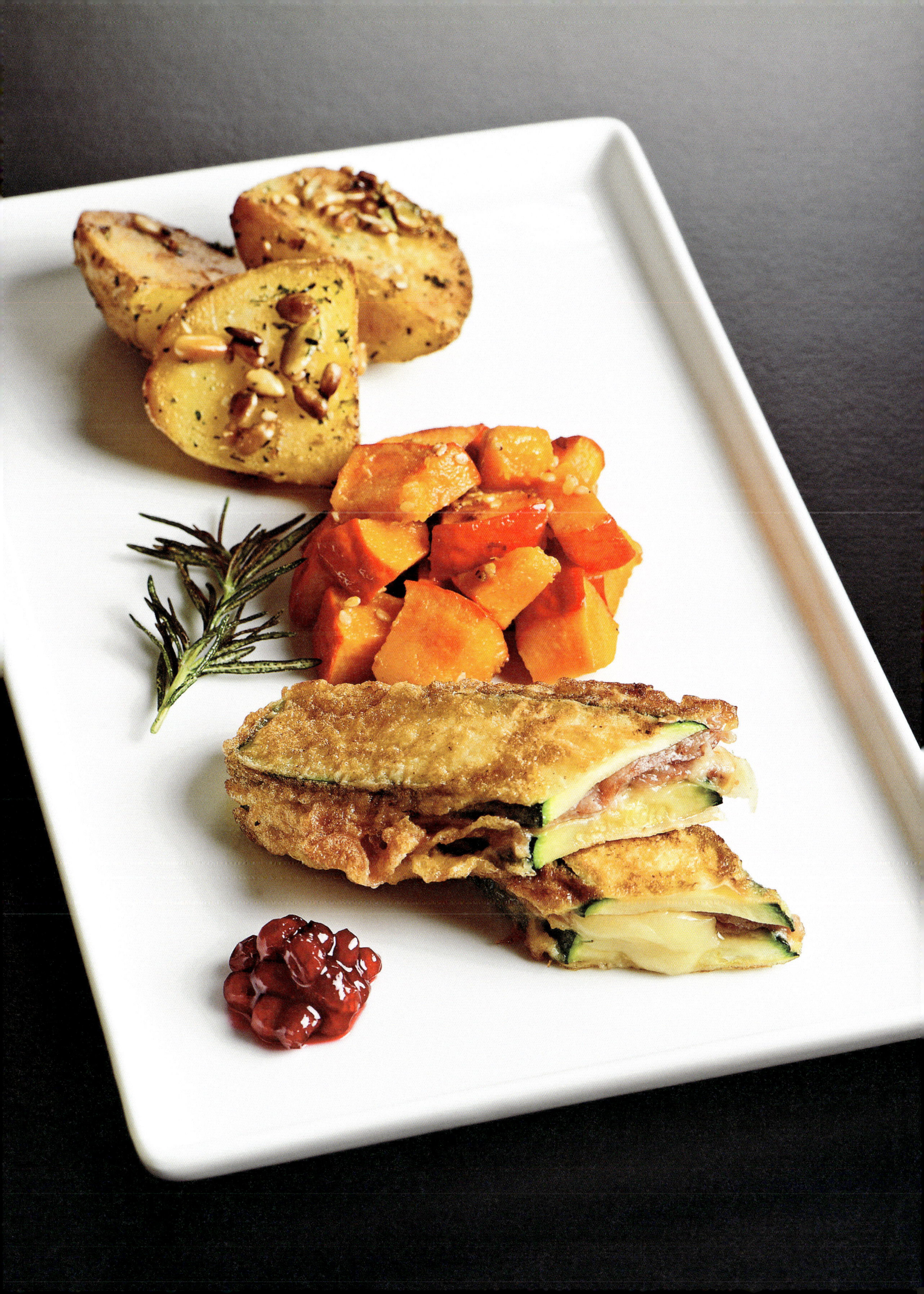

Maultaschen einmal anders

Maultaschen

Nährwerte pro 1 Stück
Energie 421 kcal / 1761 kj
Fett 20,93 g
Proteine 17,40 g
Kohlenhydrate 38,71 g
Salzgehalt 1,38 g

Zutaten für 10 Stück
600 g Nudelteig BR – 60 g pro Portion
160 g Rinder-Hackfleisch
160 g Kalbs-Brät, nicht rötend
200 g Zwiebeln rot
10 g Sonnenblumenöl zum Braten
80 g Petersilie glatt
160 g Milch – Vollmilch
80 g Semmelbrösel
250 g Ei für die Fülle
30 g Senf
1 g Muskatnuss gemahlen
1 g Majoran getrocknet
1 g Salz
1 g Pfeffer weiß frisch gemahlen
50 g Ei zum Bestreichen
200 g Gemüsepesto BR

Vorbereitung:
Basisrezepturen zubereiten
Zwiebeln schälen – fein hacken
Petersilie waschen – schleudern – hacken

Zubereitung:
1. Sonnenblumenöl in einer Pfanne leicht erhitzen – Zwiebeln und Petersilie darin leicht anbraten – auskühlen lassen
2. In einer Schüssel aus Fleisch, Ei, Semmelbrösel, Milch, Majoran, Senf und Muskat die Fülle herstellen – mit den Zwiebeln und der Petersilienmasse vermischen – mit Salz und Pfeffer würzen
3. Nudelteig sehr dünn ausrollen, sodass Sie die Arbeitsfläche durchscheinen sehen (ca. 20 cm breit). Den Nudelteig in ca. 15x20 cm große Stücke teilen. – auf eine mit doppelgriffigem Mehl gestaubte und gerade Fläche legen – in 15 cm breite Stücke schneiden – am Rand von allen 4 Seiten mit Ei ca. 2 cm einstreichen – die Fülle ca. 5 cm vom oberen Rand der Nudelblätter quer auflegen – etwas flach streichen – darauf achten, dass links und rechts ein ca. 2 cm breiter Streifen nicht von der Fülle bedeckt ist
4. Jetzt den Nudelteig von oben einschlagen – aber nur über die halbe Fülle – noch einmal einschlagen, den Vorgang ein weiteres Mal wiederholen – der untere Rand sollte am Ende nur bis zur Mitte der Tasche reichen
5. Die Enden links und rechts mit einer Gabel eindrücken
6. Bis zum Kochvorgang auf ein Blech mit Backpapier legen
7. Einen Topf mit Salzwasser zum Kochen bringen – Herd zurückschalten
8. Die Maultaschen mit einer Spachtel in das heiße Wasser einlegen – ca. 15 Min. leicht köcheln lassen – herausnehmen – abtropfen lassen
9. Auf Gemüsepesto servieren.

Einmal anders, schmeckt aber erfrischend gut!

Nudelteig BR

Nährwerte pro 100 g
Energie 311,5 kcal / 1303 kj
Fett 8,35 g
Proteine 9,76 g
Kohlenhydrate 47,69 g
Salzgehalt 0,85 g

Zutaten für 1 Kilogramm
570 g Nudelmehl
90 g Mehl glatt
240 g Ei
60 g Wasser
50 g Olivenöl
8 g Salz

Vorbereitung:
Mehl sieben
Alle nassen Komponenten (Ei, Wasser, Olivenöl) in einem Schneekessel verrühren

Zubereitung:
1. Das gesiebte Mehl in die Flüssigkeit geben – durchkneten
2. Bei Bedarf noch etwas Mehl beigeben – 1/2 Stunde rasten lassen
3. Weiterverarbeiten (Nudeln, Teigblätter, Ravioli usw.)

Gemüsepesto BR

Nährwerte pro 100 g
Energie 262,7 kcal / 1099 kj
Fett 24,73 g
Proteine 2,92 g
Kohlenhydrate 6,25 g
Salzgehalt 0,67 g

Zutaten für 1 Kilogramm
160 g Knollensellerie
240 g Karotten
60 g Petersilie glatt
60 g Lauch
60 g Schnittlauch
20 g Basilikum frisch
80 g Äpfel
80 g Sonnenblumenkerne
200 g Olivenöl Bio
5 g Salz
80 g Zitronensaft
1 g Chilli geschrotet frisch gemahlen
1 g Knoblauchpaste BR
12 g Honig

Vorbereitung:
Basisrezeptur zubereiten
Sellerie und Karotten schälen – fein hacken, Basilikum hacken
Lauch waschen – in feine Würfel schneiden
Schnittlauch fein schneiden
Äpfel mit der Schale und Sonnenblumenkernen fein hacken

Zubereitung:
1. Alle Zutaten außer Sonnenblumenkernen in einer Moulinette fein mixen
2. Fein gehackte Sonnenblumenkerne unterheben
3. Abschmecken

Tipp: *Sehr empfehlenswert zu gefüllten Maultaschen oder im Sommer zu Gegrilltem!*

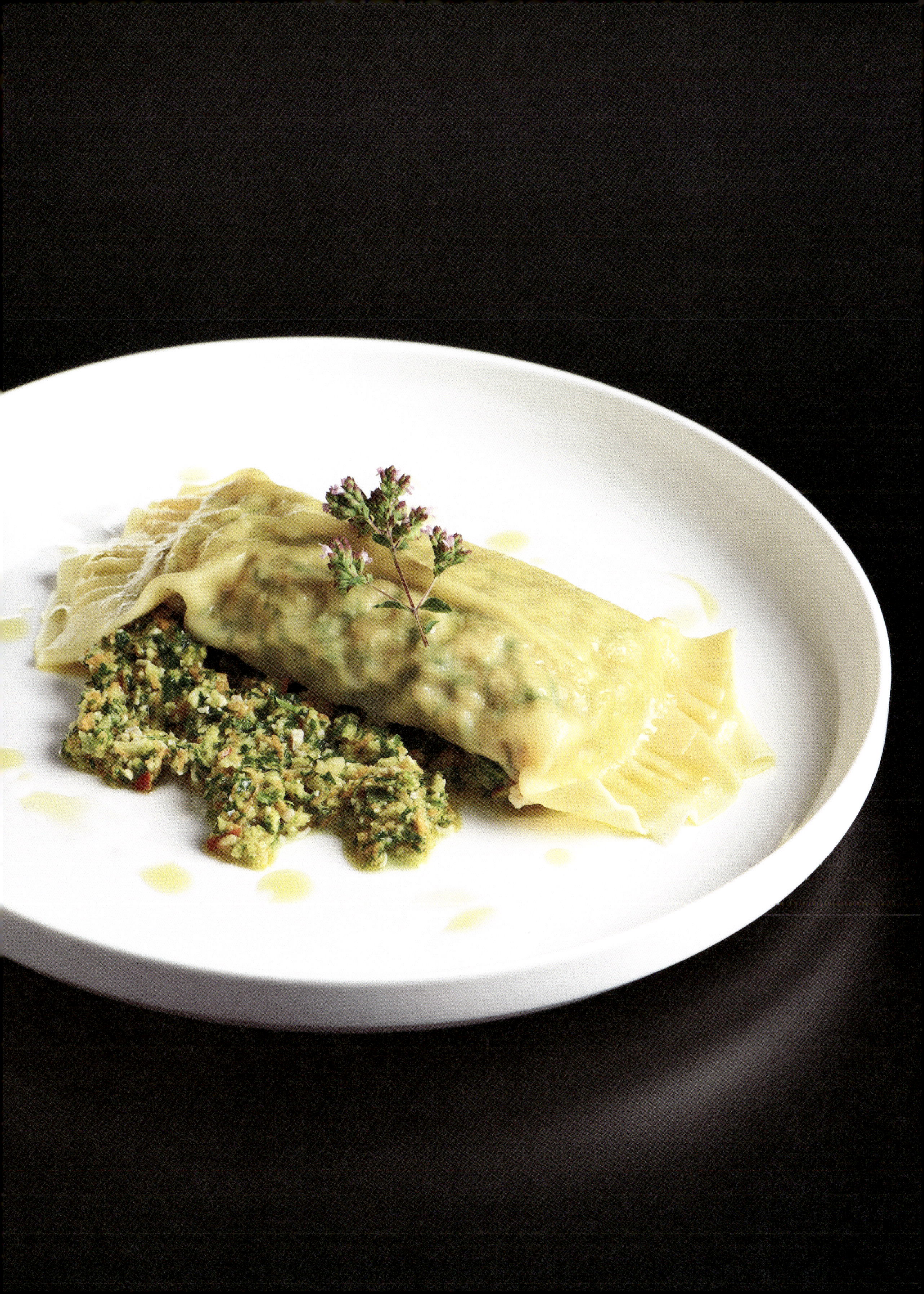

VEGETARISCH

Tagliatellenudeln mit Ruccolapesto und Gartengemüse

Nährwerte pro 1 Portion
Energie 389 kcal / 1628 kj
Fett 24,45 g
Proteine 13,58 g
Kohlenhydrate 26,93 g
Salzgehalt 1,34 g

Zutaten für 10 Portionen
800 g Nudeln Tagliatelle Rohgewicht
4 g Sonnenblumenöl zum Marinieren
130 g Kartoffeln – festkochend
10 g Sonnenblumenöl zum Braten
100 g Karotten
130 g Bohnen grün
10 g Petersilie glatt
6 g Schnittlauch
20 g Bärlauch
330 g Ruccolapesto BR
130 g Geflügelbrühe BR
1 g Meersalz fein
130 g Parmesan gerieben
10 g Butter für das Nudelwasser

Vorbereitung:
Basisrezepturen zubereiten
Tagliatellenudeln in Salzwasser bissfest kochen – die Nudeln abseihen (ca. 5 lt Nudelwasser beiseite stellen für später) – kalt abschrecken – kurz abtropfen lassen – mit etwas Sonnenblumenöl beträufeln, damit sie nicht zusammenkleben – in eine Schüssel füllen – abdecken
Kartoffeln schälen – in kleine Würfel schneiden – im Dampf bissfest kochen – auskühlen lassen – etwas Sonnenblumenöl in einer Pfanne erhitzen – die Kartoffelwürfel darin goldbraun anbraten
Bohnenspitzen abschneiden – in Salzwasser kochen – abschrecken – abtrofen lassen – in 2 cm lange Stücke schneiden
Karotten schälen – grob raspeln
Petersilie, Schnittlauch und Bärlauch fein hacken
Pesto mit etwas kaltem Geflügelfond vermengen – die Pestomasse zusätzlich leicht salzen
Restliche Geflügelbrühe erwärmen
Salzwasser mit Butter erhitzen

Zubereitung:
1. In einem Sieb die Nudeln, Kartoffeln, Karotten und Bohnen in kochendem Salzwasser erhitzen
2. Alles aus dem Wasser ziehen – dabei darauf achten, dass die Nudeln nicht zu stark abtropfen – in einer Pfanne die Nudelmischung mit Pesto, den gehackten Kräutern und etwas Geflügelfond mit zwei Fleischgabeln gut durchmischen. Dabei darauf achten, dass die Tagliatellenudeln nicht zu stark zerreissen.
3. Nach Bedarf etwas Nudelwasser dazugießen.
4. Anrichten – mit geriebenem Parmesan vollenden

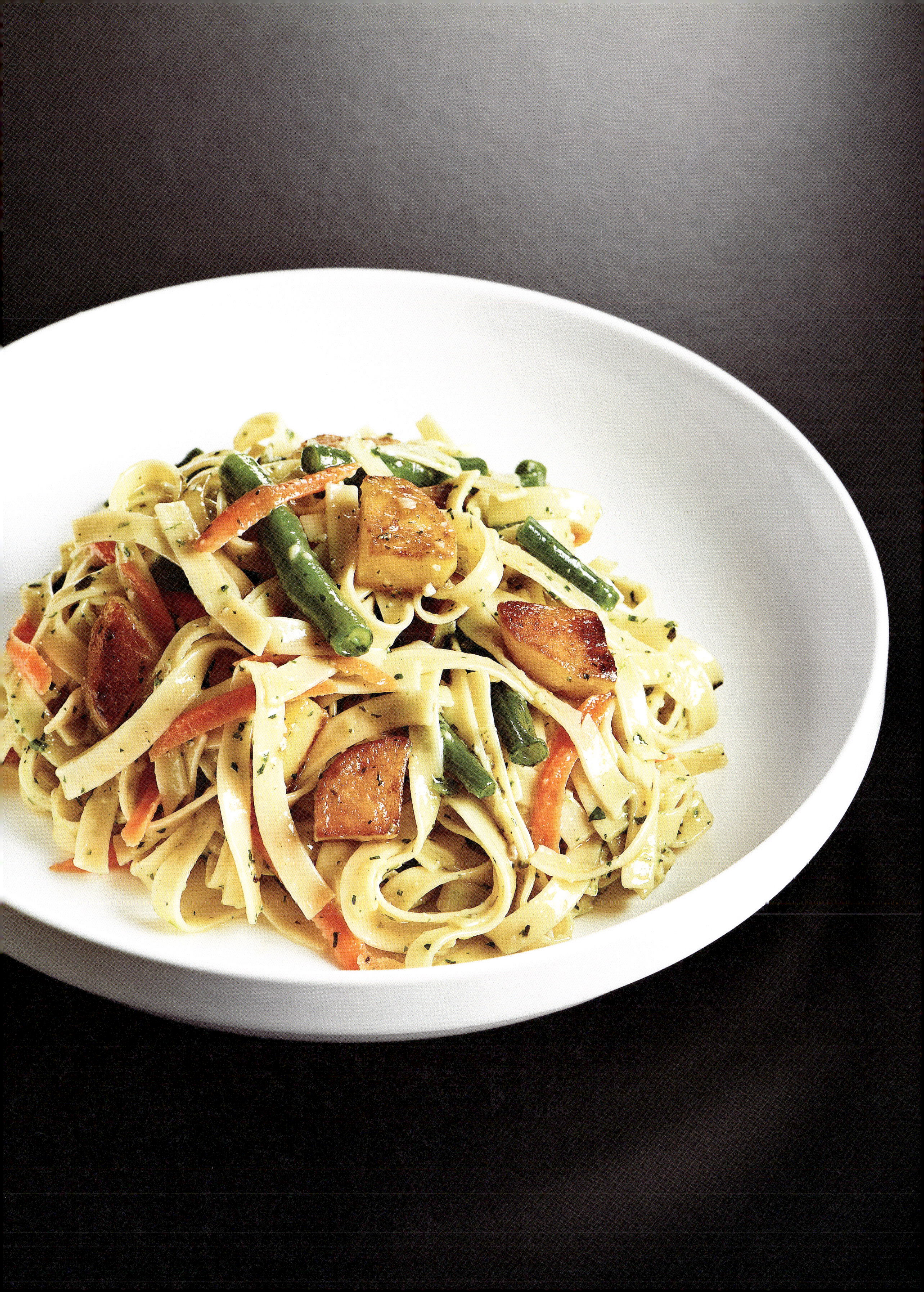

VEGETARISCH

Spaghettinudeln mit Tomaten und Basilikum

Nährwerte pro 1 Portion
Energie 521 kcal / 2180 kj
Fett   23,26 g
Proteine   17,54 g
Kohlenhydrate   57,89 g
Salzgehalt   1,19 g

Zutaten für 10 Portionen
800 g Spaghetti-Nudeln – Rohgewicht
2 g Sonnenblumenöl
130 g Mandeln gerieben
2 g Basilikum – frisch mit Stiel
1 g Oregano gefriergetrocknet
1 g Knoblauchpaste BR
130 g Parmesan gerieben
5 g Meersalz fein
1 g Pfeffer schwarz – frisch mahlen
600 g Tomaten würfelig – Konserve
50 g Tomaten halbgetrocknet in Öl
100 g Olivenöl Bio

Vorbereitung:
Basisrezeptur zubereiten
Spaghettinudeln in Salzwasser bissfest kochen – mit kaltem Wasser abschrecken – abtropfen lassen – mit Sonnenblumenöl beträufeln, damit sie nicht zusammenkleben – in eine Schüssel füllen – abdecken
Mandeln gerieben in einer Pfanne leicht rösten
Basilikum fein hacken
Getrocknete Tomaten fein hacken

Zubereitung:
1. Mandeln, Basilikum, Oregano, Knoblauch, Parmesan, Salz und Pfeffer in einer Schüssel gut vermischen
2. Die Tomatenwürfel und die getrockneten Tomaten dazugeben – mit Olivenöl geschmeidig rühren
3. Wasser in einem Topf mit Salz und etwas Butter zum Kochen bringen – Spaghetti darin erhitzen – abseihen – in eine warme Schüssel füllen – mit der Tomatensauce gut vermischen
4. Mit Basilikum und Parmesanflocken garnieren
5. Servieren

Ist wirklich ein einfaches und ein super gutes Gericht!

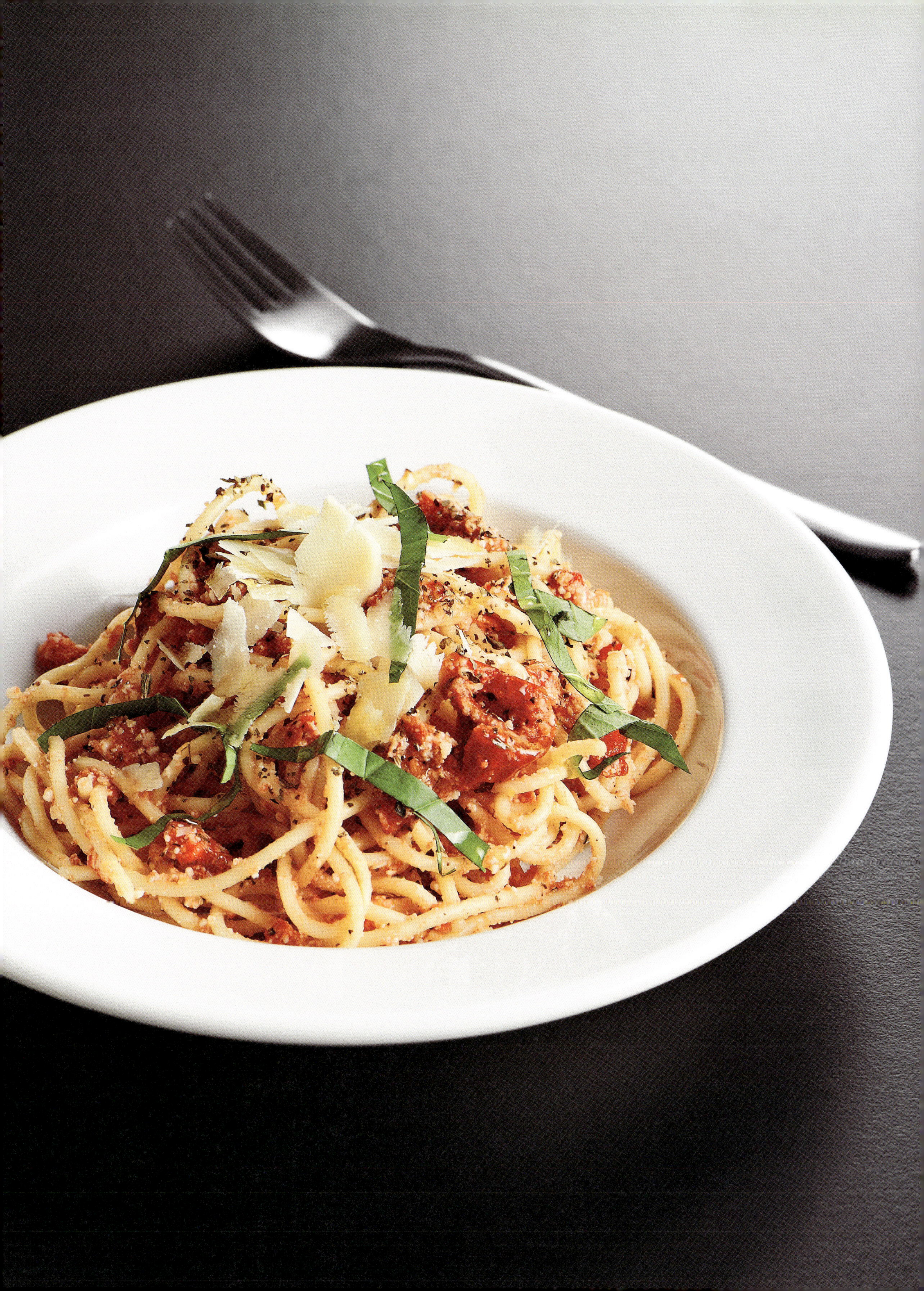

VEGETARISCH

Die perfekte Gemüselasagne mit Kräutern frisch aus dem Garten

Nährwerte pro 1 Portion
Energie 458 kcal / 1916 kj
Fett 17,89 g
Proteine 20,90 g
Kohlenhydrate 51,08 g
Salzgehalt 3,03 g

Zutaten für 10 Portionen
1900 g Béchamel BR

Tomatensauce
8 g Butterschmalz
160 g Zwiebeln
2 g Knoblauchpaste BR
8 g Kristallzucker
2 g Koriander-Samen – frisch mahlen
1 g Kreuzkümmel – frisch mahlen
2 g Senfkörner – frisch mahlen
0,5 g Chili geschrotet – frisch mahlen
1 g Curcuma Bio gemahlen
1 g Galgant gemahlen
1 g Ingwer gemahlen
80 g Tomatenmark
1700 g Tomaten geschält Konserve
1 g Oregano getrocknet
1 g Majoran getrocknet
1 g Basilikum getrocknet
1 g Rosmarin frisch
60 g Sojasauce Tamari
3 g Meersalz fein
12 g Maisstärke

Gemüsemischung
200 g Karotten
150 g Maiskörner
200 g Kohlrabi
200 g Blumenkohl
160 g Fenchel

400 g Nudelblätter ungekocht
70 g Parmesan gerieben
120 g Bergkäse gerieben
15 g Kürbiskerne
8 g Sesam geschält

Vorbereitung:
Basisrezeptur zubereiten
Zwiebeln schälen – fein hacken
Karotten und Kohlrabi schälen – in kleine Stifte schneiden – im Dampf bissfest kochen
Mais abtropfen
Blumenkohl in kleine Röschen schneiden – im Dampf bissfest kochen
Fenchel waschen – unreine Blätter entfernen – kleine Würfel schneiden – im Dampf bissfest kochen
Kürbiskerne rösten – grob hacken
Sesam rösten
Schältomaten mixen

Zubereitung:
1. Butterschmalz in einem Topf erwärmen – Zwiebeln anrösten
2. Knoblauch kurz mitrösten – mit Zucker glasieren – Gewürze außer Oregano, Majoran und Basilikum einstreuen – kurz mitrösten – *Vorsicht: Die Gewürze werden bitter, wenn sie zu heiß werden!*
3. Tomatenmark einarbeiten
4. Mit Schältomaten auffüllen
5. Oregano, Majoran, Basilikum, Rosmarin und Sojasauce dazu geben
6. Aufkochen lassen – mit Salz abschmecken
7. Maisstärke mit etwas kaltem Wasser anrühren – bis zu einer leicht cremigen Konsistenz abbinden
8. Sauce leicht auskühlen lassen
9. Vorgegartes Gemüse in die Tomatensauce mischen
10. Lagenweise in folgender Reihenfolge in eine feuerfeste Form schichten:
    Béchamelsauce
    Nudelblätter
    Gemüsesugo
    Nudelblätter
    Béchamelsauce
    Parmesan gerieben
    Nudelblätter
    Gemüsesugo
    Nudelblätter
    Béchamelsauce
    Käse
    Oregano
    Kürbiskerne und Sesam darüberstreuen
    Im Backofen bei 170 °C Heißluft ca. 40 Min. backen – mit dem Elektromesser in Stücke schneiden

Tipp: Mit frischem Kräuteröl verfeinern oder nur mit frischen Kräutern bestreuen

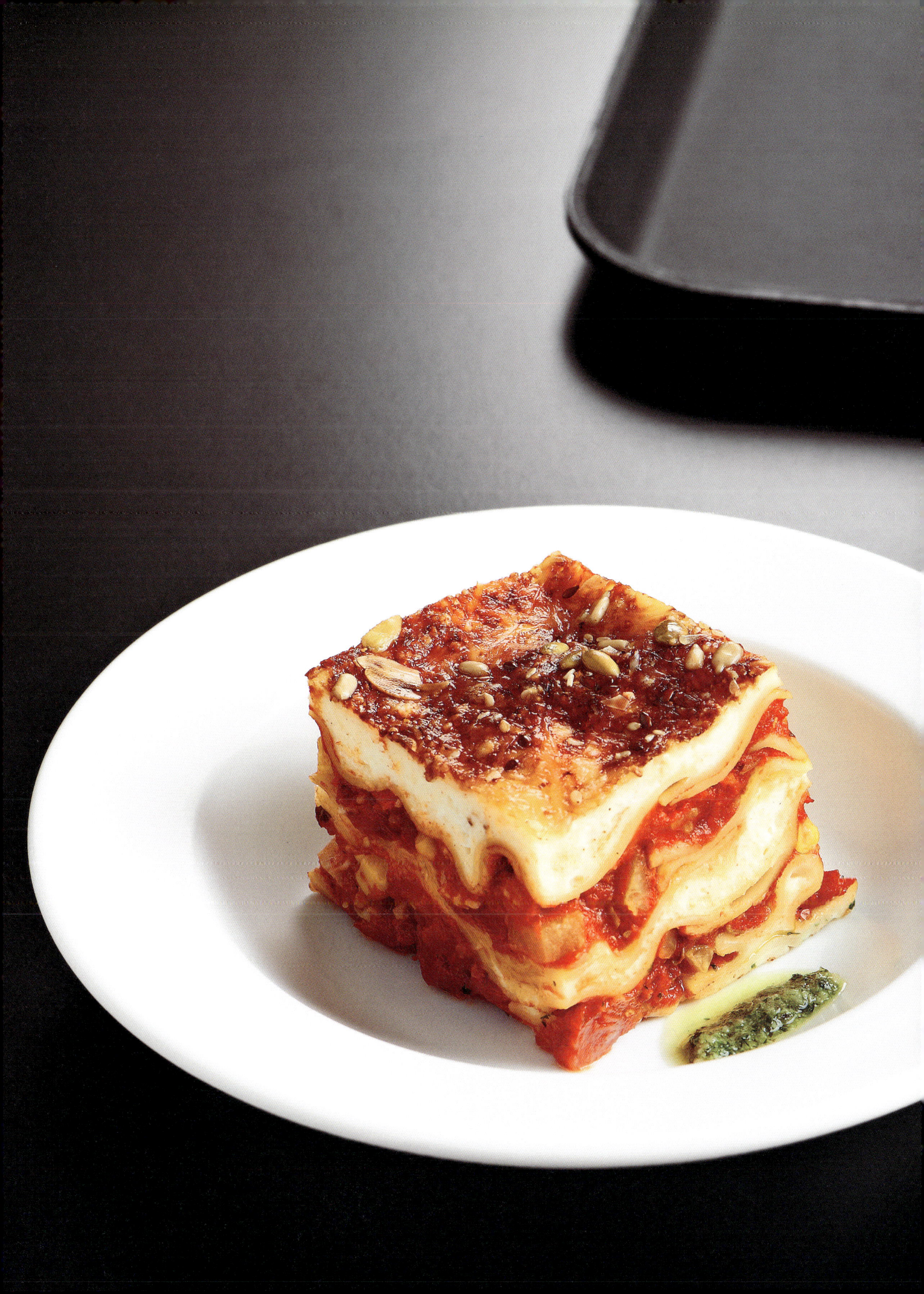

VEGETARISCH

Gebratene Ricottalaibchen mit fruchtiger Gurkensalsa
Bunter Salat mit scharfem Paprikadressing

Nährwerte pro 1 Portion
Energie 291 kcal / 1218 kj
Fett 14,49 g
Proteine 17,52 g
Kohlenhydrate 21,09 g
Salzgehalt 1,37 g

Zutaten für 10 Portionen
5 g Butterschmalz
120 g Zwiebeln
1 g Knoblauchpaste BR
120 g Ei
120 g Zucchini
120 g Karotten
120 g Bergkäse gerieben
15 g Petersilie glatt
1 g Thymian frisch
10 g Schnittlauch
800 g Frischkäse Ricotta passiert
6 g Meersalz fein
1 g Pfeffer schwarz – frisch mahlen
60 g Semmelbrösel
60 g Dinkel-Vollkornmehl
30 g Haferflocken Kleinblatt
5 g Basilikum frisch
100 g Semmelbrösel zum Panieren
10 g Sonnenblumenöl zum Braten
200 g Gurkensalsa mit Mango BR

Vorbereitung:
Basisrezepturen zubereiten
Zwiebeln schälen – fein hacken
Ei mixen
Zucchini waschen – Stielansatz entfernen – fein reiben
Karotten schälen – fein reiben
Petersilie waschen – schleudern – fein hacken
Thymian abrebeln
Schnittlauch fein schneiden
Basilikum hacken

Zubereitung:
1. Butterschmalz in einem Topf erhitzen – Zwiebeln und Knoblauch darin ohne Farbgebung anbraten – auskühlen lassen
2. Im großen Rührkessel alle Zutaten zusammenmischen – gut mischen
3. Abschmecken
4. Wenig Sonnenblumenöl in einer Pfanne erhitzen
5. Mit einem Eisschöpfer Kugeln formen – etwas flach drücken – in Semmelbröseln wenden – direkt in die mit Öl erhitzte Pfanne legen
6. Auf beiden Seiten goldbraun anbraten
7. Auf einem Küchenpapier abtropfen lassen
8. Servieren

Mit Salsa und mariniertem Blattsalat servieren.

Bunter Salat mit scharfem Paprikadressing

Nährwerte pro 1 Portion
Energie 248 kcal / 1038 kj
Fett 21,56 g
Proteine 1,81 g
Kohlenhydrate 10,59 g
Salzgehalt 0,65 g

Zutaten für 10 Portionen
370 g Paprika-Dressing BR
30 g Kernemix BR
100 g Karotten
10 g Ruccola
130 g Cocktailkirschen rot
10 g Petersilie glatt
150 g Blattsalat – Eisberg
150 g Blattsalat – Mix
50 g Blattsalat – Radiccio

Vorbereitung:
Basisrezepturen zubereiten
Karotten schälen – grob reiben
Ruccola waschen – schleudern
Cocktailtomaten waschen – halbieren
Petersilie waschen – schleudern – in Blätter zupfen
Eisbergsalat zuputzen – in 1x1 cm große Stücke schneiden – waschen – schleudern
Blattsalatemix zuputzen – waschen – in mundgerechte Stücke reißen
Radiccio zuputzen – in 1x1 cm große Stücke schneiden

Zubereitung:
1. Salate und Gemüse locker vermischen
2. Kurz vor dem Servieren mit dem Salatdressing marinieren – anrichten
3. Mit Kernemix BR bestreuen

Guten Appetit!

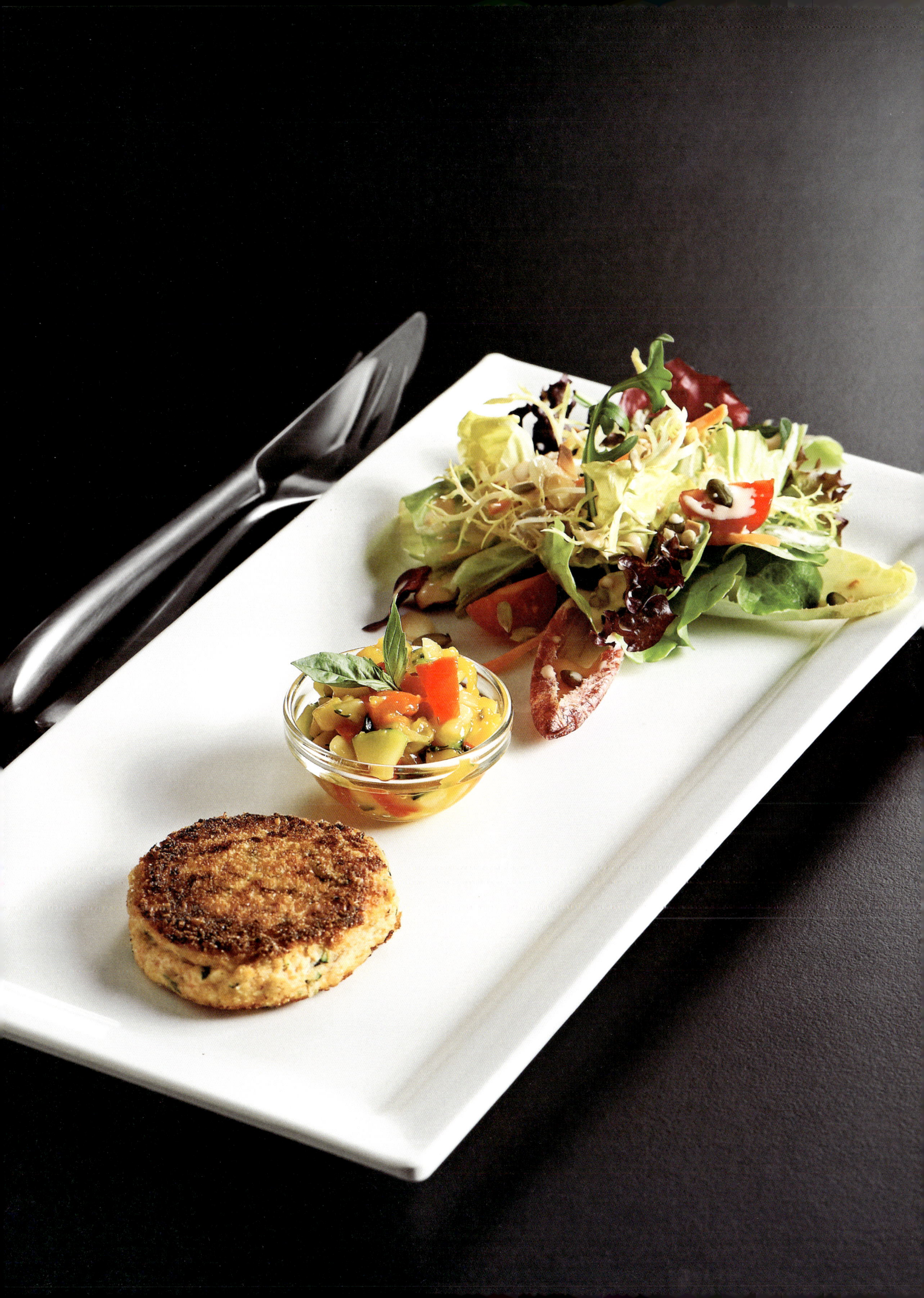

VEGETARISCH

Knusprige Dinkelflakes-Laibchen auf Apfelrotkraut

Nährwerte pro 1 Stück
Energie 313 kcal / 1310 kj
Fett 16,96 g
Proteine 10,06 g
Kohlenhydrate 28,53 g
Salzgehalt 0,71 g

Zutaten für 10 Stück
10 g Sonnenblumenöl zum Braten
75 g Zwiebeln
10 g Petersilie glatt
10 g Schnittlauch
180 g Dinkelflakes
125 g Cornflakes – Vollkorn
40 g Kokoschips Bio
50 g Kürbiskerne
50 g Sonnenblumenkerne
70 g Karotten
20 g Semmelbrösel
180 g Ei
15 g Sesam geschält
10 g Leinsamen ganz
300 g Milch
80 g Pesto – Ruccola BR
0,5 g Pfeffer schwarz – frisch mahlen
1 g Meersalz fein

Vorbereitung:
Basisrezeptur zubereiten
Zwiebeln fein hacken
Kräuter waschen – schleudern – grob hacken
Folgende Zutaten in einer Moulinette grob mahlen:
Dinkelflakes – Vollkornflakes – Kokoschips – Kürbiskerne – Sonnenblumenkerne
Die Karotten schälen – in ganz kleine Würfel schneiden (2x2 mm) oder reiben
Ei mixen

Zubereitung:
1. Sonnenblumenöl in einer Pfanne erhitzen, die Zwiebeln darin ohne Farbgebung anschwitzen – vom Herd nehmen – Kräuter dazugeben
2. Alle Zutaten miteinander vermischen – ca. 60 Min. ziehen lassen
3. Sonnenblumenöl in einer Pfanne erhitzen – mit dem großen Eisportionierer Laibchen formen – direkt in die heiße Pfanne legen – beide Seiten goldbraun anbraten
4. Auf einem Küchenpapier abtropfen lassen
5. Servieren

Schmeckt ausgezeichnet!

Tipp: *Sauerrahm-Knoblauchsauce BR schmeckt besonders gut dazu*

Apfelrotkraut

Nährwerte pro 1 Portion
Energie 73 kcal / 305 kj
Fett 2,15 g
Proteine 2,48 g
Kohlenhydrate 10,45 g
Salzgehalt 0,84 g

Zutaten für 10 Portionen
12 g Olivenöl Bio
160 g Zwiebeln
5 g Fenchelsamen – frisch mahlen
160 g Äpfel zum Mitkochen
800 g Rotkraut frisch
8 g Meersalz fein
0,5 g Pfeffer schwarz – frisch mahlen
50 g Apfelessig
900 g Gemüsebrühe BR
8 g Maisstärke

Garnitur
4 g Butterschmalz
160 g Äpfel

Vorbereitung:
Basisrezeptur zubereiten
Rotkraut zuputzen – vierteln – Strunk herausschneiden – feine Streifen schneiden
Zwiebeln schälen – Strunk herausschneiden – hacken
Äpfel waschen – entkernen – vierteln – feine Scheiben schneiden

Garnitur:
Äpfel waschen – entkernen – in kleine Würfel schneiden

Zubereitung:
1. In einem Topf Olivenöl mäßig erhitzen – Zwiebeln ohne Farbgebung darin anschwitzen
2. Fenchelsamen hinzufügen
3. Im geschlossenen Topf einige Minuten dünsten, bis die Zwiebeln goldgelb anlaufen und leicht karamellisieren
4. Äpfel dazugeben – Rotkraut dazugeben – würzen mit Salz und Pfeffer
5. Essig dazugeben – gut umrühren – Gemüsebrühe dazugeben
6. Deckel wieder schließen – ca. 1 h langsam schmoren lassen – dabei immer wieder umrühren
7. Kochen bis das Rotkraut schön weich ist und leicht süßlich schmeckt
8. Maisstärke mit kaltem Wasser anrühren – das Rotkraut damit leicht abbinden
9. Für die Garnitur die Äpfel in wenig Butterschmalz ohne Farbgebung leicht anschwitzen

Tipp: *Schmeckt auch sehr gut mit Speck, den Sie ganz am Anfang der Zubereitung zuerst goldbraun braten. Gutes Gelingen!*

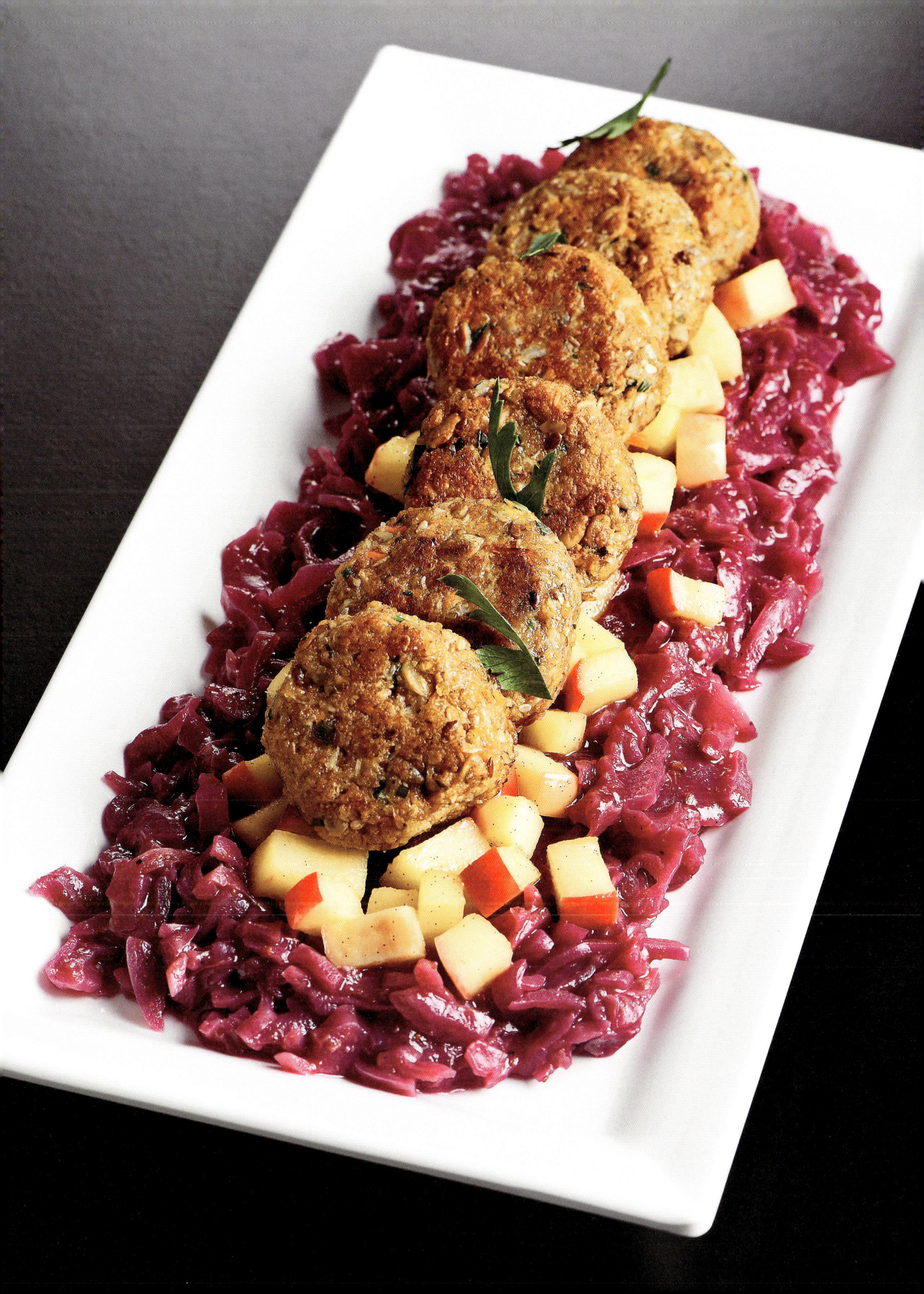

VEGETARISCH

Buntes Gartengulasch mit frischem Gemüse und Kartoffellaibchen

Nährwerte pro 1 Portion
Energie 225 kcal / 941 kj
Fett 9,78 g
Proteine 9,62 g
Kohlenhydrate 23,34 g
Salzgehalt 1,56 g

Zutaten für 10 Portionen
4 g Butterschmalz
950 g Zwiebeln
2 g Knoblauchpaste BR
2 g Koriander-Samen – frisch mahlen
0,5 g Chili geschrotet – frisch mahlen
1 g Kreuzkümmel – frisch mahlen
190 g Tomatenmark
80 g Paprikapulver Rubino
2200 g Gemüsebrühe BR
0,5 g Lorbeerblatt
100 g Sojasauce Tamari
4 g Meersalz fein
14 g Maisstärke
570 g Gurken
480 g Karotten
14 g Schmormarinade für Gemüse BR
80 g Frühlingszwiebeln
240 g Bohnen grün
250 g Kräuternockerl BR
10 g Bärlauch

Vorbereitung:
Basisrezepturen zubereiten
Zwiebeln schälen – vierteln
Gurken schälen – halbieren – Kerne entfernen – nochmals halbieren – in 1x1 cm große Stücke schneiden
Karotten schälen – in 1x1 cm große Stücke schneiden – im Dampf bissfest garen – mit Schmormarinade marinieren – im Backofen bei 180 °C Heißluft ca. 20 Min. schmoren
Frühlingszwiebeln in 3 cm lange Stücke schneiden – blanchieren – mit kaltem Wasser abschrecken – abtropfen lassen
Bärlauch waschen – in Streifen schneiden – schleudern
Grüne Bohnen – Spitzen entfernen – in 3 cm lange Stücke schneiden – blanchieren – mit kaltem Wasser abschrecken – abtropfen lassen

Zubereitung:
1. Zwiebeln in heißem Butterfett ohne Farbgebung langsam anschwitzen, bis sie süßlich schmecken
2. Knoblauchpaste dazugeben – kurz mitschwitzen
3. Koriander, Chili und Kreuzkümmel dazugeben – kurz mitrösten
4. Tomatenmark und Paprikapulver dazugeben – kurz mitrösten
5. Mit Gemüsebrühe auffüllen – Lorbeerblätter dazugeben
6. Auf niedriger Stufe köcheln lassen, bis die Zwiebeln ganz weich sind
7. Die Sauce mixen – durch ein Sieb passieren – mit Sojasauce und Salz abschmecken
8. Nach Bedarf Maisstärke mit Wasser anrühren – abbinden
9. Ca. 10 Min. vor dem Servieren Gurken dazugeben und mitkochen
10. Vor dem Anrichten Karotten, Frühlingszwiebeln, Bärlauch und Bohnen dazugeben
11. Anrichten und mit einem schönen Kräuternockerl garnieren

Ungewöhnlich, aber sehr gut!

Kartoffellaibchen

Nährwerte pro 1 Stück
Energie 152 kcal / 636 kj
Fett 7,48 g
Proteine 5,57 g
Kohlenhydrate 14,86 g
Salzgehalt 0,54 g

Zutaten für 10 Stück
900 g Kartoffeln – festkochend
100 g Zwiebeln
20 g Eidotter
4 g Butter
80 g Crème fraîche
80 g Parmesankäse gerieben
20 g Schnittlauch
10 g Petersilie glatt
30 g Eiklar
3 g Meersalz fein
6 g Sonnenblumenöl zum Braten

Vorbereitung:
Kartoffeln schälen – Im Dampf weich kochen – durch die Kartoffelpresse drücken
Zwiebeln schälen – fein hacken – in Butter langsam glasieren, bis sie schön weich sind
Crème fraîche glatt rühren
Kräuter hacken
Butter leicht erwärmen

Zubereitung:
1. Kartoffeln mit Zwiebeln, Eidotter, Crème fraîche, Parmesan und den Kräutern gut vermengen
2. Eiweiß mit etwas Salz steif schlagen – unter die Kartoffelmasse heben
3. Sonnenblumenöl in einer Pfanne erhitzen – die Kartoffelmasse mit einem Eisschöpfer herausstechen und direkt in die heiße Bratpfanne einlegen – goldbraun anbraten – umdrehen – mit einer Spachtel flach drücken – andere Seite ebenfalls goldbraun anbraten
4. Wenn die Laibchen durchgebraten sind, aus der Pfanne herausnehmen und auf einem Küchentuch abtropfen lassen
5. Servieren

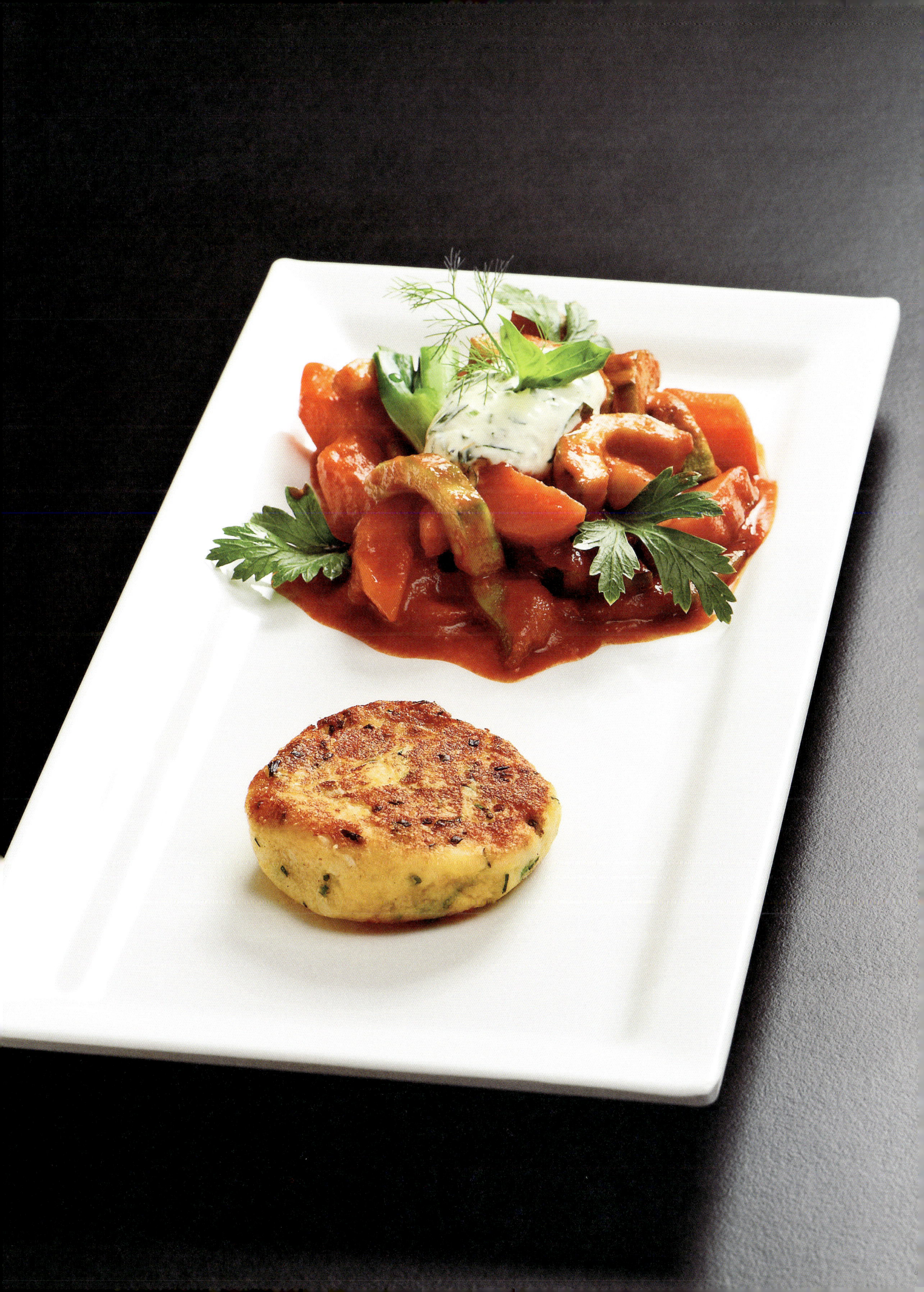

VEGETARISCH

Salatwrapes mit süß-saurem Gemüse, würzigem Paprikadip und gebackenem Kräuterölbrötchen

Nährwerte pro 1 Portion
Energie 370 kcal / 1548 kj
Fett 18,01 g
Proteine 24,81 g
Kohlenhydrate 25,40 g
Salzgehalt 2,09 g

Zutaten für 10 Portionen
30 g Sonnenblumenöl zum Braten
300 g Weißkraut
300 g Erbsenschoten
300 g Paprika bunt – frisch
10 g Schmormarinade für Gemüse BR
120 g Spinat jung
300 g Broccoli frisch
300 g Zucchini
300 g Karotten
120 g Lauch
250 g Sojasprossen frisch
1500 g Geflügelbrühe BR
500 g Süß-Sauer-Sauce kalt BR
250 g Sojasauce Tamari
0,5 g Chili geschrotet – frisch mahlen
0,5 g Ingwer gemahlen
30 g Maisstärke
10 g Sesam geschält
200 g Eisbergsalat
100 g Paprikadip BR

Vorbereitung:
Basisrezepturen zubereiten
Weißkraut zuputzen – halbieren – Strunk entfernen – in 1x1 cm große Stücke schneiden – in einer Pfanne Sonnenblumenöl erhitzen, das Kraut ohne Farbgebung darin anbraten – auskühlen lassen
Erbsenschoten – Spitzen entfernen – blanchieren – mit kaltem Wasser abschrecken – abtropfen lassen
Paprika waschen – Stiele und Kerne entfernen – in 1x1 cm große Stücke schneiden – mit Schmormarinade marinieren – im Backofen bei 180 °C Heißluft ca. 20 Min. schmoren – auskühlen lassen
Spinat jung – putzen – waschen – schleudern
Broccoli in Röschen teilen – blanchieren – mit kaltem Wasser abschrecken – abtropfen lassen
Zucchini waschen – beide Enden entfernen – in 3 cm lange Stifte schneiden – in einer Pfanne Sonnenblumenöl erhitzen – die Zucchini darin ohne Farbgebung kurz anbraten – auskühlen lassen
Karotten schälen – in 3 cm lange Stifte schneiden – in Dampf bissfest kochen – auskühlen lassen
Lauch – halbieren – waschen – Wurzel wegschneiden – in 1x1 cm große Rauten schneiden – blanchieren – mit kaltem Wasser abschrecken – abtropfen
Sojasprossen waschen – abtropfen lassen – in einer Pfanne Sonnenblumenöl erhitzen – die Sprossen ohne Farbgebung darin anbraten – auskühlen lassen
Große Eisbergsalatblätter waschen – schleudern

Zubereitung:
1. In einer großen Schüssel alle Gemüsearten locker zusammenmischen
2. In einem Topf Geflügelbrühe, Süß-Sauer-Sauce und Sojasauce mit den Gewürzen aufkochen – Maisstärke mit etwas Wasser anrühren – die Sauce damit leicht abbinden
3. Kurz vor dem Servieren das Gemüse in die noch heiße Sauce geben und kurz erhitzen – in ein Salatblatt anrichten
4. Mit Sesam bestreuen
5. Servieren

Tipp: *Servieren Sie doch frische Kräuterölbrötchen und Paprikadip dazu – Viel Spaß!*

Für dieses Rezept haben wir das Seelenbrot BR frisch gebacken und mit Kräuteröl BR serviert.

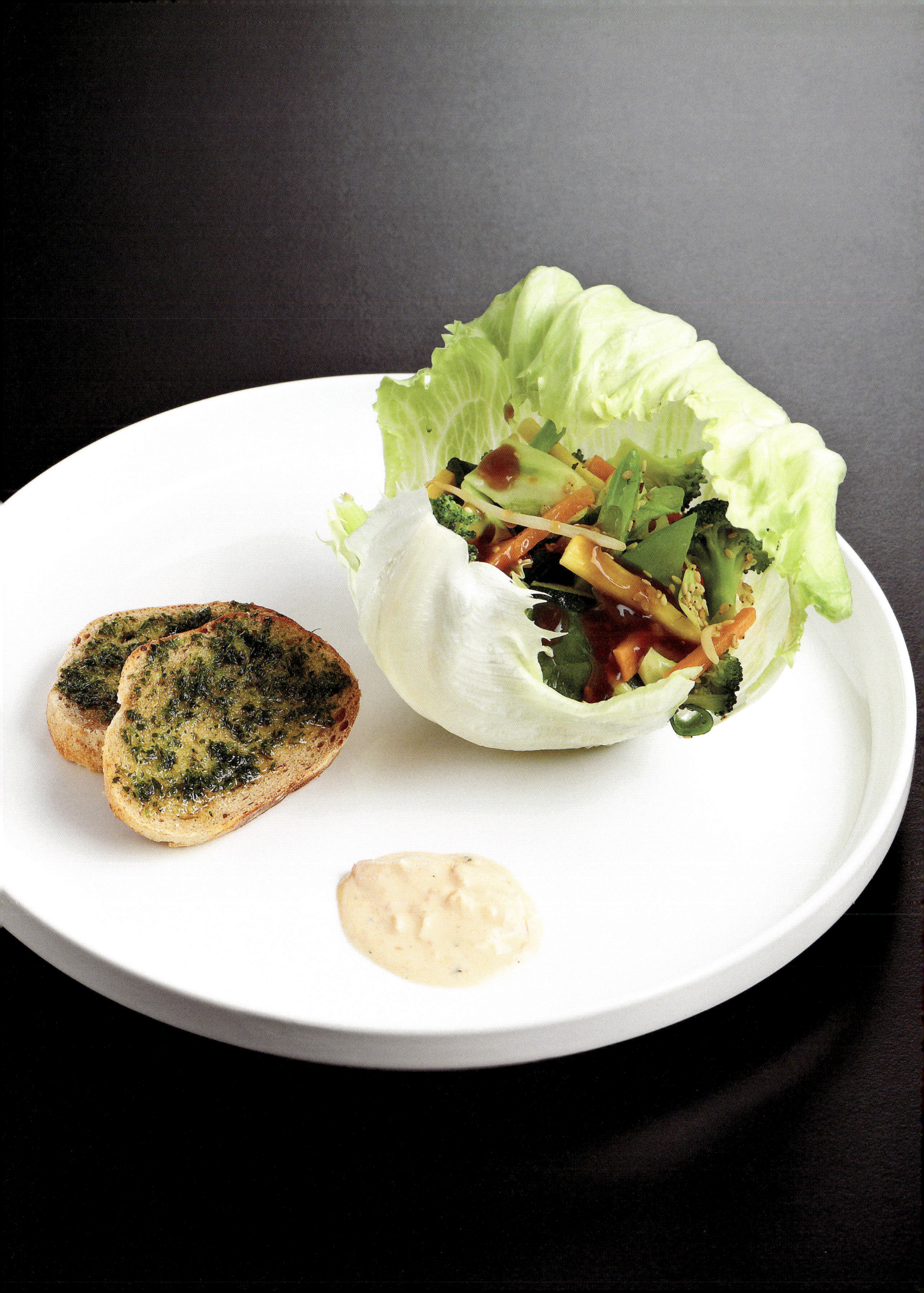

FISCH

Gedämpfter Biolachs auf dem besten Olivenpesto mit Kartoffel-Pastinakenpüree

Nährwerte pro 1 Portion
Energie 237 kcal / 992 kj
Fett 14,47 g
Proteine 24,18 g
Kohlenhydrate 1,34 g
Salzgehalt 1,73 g

Zutaten für 10 Portionen
1200 g Lachs-Filet frisch
15 g Meersalz fein
1 g Pfeffer weiß – frisch mahlen
10 g Olivenöl Bio
200 g Olivenpesto BR

Vorbereitung:
Basisrezeptur zubereiten
Lachsfilet zuputzen – Haut und Gräten entfernen – in 120 g Stücke schneiden

Zubereitung:
1. Lachsfilet mit etwas Salz und Pfeffer würzen
2. Backpapier mit etwas Olivenöl einstreichen – den Lachs darauflegen
3. Im Dampf ca. 10 Min. garen
4. Mit Olivenpesto servieren

Kartoffel-Pastinakenpüree

Nährwerte pro 1 Portion
Energie 135 kcal / 565 kj
Fett 1,35 g
Proteine 4,33 g
Kohlenhydrate 25,51 g
Salzgehalt 0,93 g

Zutaten für 10 Portionen
1500 g Kartoffeln mehlig – geschält
250 g Pastinaken
300 g Milch
9 g Meersalz fein
0,5 g Muskatblüte gemahlen

Vorbereitung:
Kartoffeln schälen – zerkleinern – im Dampf weichkochen
Pastinaken schälen – zerkleinern – ebenfalls im Dampf weichkochen

Zubereitung:
1. Kartoffeln und Pastinaken mit der Kartoffelpresse passieren
2. Milch erwärmen – mit Salz und Muskat würzen
3. Kartoffel–Gemüsemischung in die heiße Milch einrühren – nach Bedarf noch etwas Milch nachgießen.
4. Abschmecken, servieren.

Tipp: *Keine Butter notwendig! Daher gut für fettarme Ernährung.*

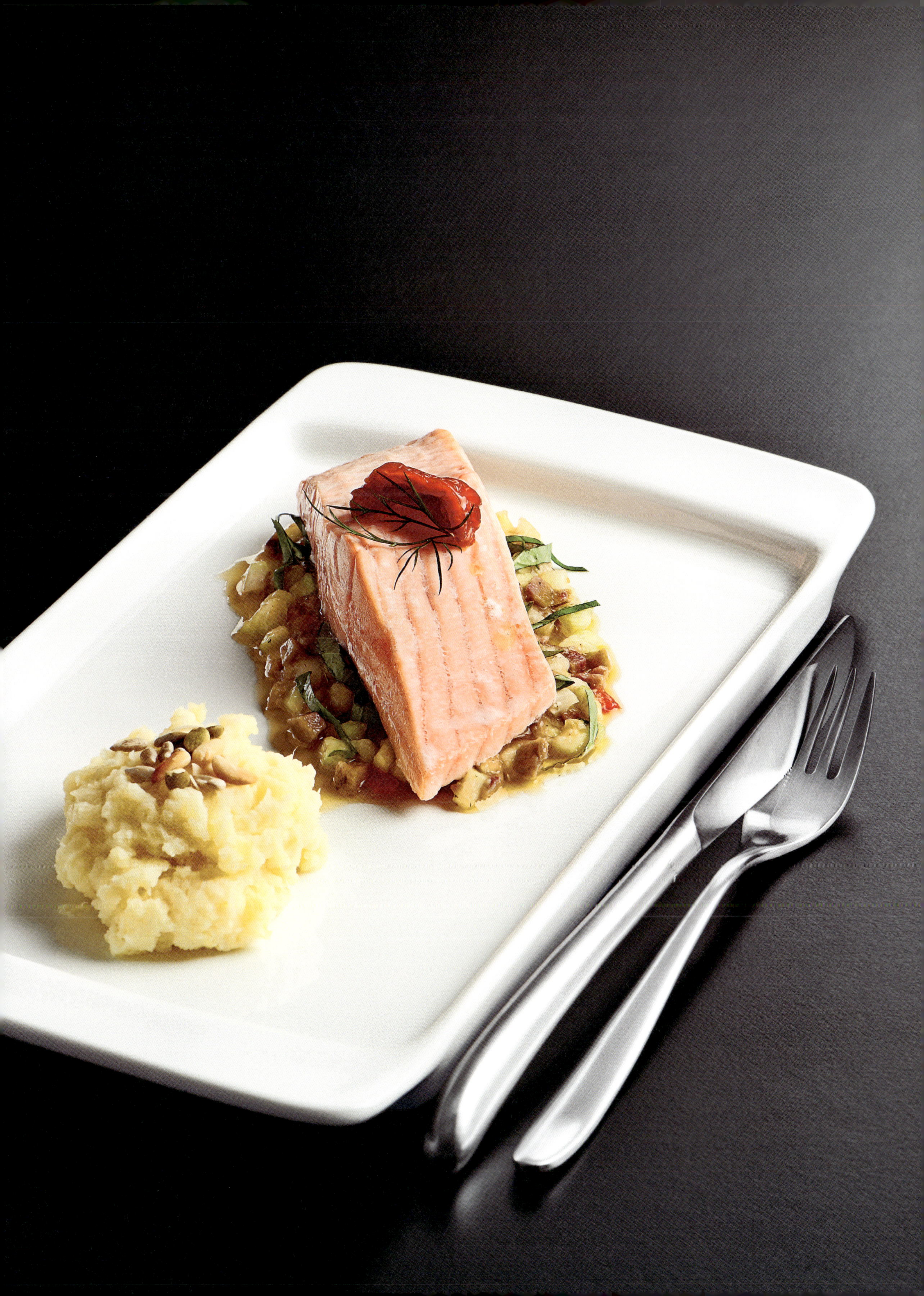

FISCH

Gebratenes Welsfilet mit Broccoli-Rosmarinsauce und Gemüsereis

Nährwerte pro 1 Portion
Energie 222 kcal / 929 kj
Fett 13,03 g
Proteine 22,12 g
Kohlenhydrate 2,97 g
Salzgehalt 0,94 g

Zutaten für 10 Portionen
1200 g Welsfilet
12 g Fischgewürz BR
40 g Mehl griffig
10 g Sonnenblumenöl zum Braten

Vorbereiten:
Basisrezeptur zubereiten
Welsfilet portionieren ca. 120 g

Zubereiten:
1. Fischfilet würzen – mit Weizenmehl (griffig) mehlieren
2. Sonnenblumenöl in einer Pfanne leicht erhitzen – Fischfilet darin goldbraun anbraten – auf ein Blech legen – im Backofen bei 160 °C/kombinierte Hitze/50 % Feuchtigkeit fertig garen
3. Anrichten

Broccoli-Rosmarinsauce

Nährwerte pro 1 Portion
Energie 38 kcal / 159 kj
Fett 3,12 g
Proteine 1,28 g
Kohlenhydrate 1,05 g
Salzgehalt 0,28 g

Zutaten für 10 Portionen
5 g Rosmarin frisch
10 g Sardellen Konserve
1 g Meersalz fein
0,5 g Pfeffer schwarz – frisch mahlen
30 g Olivenöl Bio
30 g Zitronensaft
300 g Broccoli frisch

Vorbereitung:
Rosmarin fein hacken
Sardellenfilets fein hacken
Broccoli in Röschen zupfen – blanchieren – mit kaltem Wasser abschrecken – abtropfen lassen – grob hacken

Zubereitung kurz vor dem Servieren:
1. Rosmarin, Sardellenfilets, Salz, Pfeffer, Olivenöl und Zitronensaft vermischen – die Sauce sollte gerade flüssig sein. Bei Bedarf etwas mehr Olivenöl verwenden.
2. Broccoli im Dampf ca 1 Min. erwärmen – mit der Sauce vermischen und über den Lachs gießen
3. Servieren

Gemüsereis

Nährwerte pro 1 Portion
Energie 108 kcal / 452 kj
Fett 3,05 g
Proteine 2,08 g
Kohlenhydrate 17,42 g
Salzgehalt 0,07 g

Zutaten für 10 Portionen
800 g Reis – Vollkornreis gekocht
60 g Tomaten frisch
10 g Schmormarinade für Gemüse BR
60 g Karotten
60 g Paprika gelb – frisch
60 g Paprika rot – frisch
60 g Zucchini
20 g Kräuteröl BR

Vorbereitung:
Vollkornreis kochen:
Reichlich Wasser ohne Salz zum Kochen bringen – Reis hineingeben – langsam aufkochen lassen – mit kaltem Wasser abschrecken – langsam aufkochen lassen – mit kaltem Wasser abschrecken. Vorgang so oft wiederholen, bis der Reis weich ist. Nach der halben Kochzeit das Salz hinzufügen.
Abseihen – kurz abschrecken – abtropfen lassen
Paprika waschen – Stiele und Kerne entfernen – in kleine Würfel schneiden – mit Schmormarinade marinieren – im Backofen bei 180 °C Heißluft ca. 20 Min. schmoren – auskühlen lassen
Karotten schälen – in kleine Würfel schneiden – im Dampf bissfest garen – mit Schmormarinade marinieren – bei 180 °C Heißluft ca. 20 Min. schmoren.
Tomaten waschen – entkernen – in kleine Würfel schneiden
Zucchini waschen – beide Enden entfernen – in kleine Würfel schneiden – mit Schmormarinade marinieren – bei 180 °C Heißluft ca. 20 Min. schmoren.

Zubereitung:
1. Den Reis mit allen Gemüsesorten mischen – würzen mit Salz und Pfeffer
2. Im Dampf erwärmen – mit Kräuteröl marinieren
3. Servieren

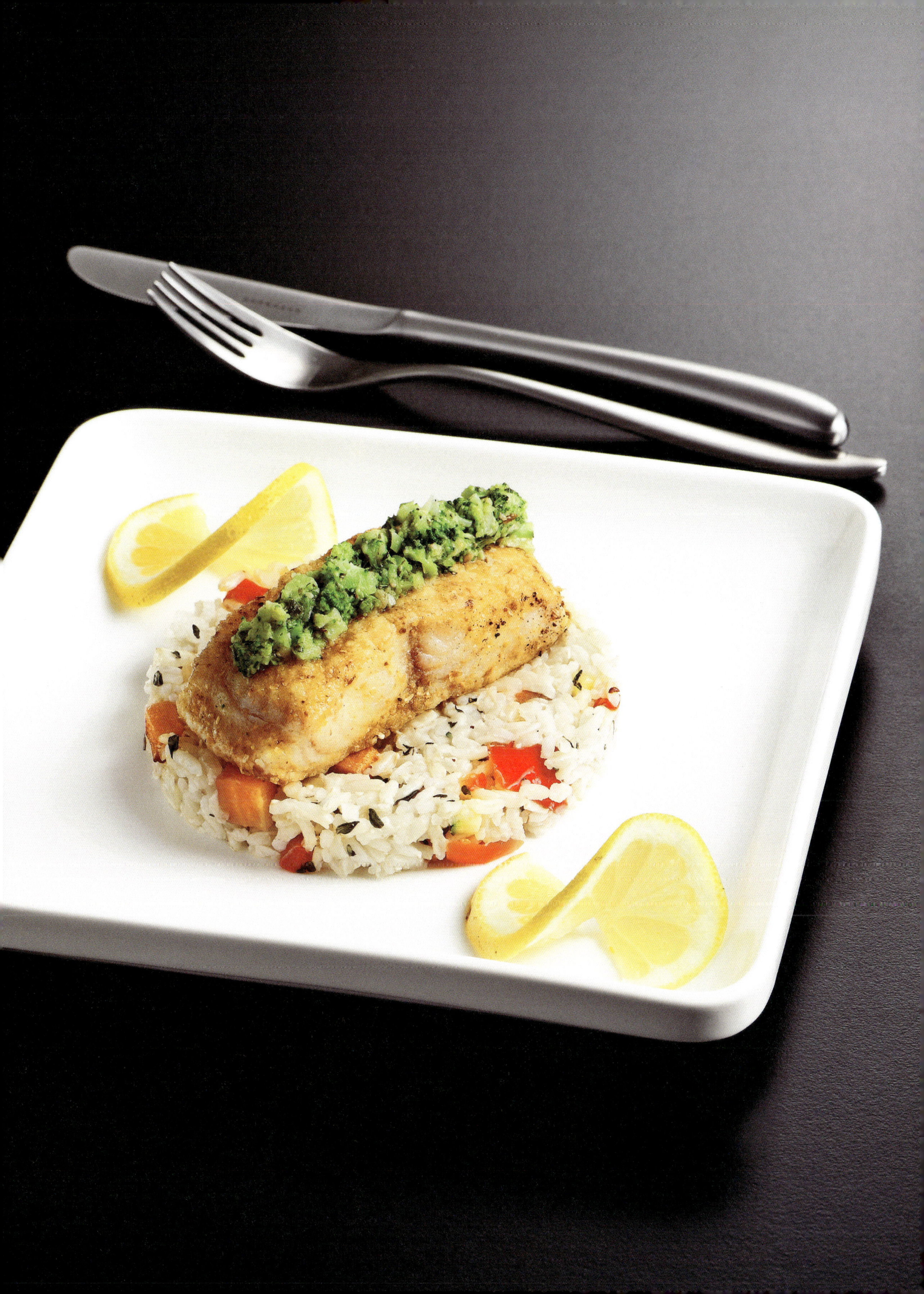

FISCH

Bratfische

Nährwerte pro 100 g
Energie 236 kcal / 987 kj
Fett 7,51 g
Proteine 21,25 g
Kohlenhydrate 19,64 g
Salzgehalt 1,09 g

Zutaten für 10 Portionen
1000 g Saibling-Filet
60 g Mehl glatt
40 g Olivenöl Bio
10 g Salz

Marinade
300 g Weißweinessig
200 g Wasser
140 g Zucker braun
30 g Zwiebeln
20 g Frühlingszwiebeln
10 g Karotten
2 g Koriandersamen
1 g Piment
1 g Sternanis ganz
2 Stk. Lorbeerblätter
1 g Dill frisch
10 g Pfeffer weiß ganz

Vorbereitung:
Zwiebeln schälen – in ca. 1x1 cm große Würfel schneiden
Frühlingszwiebeln zuputzen – waschen – in ca. 2 cm lange Stücke schneiden
Karotten schälen – in dünne Scheiben schneiden
Für die Marinade alle Zutaten miteinander aufkochen – abkühlen lassen
Fischfilets zuputzen – in ca. 4 cm breite Stücke schneiden

Zubereitung:
1. Fischfilets salzen – mit Mehl auf beiden Seiten panieren – überschüssiges Mehl abklopfen
2. Olivenöl in einer Pfanne leicht erhitzen – Fischfilets zuerst auf der Fleischseite anbraten, anschließend auf der Hautseite fertig braten, sie sollten in der Mitte noch saftig sein – aus der Pfanne herausnehmen – auf einem Küchenpapier auskühlen lassen
3. Filets in die ausgekühlte Marinade legen und mind. 2 Stunden ziehen lassen
4. Mit den Gewürzen, dem Sud und dem Gemüse servieren

Praxishinweis:
Folgende Fische können für dieses Gericht verwendet werden: Zander, Forelle, Kabeljau, Heringe, etc.

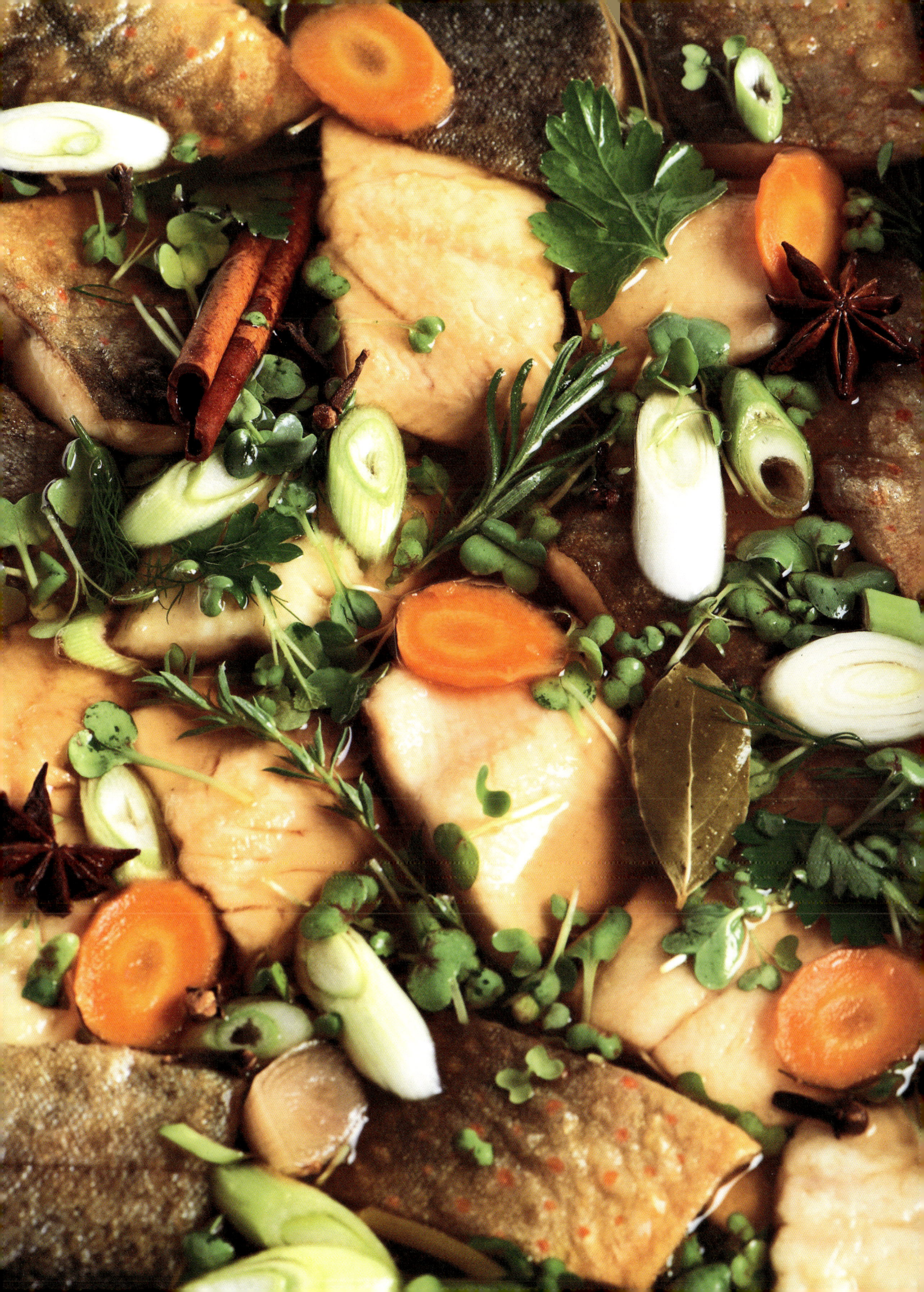

FISCH

Fisch im Jufkabrot

Nährwerte pro 100 g
Energie 832 kcal / 3481 kj
Fett 25,32 g
Proteine 43,06 g
Kohlenhydrate 103,52 g
Salzgehalt 3,54 g

Zutaten für 10 Portionen
1200 g Kabeljau-Filet
10 g Spezialgewürzmischung BR
30 g Sonnenblumenöl zum Braten
1000 g Dinkelpanade BR
100 g Radieschen
500 g Blattsalat-Mix
5 g Brunnenkresse
5 g Ruccola
10 Stk. Jufkabrot (Türkisches Fladenbrot)
300 g Eier-Sardellensauce BR

Garnitur
Brunnenkresse und Ruccola

Vorbereitung:
Basisrezepturen zubereiten
Kabeljaufilet zuputzen – würzen mit Spezialgewürzmischung BR

Garnitur:
Radieschen waschen – Blätter und Wurzeln abschneiden – in kleine Stifte schneiden
Blattsalate in möglichst große Blätter teilen – waschen – schleudern
Brunnenkresse abzupfen – Ruccola waschen – schleudern

Zubereitung:
1. Kabeljaufilets in Mehl, Ei und Dinkelpanade BR panieren
2. Sonnenblumenöl in einer Pfanne erhitzen – Fischfilets darin anbraten bis sie braun und durchgegart sind – auf einem Küchenpapier abtropfen lassen – in Streifen schneiden
3. Jufkabrot leicht erwärmen
4. Salat, Fisch und Radieschen in das Jufkabrot füllen – mit Brunnenkresse, Ruccola und Ei-Sardellensauce garnieren

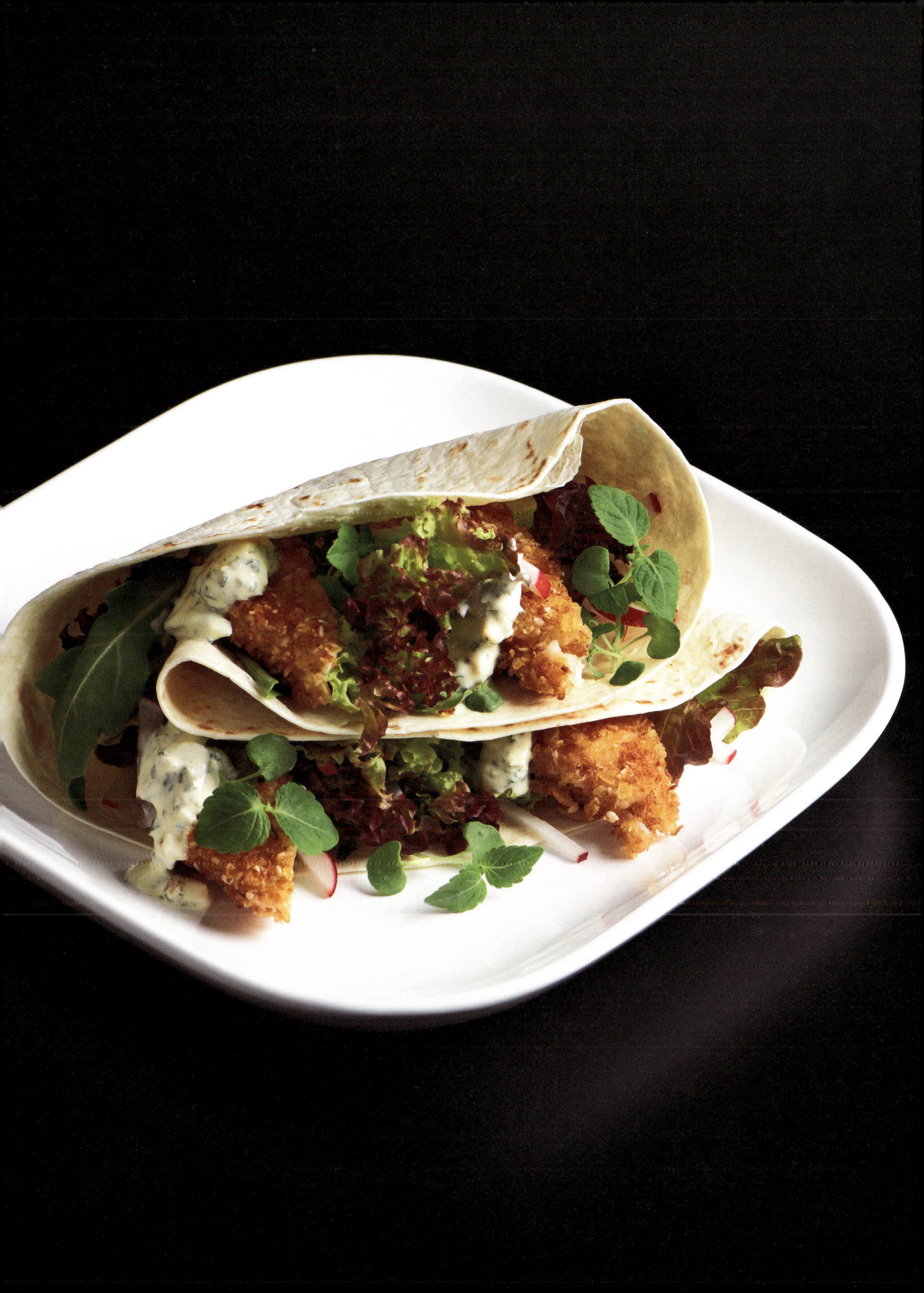

ZWISCHEN

130	Kräftige Geflügelbrühe mit traditionellem Käspressknödel
132	Herrliche Frühlingsrolle mit Süß-Sauer-Sauce
134	Super gute Wurstnudeln mit cremigem Krautsalat
136	Salatdöner mit Hackfleisch und geschmortem Gemüse
138	Pizza mit Broccoli und Rohschinken
140	Heißer Flammkuchen mit Speck und Vorarlberger Bergkäse
142	Fetziges Dinkelbrötle Salat mit Cocktaildressing
144	Gefülltes Ciabattabrötle mit Putenfleisch der besonderen Art Texas-Burger mit Kartoffeln, Knusperspeck und Tsatsikisauce
146	Vital-Käselaibchen mit Putenfleisch in warmem Wachauerbrötchen mit Salat und Zwiebeln
148	Erfrischungen und Snacks – Fruchtiger Eistee – Hausgemachte Früchtemilch – Nussiger Müsli-Riegel – Starkes Kokospuscherl

DURCH

Kräftige Geflügelbrühe mit traditionellem Käspressknödel

Nährwerte pro 1 Stück
Energie 520 kcal / 2176 kj
Fett 28,06 g
Proteine 39,76 g
Kohlenhydrate 24,65 g
Salzgehalt 1,14 g

Zutaten für 10 Stück
10 g Butter
150 g Zwiebeln
1 g Knoblauchpaste BR
350 g Milch teilen
1 g Meersalz fein
0,5 g Pfeffer weiß – frisch mahlen
0,5 g Muskatnuss gemahlen
150 g Ei
180 g Knödelbrot frisch weiß
180 g Knödelbrot frisch Vollkorn
300 g Bergkäse gerieben
8 g Schnittlauch
30 g Semmelbrösel
8 g Sonnenblumenöl zum Braten
2500 g Geflügelbrühe BR

Vorbereitung:
Basisrezepturen zubereiten
Zwiebeln schälen – hacken
Schnittlauch schneiden
Ei mixen
Knödelbrot in eine große Schüssel füllen

Zubereitung:
1. Butter in einer Pfanne erhitzen – Zwiebeln und Knoblauch ohne Farbgebung darin anschwitzen
2. Mit der Hälfte der Milch auffüllen – würzen mit Salz, Muskat, Pfeffer – vom Herd nehmen – die zweite Hälfte Milch dazugeben – Eier dazugeben – mit dem Schneebesen kräftig verrühren – gleichmäßig über das Knödelbrot gießen
3. Geriebenen Käse und Schnittlauch in die Knödelmasse einarbeiten – ziehen lassen
4. Kleine Laibchen formen – mit Semmelbröseln auf beiden Seiten panieren
5. Sonnenblumenöl in einer Pfanne erhitzen – die Käspressknödel auf beiden Seiten goldbraun anbraten – auf einem Küchenpapier abtropfen lassen – auf ein Blech legen und im Backofen bei 140 °C/Kombinierte Hitze, 70 % Feuchtigkeit, regenerieren.
6. Servieren als Abendgericht in einer heißen kräftigen Geflügelbrühe oder zu einer Gemüseplatte als Beilage.

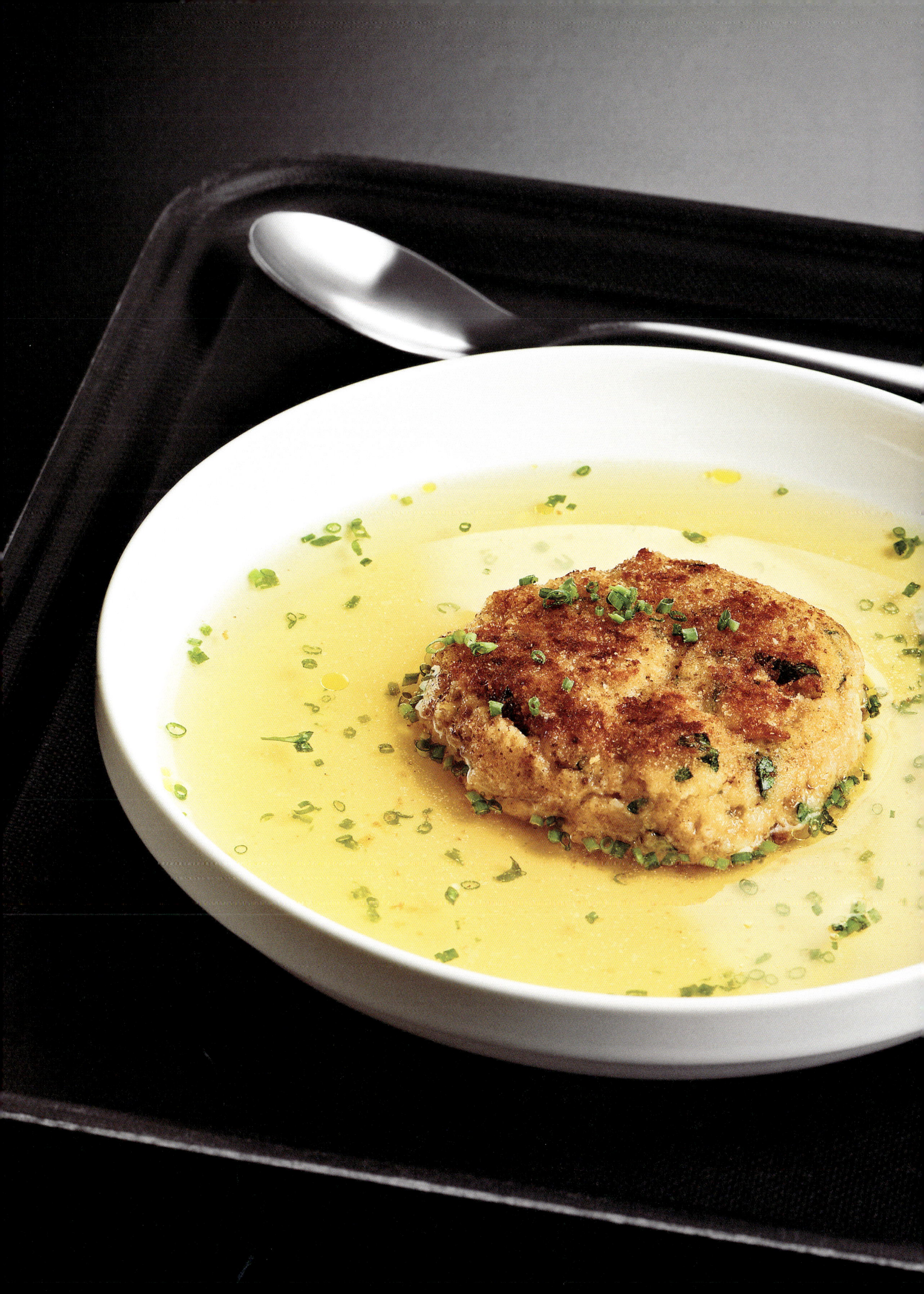

Herrliche Frühlingsrolle mit Süß-Sauer-Sauce

Nährwerte pro 1 Stück
Energie 219 kcal / 916 kj
Fett   6,47 g
Proteine   10,00 g
Kohlenhydrate   28,88 g
Salzgehalt   0,86 g

Zutaten für 10 Stück
240 g Rinder-Hackfleisch
7 g Sonnenblumenöl zum Braten
250 g Weißkraut
150 g Sojasprossen frisch
50 g Zwiebeln
2 g Knoblauchpaste BR
60 g Champignon weiß – frisch
30 g Paprika rot – frisch
70 g Karotten
15 g Sojasauce Tamari
60 g Süß-Sauer-Sauce kalt BR für die Fülle
1 g Ingwer gemahlen
20 g Glasnudeln
140 g Reis Langkorn
1 g Meersalz fein
0,5 g Pfeffer schwarz – frisch mahlen
30 g Apfelessig
3 g Maisstärke
200 g Strudelteigblätter TK
50 g Ei zum Bestreichen des Teiges
7 g Maisstärke als Unterlage für Blech
250 gr Süß-Sauer-Sauce kalt BR als Dip

Vorbereitung:
Basisrezepturen zubereiten
Weißkraut zuputzen – Strunk entfernen – in feine Streifen schneiden
Sojasprossen waschen – schleudern
Zwiebeln schälen – Strunk herausschneiden – hacken
Champignons waschen – in feine Streifen schneiden
Karotten schälen – grob reiben
Paprika waschen – Kerne und Stiele entfernen – in feine Streifen schneiden
Glasnudeln in reichlich Salzwasser kochen – mit kaltem Wasser abschrecken – abtropfen lassen – grob hacken
Reis dünsten – auskühlen lassen

Zubereitung:
1. Pfanne erhitzen – Hackfleisch ohne Fett darin anbraten – dabei ständig mit einem Schneebesen zerstossen, bis das Fleisch ganz auseinanderfällt – so lange rösten, bis die ganze Flüssigkeit verdampft ist – herausnehmen – auskühlen lassen
2. Sonnenblumen-Öl in einer Pfanne erhitzen – Weißkraut und Sojasprossen nacheinander ohne Farbgebung darin anbraten – herausnehmen – auskühlen lassen
3. Etwas Sonnenblumenöl nachgießen – die Zwiebeln, Knoblauchpaste und Champignons anbraten, bis die ganze Flüssigkeit verdunstet ist – herausnehmen – auskühlen lassen
4. Paprika und Karotten ebenfalls in heißem Sonnenblumenöl ohne Farbgebung anbraten – Herd ausschalten – mit Sojasauce und Süß-Sauer-Sauce ablöschen – Ingwer dazugeben – herausnehmen – auskühlen lassen
5. Alle Zutaten in einer großen Schüssel mit den Nudeln und dem gekochten Reis mischen
6. Abschmecken mit Salz, Pfeffer und Essig
7. Maisstärke mit einem Sieb nach und nach in die kalte Gemüse-Fleischmasse sieben – dabei ständig durchrühren
8. Ein Lochblech mit darunterliegender Abtropfwanne bereitstellen – die Masse darin gleichmäßig verteilen – abtropfen lassen – einteilen, so dass alle Frühlingsrollen gleich groß werden
9. Strudelblätter ausbreiten, in 6 gleich große Teile schneiden (ca. 20x20 cm) – diagonal auflegen – die oberen Seiten links und rechts mit Ei bestreichen
10. Gemüse-Fleischmasse in den unteren Teil legen – bis zur Hälfte einrollen – die beiden Ecken links und rechts über das bis zur Hälfte gerollte Gemüse hereinklappen – alles zusammen über die obere Ecke einrollen – auf ein mit Backpapier belegtes und mit Maisstärke bestaubtes Blech legen
11. In der Fritteuse bei 190 °C bis zu einer leicht braunen Farbe vorbacken – auf Gitter legen – abtropfen lassen
12. Auf dem Gitter im Backofen bei 190 °C Heißluft/Kerntemperatur 70 °C regenerieren
13. Servieren mit Süß-Sauer-Sauce

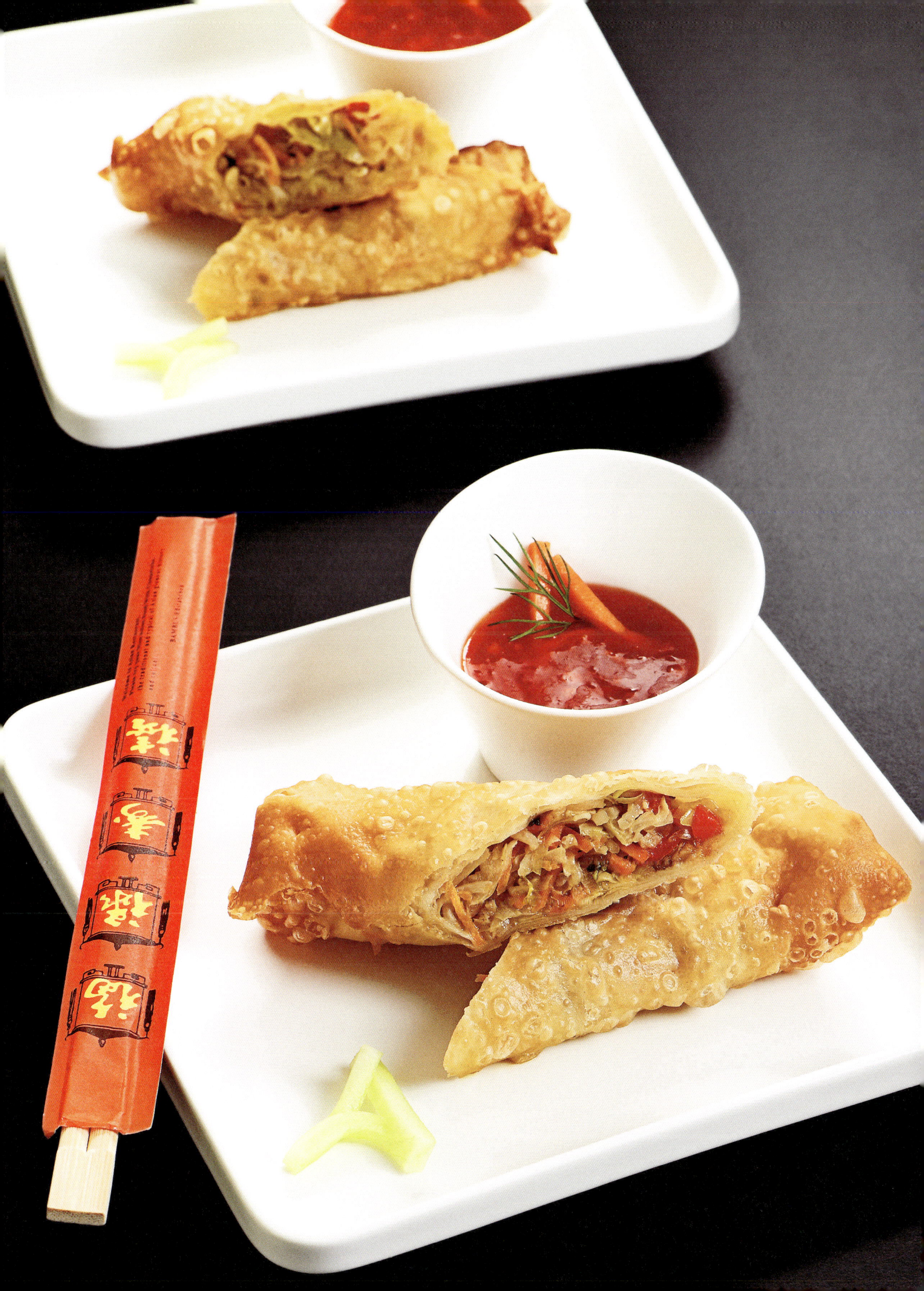

Super gute Wurstnudeln mit cremigem Krautsalat

Nährwerte pro 1 Portion
Energie 335 kcal / 1402 kj
Fett 10,74 g
Proteine 24,71 g
Kohlenhydrate 31,79 g
Salzgehalt 1,89 g
Alkohol 0,67 g

Zutaten für 10 Portionen
800 gr Dinkelspiralnudeln Rohgewicht
5 g Sonnenblumenöl zum Marinieren
7 g Butterschmalz
200 g Zwiebeln
1 g Knoblauchpaste BR
140 g Wienerwurst
70 g Tomatenmark
30 g Paprikapulver edelsüß
1000 g Bratensaft BR
0,5 g Chili geschrotet – frisch mahlen
70 g Sojasauce
1 g Majoran getrocknet
1 g Meersalz fein
14 g Maisstärke
10 g Schnittlauch
10 g Petersilie

Vorbereitung:
Basisrezepturen zubereiten
Dinkelnudeln in reichlich Salzwasser bissfest kochen – abseihen – mit kaltem Wasser abschrecken – abtropfen lassen – mit etwas Sonnenblumenöl marinieren, damit die Nudeln nicht zusammenkleben
Wienerwurst in kleine Würfel schneiden
Zwiebeln schälen – hacken

Zubereitung:
1. Butterschmalz in einer Pfanne erhitzen – Zwiebeln darin braun anbraten – Knoblauchpaste dazugeben – kurz mitrösten
2. Wurst dazugeben
3. Mit Tomatenmark tomatisieren – mit Paprikapulver paprizieren
4. Mit Bratensaft auffüllen
5. Würzen mit Chili, Sojasauce, Majoran, Salz
6. Maisstärke mit etwas kaltem Wasser anrühren – die Sauce damit leicht abbinden
7. Ca. 30 Min. leicht köcheln lassen
8. Gekochte Spiralnudeln in Dampf erhitzen – mit der Sauce marinieren – frische Kräuter hinzufügen – servieren

Als Garnitur servieren wir immer geriebenen Bergkäse dazu – schmeckt super!

Cremiger Krautsalat

Nährwerte pro 1 Portion
Energie 69 kcal / 289 kj
Fett 4,99 g
Proteine 1,84 g
Kohlenhydrate 3,85 g
Salzgehalt 0,91 g

Zutaten für 10 Portionen
500 g Weißkraut
2 g Salz
100 g Karotten
300 g Sauerrahm Becher
10 g Gewürzmischung griechisch BR
1 g Pfeffer schwarz gemahlen
16 g Olivenöl Bio
50 g Essig
10 g Senf
5 g Schnittlauch
5 g Petersilie glatt

Vorbereitung:
Basisrezeptur zubereiten
Weißkrautstrunk herausschneiden – Kraut ganz fein hacken – mit etwas Salz weich kneten
Karotten schälen – grob reiben
Schnittlauch schneiden
Petersilie hacken

Zubereitung:
1. Sauerrahm mit der Gewürzmischung Griechisch BR, Olivenöl, Essig, Senf und Pfeffer glattrühren
2. Kraut und Karotten unterheben
3. ca. 1 h ziehen lassen – nochmals abschmecken
4. Mit frischen Gartenkräutern vollenden

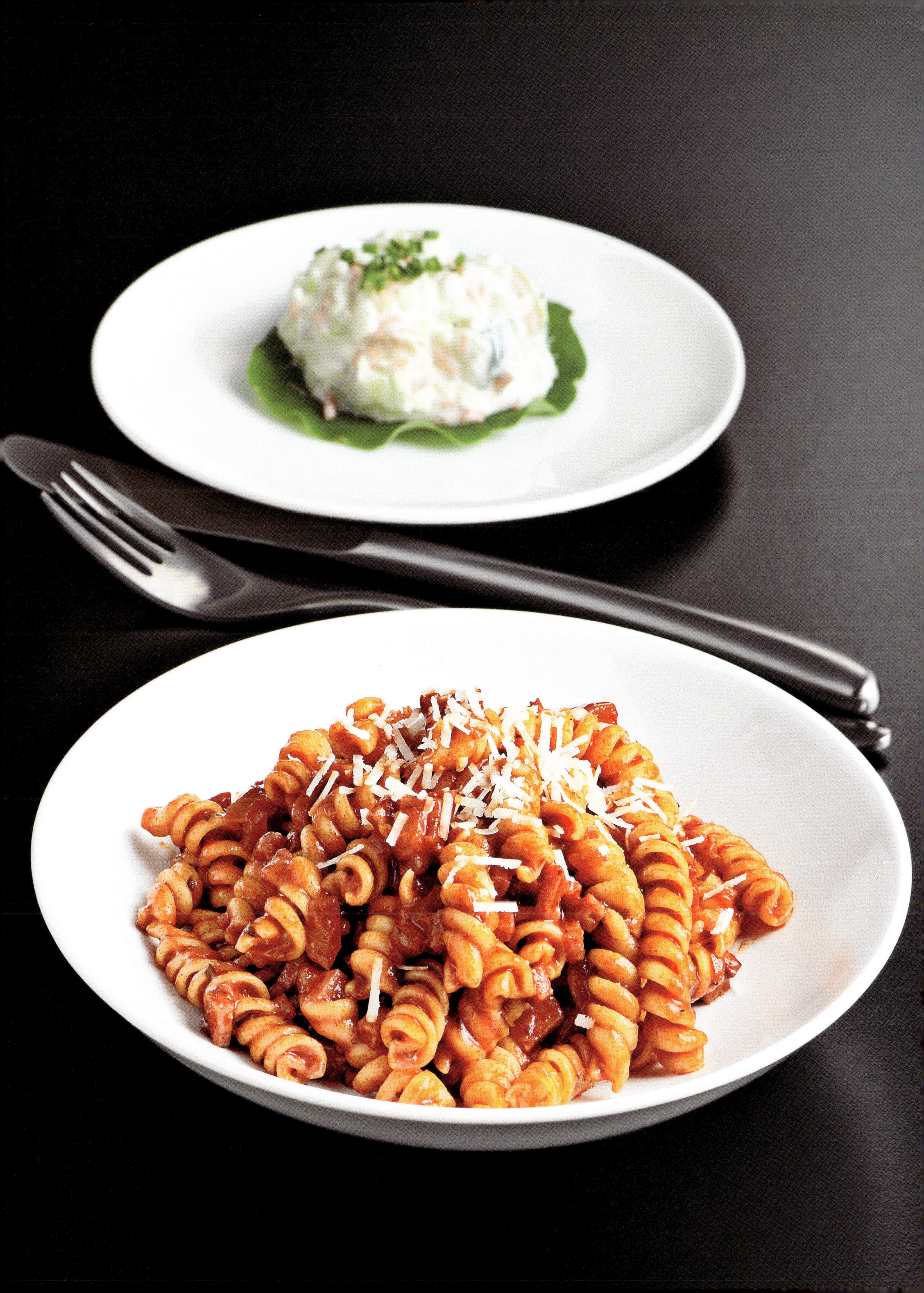

Salatdöner mit Hackfleisch und geschmortem Gemüse

Nährwerte pro 1 Portion
Energie 501 kcal / 2096 kj
Fett 19,76 g
Proteine 28,33 g
Kohlenhydrate 49,86 g
Salzgehalt 3,18 g

Zutaten für 8 Portionen
Fleischfülle:
500 g Rinder-Hackfleisch
5 g Gewürzmischung Mexico BR
50 g Sojasauce
10 g Maisstärke
1 Stk Fladenbrot mit Vollkorn

Belag
250 g Tsatsikisauce BR
120 g Eisbergsalat
100 g Karotten
50 g Zwiebeln rot – in Scheiben
100 g Rotkraut frisch gehackt
150 g Paprika rot – frisch
2 g Schmormarinade für Gemüse BR
200 g Bergkäse gerieben
25 g Spinat jung

Vorbereitung:
Basisrezepturen zubereiten
Blattsalat zuputzen – waschen – in mundgerechte Stücke teilen – schleudern
Zwiebeln rot schälen – in feine Streifen schneiden
Karotten schälen – grob reiben
Rotkraut zuputzen – vierteln – Strunk entfernen – hacken
Paprika waschen – Stiele und Kerne entfernen – in 1x1 cm große Stücke schneiden – mit Schmormarinade marinieren – im Backofen bei 180 °C Heißluft ca. 20 Min. schmoren – auskühlen lassen
Bergkäse reiben
Spinat waschen – schleudern

Zubreitung:
1. Hackfleisch ohne Fett anbraten
2. Mit Gewürzmischung Mexico würzen
3. Abschmecken mit Sojasauce
4. Mit Maisstärke abbinden – warm stellen
5. Fladenbrote in der Mitte auseinanderschneiden
6. Den Boden mit Tsatsikisauce bestreichen
7. Füllen mit:
– Zwiebeln rot
– Käse gerieben
– Paprikawürfel
– Hackfleisch
– Blattsalat
– Rotkraut
– Spinat jung
– Karotten
8. Deckel drauflegen
9. Kurz vor dem Servieren den Brotdeckel abnehmen – warme Hackfleischmasse auf der Gemüsefülle gleichmäßig verteilen
10. Deckel schließen – portionieren
11. Servieren

Schmeckt echt gut!!

Tipp: *Für die Vegetarier einfach ohne Hackfleisch servieren. Zwei Fliegen auf einen Schlag. Im Sommer können auch frische Tomaten hinzugefügt werden.*

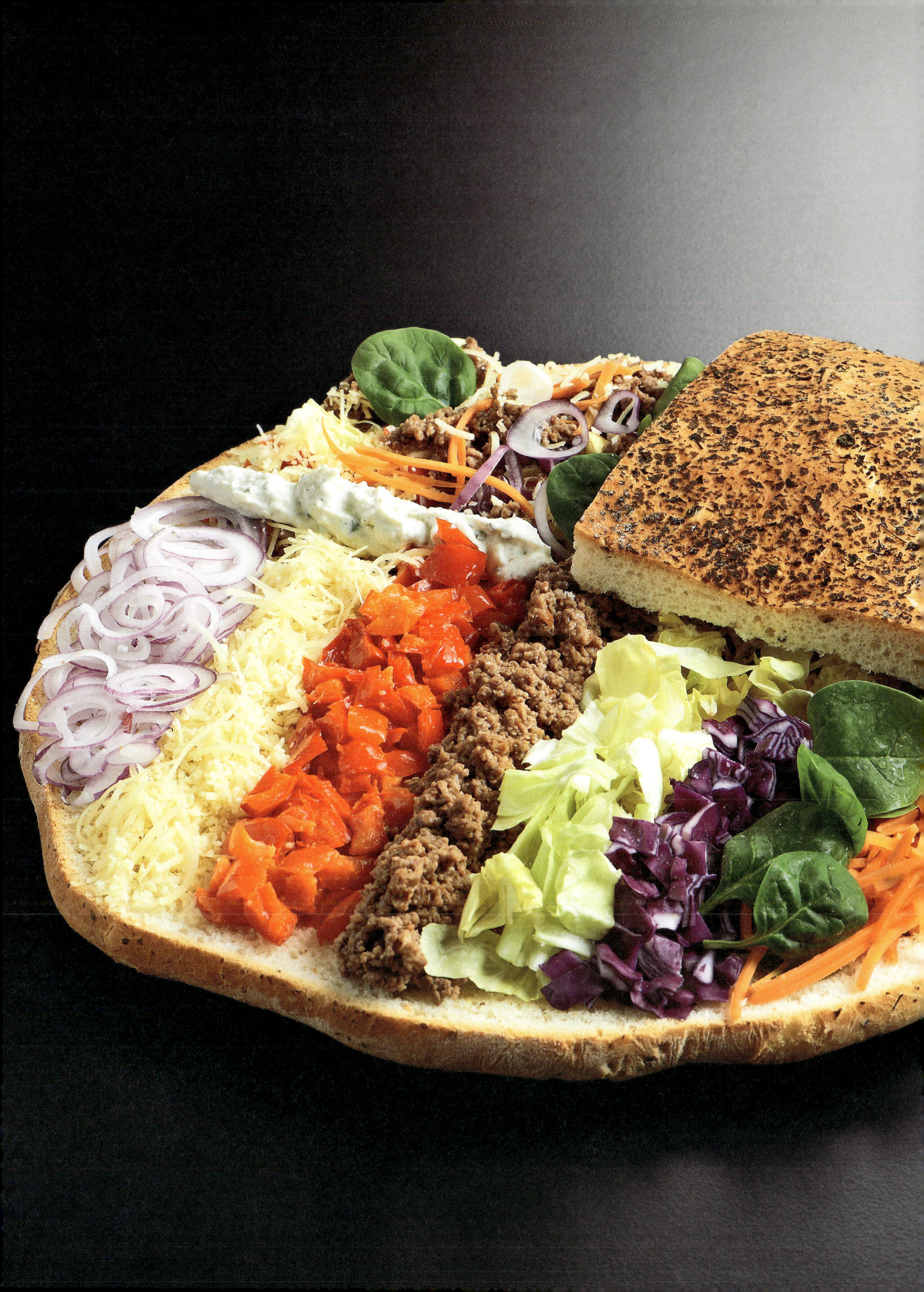

Pizza mit Broccoli und Rohschinken

Nährwerte pro 1 Portion
Energie 516 kcal / 2159 kj
Fett 16,56 g
Proteine 26,33 g
Kohlenhydrate 62,60 g
Salzgehalt 3,04 g

Zutaten für 6 Portionen
800 g Pizzateig BR
400 g Tomatensauce kalt BR
100 g Broccoli frisch
25 g Oliven grün
90 g Rohschinken
10 g Ruccola
250 g Bergkäse 3 Monate alt

Vorbereitung:
Basisrezepturen zubereiten
Broccoli zuputzen – in kleine Röschen zupfen – in Salzwasser bissfest kochen – mit kaltem Wasser abschrecken – abtropfen lassen
Oliven abseihen – abtropfen lassen
Käserinde entfernen – Käse fein reiben
Schinken fein blättrig aufschneiden
Schwarzes Backblech mit wenig Öl einstreichen – mit griffigem Mehl auskleiden

Zubereitung:
1. Pizzateig ausrollen – in das Backblech legen
2. Tomatensauce darauf gleichmäßig verteilen
3. Oliven und Broccoli ebenfalls gleichmäßig darauf legen
4. Käse darüber streuen
5. Im Backofen bei 180 °C/Heißluft ca. 20 Min. backen
6. Die fertige Pizza auf ein Schneidbrett ziehen – portionieren – Ruccola und Schinken darauf legen
7. Servieren

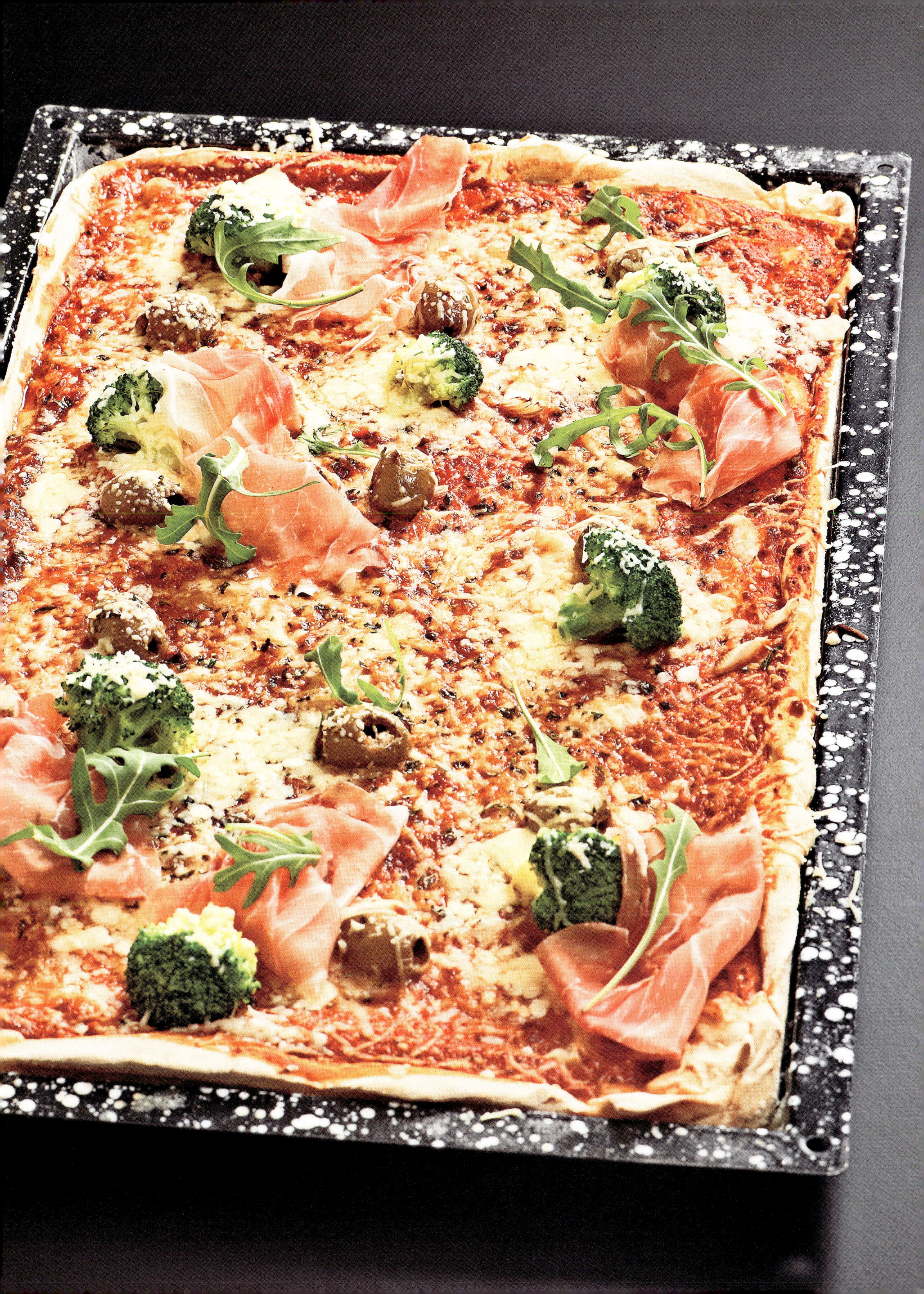

Heißer Flammkuchen mit Speck und Vorarlberger Bergkäse

Nährwerte pro 1 Portion
Energie 629 kcal / 2632 kj
Fett   32,68 g
Proteine   23,19 g
Kohlenhydrate   57,54 g
Salzgehalt   2,85 g

Zutaten für 8 Portionen
800 g Pizzateig BR

Belag
200 g Topfen
600 g Sauerrahm
100 g Frischkäse – Doppelrahm
100 g Ei
100 g Dinkelmehl W 700
10 g Meersalz fein
1 g Pfeffer weiß – frisch mahlen
0,5 g Muskatblüte gemahlen
50 g Zwiebeln
80 g Schweinebauchspeck gekocht
180 g Bergkäse gerieben
2 g Kümmel ganz

Vorbereitung:
Basisrezeptur zubereiten
Zwiebeln schälen – Wurzelansatz entfernen – halbieren – in feine Streifen schneiden
Speck in feine Scheiben schneiden – anschließend in feine Streifen schneiden – anbraten – abtropfen lassen
Flache schwarze Emailbleche mit Sonnenblumenöl einstreichen – mit Weizendunst auskleiden
Die Teigkugeln ausrollen – auf die vorbereiteten schwarzen Emailbleche legen – den Rand an allen vier Seiten hochziehen

Zubereitung:
1. Topfen mit Frischkäse – Doppelrahm und Sauerrahm glattrühren, Ei und Mehl hinzufügen – ebenfalls glattrühren – würzen mit Salz, Pfeffer und Muskatblüte gemahlen
2. Die Sauerrahmsauce auf dem Teig gleichmäßig verteilen – ca. 600 g pro Blech
3. Zwiebelstreifen darauf gleichmäßig verteilen – mit den gebratenen Speckstreifen, Käse und Kümmel belegen
4. Im Backofen bei 190 °C/Heißluft ca. 20 Min. backen
5. Vom Blech auf ein Schneidbrett herunterziehen – mit dem großen Messer in acht gleich große Stücke teilen

Tipp: *Eine fruchtige Tomatensalsa BR und frischer Salatmix passen perfekt zu diesem Gericht.*

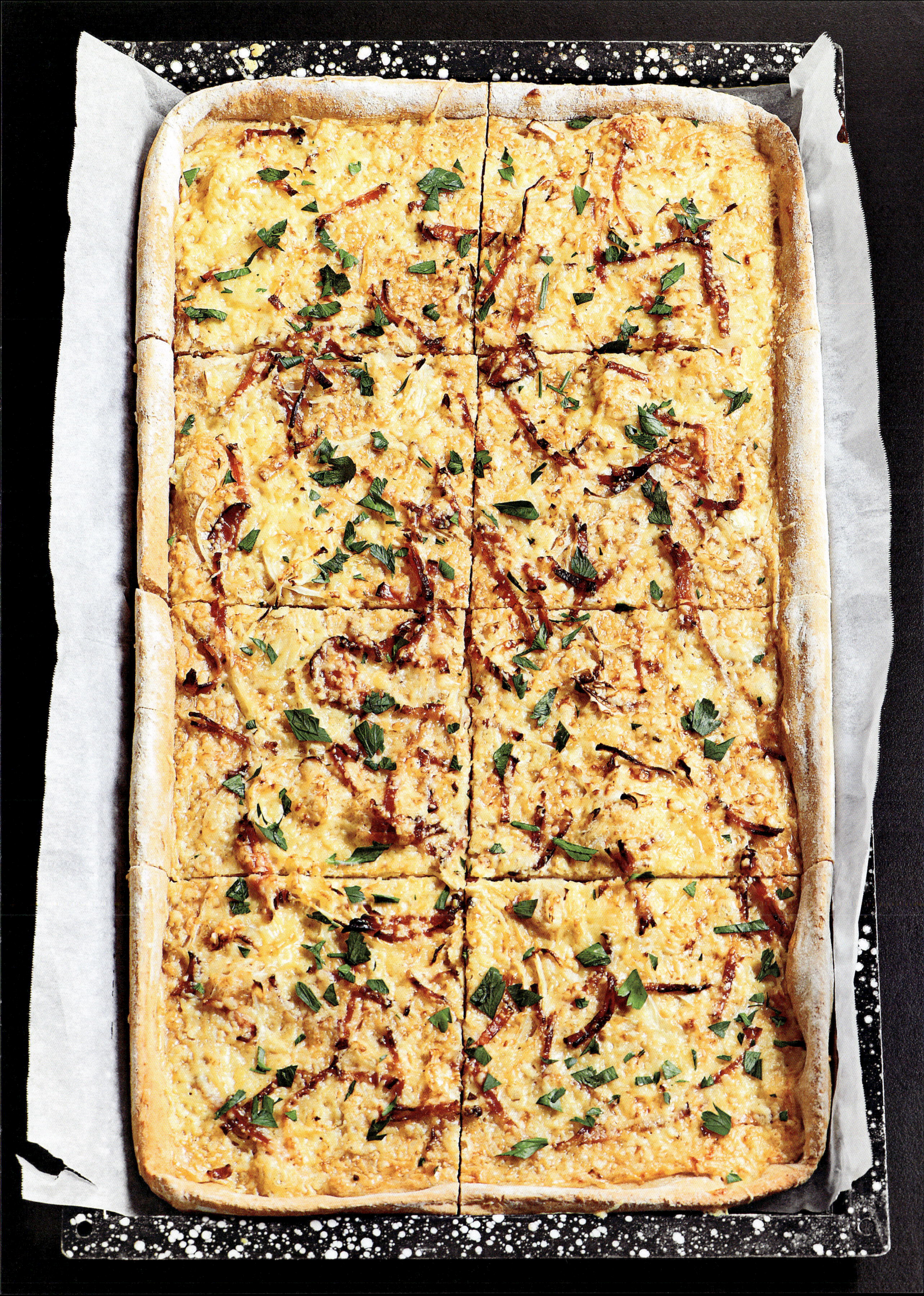

Fetziges Dinkelbrötle
Salat mit Cocktaildressing

Nährwerte pro 1 Portion
Energie 725 kcal / 3033 kj
Fett 39,36 g
Proteine 15,68 g
Kohlenhydrate 73,63 g
Salzgehalt 3,64 g

Zutaten für 10 Portionen
10 Stk Dinkel-Hotdogbrot mit Sesam
50 g Kräuteröl BR
250 g Oliven grün
200 g Feta – Schafskäse
300 g Schweinebauchspeck gekocht

Vorbereitung:
Basisrezeptur zubereiten
Speck in dünne Scheiben schneiden
Das Dinkel-Hotdogbrötle 3 x schräg mit einem Sägemesser einschneiden – Vorsicht, nicht durchschneiden
Den Feta-Käse in ca 3x1 cm große Stücke schneiden und jeweils in eine Speckscheibe einrollen
Oliven ebenfalls in Speckscheiben einrollen

Zubereitung:
1. Die Einschnitte mit wenig Kräuteröl einstreichen
2. Die Oliven– und die Käse–Speckröllchen abwechslungsweise in die Einschnitte stecken
3. Die Brötchen vor dem Servieren im Backofen bei 180 °C/Heißluft ca. 2-3 Min. aufbacken, damit sie schön knusprig sind
4. Servieren

Salat mit Cocktaildressing

Nährwerte pro 1 Portion
Energie 240 kcal / 1004 kj
Fett 21,03 g
Proteine 1,63 g
Kohlenhydrate 10,07 g
Salzgehalt 0,59 g

Zutaten für 10 Portionen
370 g Cocktail-Dressing BR
30 g Kernemix BR
130 g Cocktailtomaten rot
150 g Blattsalat – Eisberg
150 g Blattsalat-Mix
50 g Blattsalat – Radiccio

Vorbereitung:
Basisrezepturen zubereiten
Cocktailtomaten waschen – halbieren
Eisbergsalat zuputzen – in 1x1 cm große Stücke schneiden – waschen – schleudern
Blattsalatemix zuputzen – waschen – in mundgerechte Stücke reißen
Radiccio zuputzen – in 1x1 cm große Stücke schneiden

Zubereitung:
1. Salate und Tomaten locker vermischen
2. Kurz vor dem Servieren mit dem Dressing marinieren und mit dem Kernemix BR bestreuen

Guten Appetit!

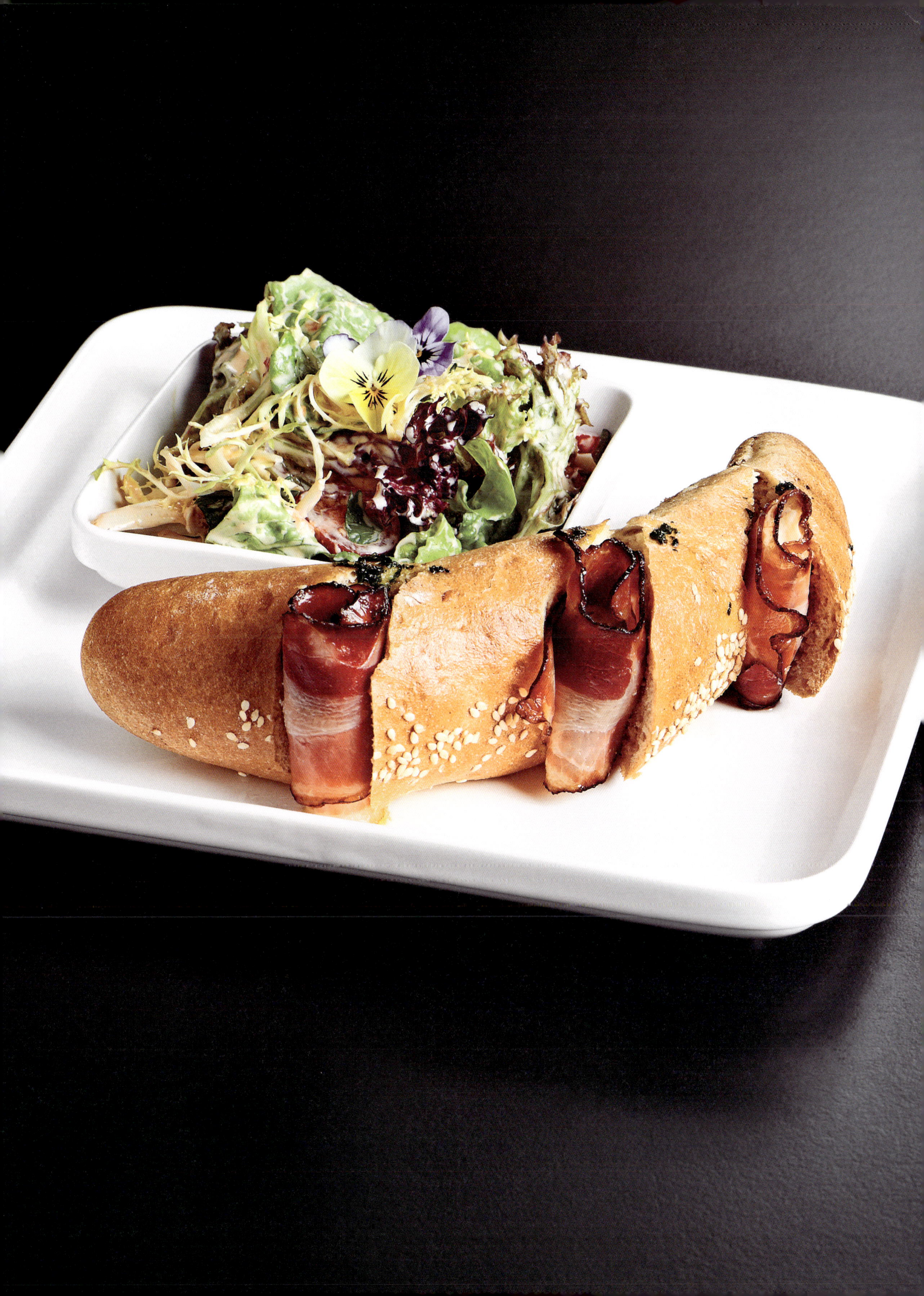

Ciabattabrötle gefüllt mit Putenbrust und cremiger Tomatensalsa
Texas-Burger mit Kartoffeln, Knusperspeck und Tsatsikisauce

Ciabattabrötle gefüllt mit Putenbrust und cremiger Tomatensalsa

Nährwerte pro 1 Portion
Energie 418 kcal / 1749 kj
Fett 4,84 g
Proteine 30,21 g
Kohlenhydrate 60,77 g
Salzgehalt 3,24 g

Zutaten für 10 Portionen
2,5 Liter Wasser zum Kochen
300 g Karotten
200 g Sellerie-Knolle
200 g Zwiebeln
1 g Pfeffer weiß ganz
1 g Wacholderbeeren
3 Stk Lorbeerblatt
16 g Meersalz fein
800 g Putenbrust ohne Haut
100 g Blattsalat-Mix
10 Stk Ciabatta-Brot schwach gebacken
100 g Cremige Tomatensalsa BR

Vorbereitung am Vortag:
Basisrezeptur zubereiten
Karotten, Sellerie und Zwiebeln schälen – in 1x1 cm große Würfel schneiden – Pfefferkörner und Wacholderbeeren zerstossen
Mit Wasser und den Gewürzen eine Brühe herstellen – die Putenbrust darin leicht köcheln lassen, bis sie die Kerntemperatur 72 °C erreicht hat – das Fleisch herausnehmen – in eine Klarsichtfolie einpacken – auskühlen lassen – dünn aufschneiden

Zubereitung:
1. Ciabattabrötle auseinanderschneiden – Blattsalate waschen – schleudern – in mundgerechte Stücke zerteilen
2. Ciabattabrötle im Backofen 160 °C/Heißluft ca 6 Min. aufbacken
3. Auseinanderklappen – eine Hälfte mit Blattsalaten belegen – Putenbrustscheiben darauf legen – mit cremiger Tomatensalsa garnieren – Deckel drauf – servieren

Texas-Burger mit Kartoffeln, Knusperspeck und Tsatsikisauce

Nährwerte pro 1 Stück
Energie 632 kcal / 2644 kj
Fett 26,65 g
Proteine 16,43 g
Kohlenhydrate 78,50 g
Salzgehalt 2,54 g

Zutaten für 10 Stück
860 g Kartoffeln – speckig (A)
260 g Kartoffeln – speckig (B)
Ca. 15 % Schälverlust einrechnen
40 g Paprika rot – frisch
2 g Schmormarinade für Gemüse BR
60 g Broccoli frisch
50 g Karotten
40 g Bergkäse gerieben
70 g Zwiebeln
20 g Sonnenblumenöl zum Braten
100 g Ei
7 g Meersalz fein
1 g Pfeffer weiß – frisch mahlen
30 g Dinkelmehl W 700
7 g Schnittlauch
4 g Petersilie glatt
10 Stk Hamburgerbrötchen vom Bäcker
100 g Blattsalat-Mix
200 g Schweinebauchspeck
280 g Tsatsikisauce BR

Vorbereitung am Vortag:
Die Kartoffeln (A) schälen – im Dampf kochen – nach ca. 15 Min. Kochzeit in der Mitte auseinanderschneiden – sie sollten in der Mitte warm, aber nicht durchgekocht sein – mit einem Stofftuch abdecken – kühl stellen
Kartoffeln (B) schälen – im Dampf weich kochen – kühl stellen

Vorbereitung:
Basisrezeptur zubereiten
Kartoffeln (A) grob reiben – Kartoffeln (B) zerstampfen
Paprika waschen – Stiele und Kerne entfernen – in 1x1 cm große Stücke schneiden – mit Schmormarinade marinieren – im Backofen bei 180 °C Heißluft ca. 20 Min. schmoren – auskühlen lassen
Broccoli in Röschen zupfen – blanchieren – mit kaltem Wasser abschrecken – abtropfen lassen – grob hacken
Karotten schälen und grob raspeln
Zwiebeln schälen – hacken – etwas Sonnenblumenöl in einer Pfanne erhitzen – Zwiebeln darin ohne Farbgebung anbraten
Ei mixen – Schnittlauch hacken
Petersilie waschen – schleudern – hacken
Speck in Scheiben schneiden – auf ein Blech nicht zu dicht auflegen – im Backofen bei 160 °C/Heißluft, reduzierte Lüfterleistung knusprig braten – abtropfen lassen

Zubereitung:
1. Kartoffeln, Paprika, Broccoli, Karotten, Käse, Zwiebeln, Ei, Salz, Pfeffer, Mehl, Schnittlauch und Petersilie mischen
2. Sonnenblumenöl in einer Pfanne erhitzen – mit dem großen Eisschöpfer (7 cm Durchmesser) portionieren und gleich in die heiße Pfanne einlegen
3. Warten bis sich an der Unterseite eine braune Kruste gebildet hat – umdrehen – jetzt erst flach drücken und ebenfalls eine braune Kruste bilden lassen
4. Auf Bleche ohne Gitter auflegen
5. Im Backofen bei 180 °C/Heißluft ca. 15 Min. regenerieren
6. Ein Hamburgerbrot in der Mitte auseinanderschneiden – Salat, Speck, Kartoffelburger und rote Zwiebeln einlegen – mit Tsatsikisauce garnieren – Deckel drauf – Mahlzeit.

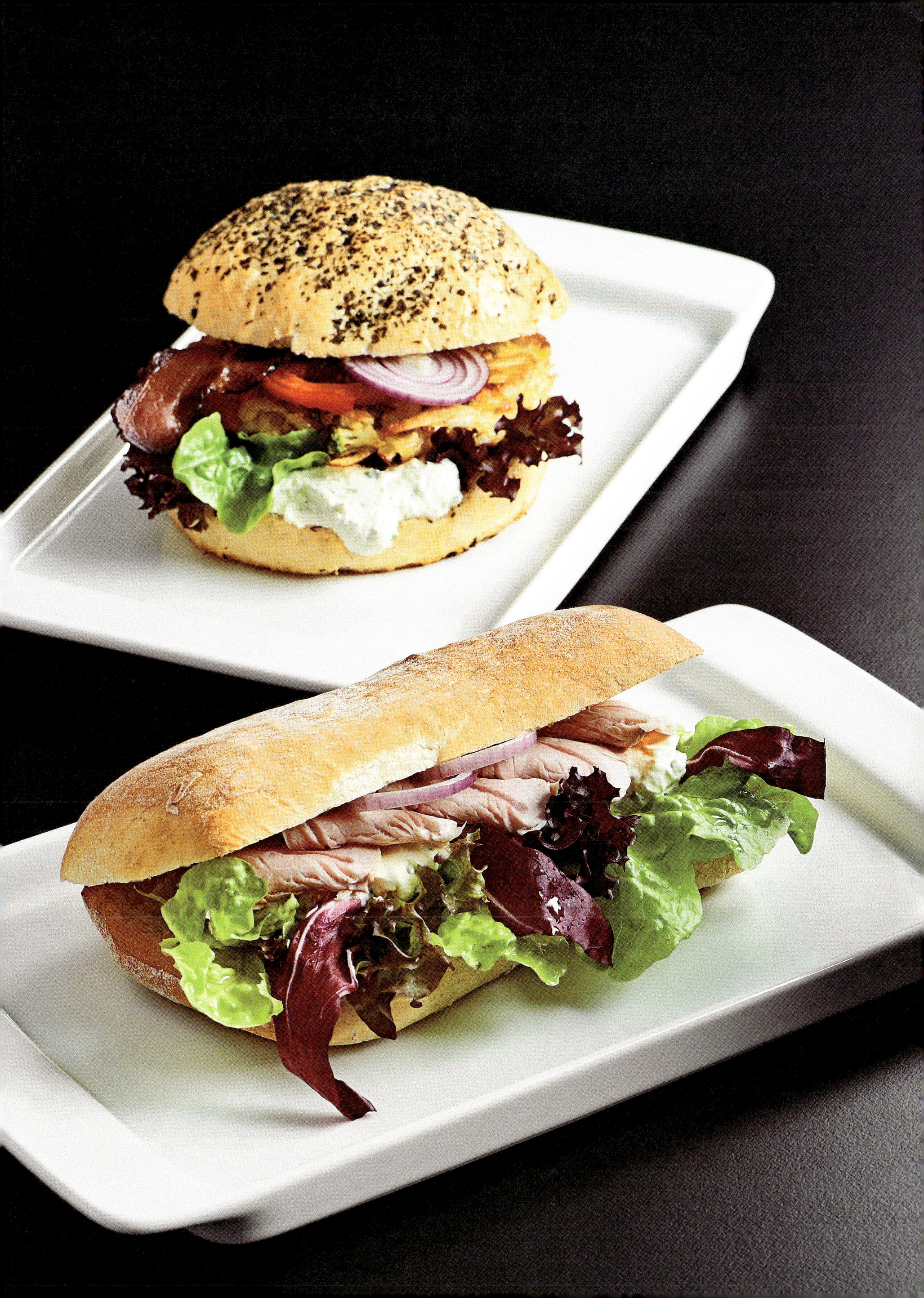

Vital-Käselaibchen mit Putenfleisch in warmem Wachauerbrötchen mit Salat und Zwiebeln

Nährwerte pro 1 Portion
Energie 649 kcal / 2715 kj
Fett 22,67 g
Proteine 37,93 g
Kohlenhydrate 69,87 g
Salzgehalt 2,95 g

Zutaten für 10 Portionen
190 g Zwiebeln
10 g Sonnenblumenöl zum Braten
1 g Knoblauchpaste BR
1000 g Puten-Oberkeule ausgelöst o. Haut
20 g Semmelbrösel für die Fleischmasse
15 g Petersilie glatt
190 g Bergkäse
100 g Ei
1 g Pfeffer schwarz frisch mahlen
8 g Meersalz fein
120 g Semmelbrösel zum Panieren
8 g Bratfett
100 g Blattsalat-Mix
10 Stk Wachauerbrötchen vom Bäcker
280 g Gurkensauerrahm Sauce BR

Garnitur
100 g Zwiebeln rot

Vorbereitung:
Basisrezepturen zubereiten
Zwiebeln schälen – fein hacken
Putenfleisch faschieren – mittlere Loch-Scheibe
Petersilie waschen – schleudern – hacken
Käserinde entfernen – grob reiben – Ei mixen

Garnitur:
Blattsalate waschen – schleudern
Zwiebeln rot schälen – in Ringe schneiden

Zubereitung:
1. Sonnenblumenöl in einer Pfanne erhitzen – Zwiebeln und Knoblauchpaste darin ohne Farbgebung langsam anschwitzen, bis sie süß schmecken
2. Alle Zutaten gut miteinander vermischen
3. Ein großes Blech mit Backpapier belegen – die Masse ca. 1,5 cm dick aufstreichen – mit Backpapier zudecken – mit dem Nudelwalker glatt rollen – Papier entfernen – mit Brösel bestreuen – ein zweites Blech darauflegen – schnell umdrehen – Backpapier abziehen – mit Brösel bestreuen – mit einem 10 cm Ring ausstechen – die Reste vom Ausstechen wieder zusammenrühren – Vorgang wiederholen
4. Sonnenblumenöl in einer Pfanne erhitzen – die Laibchen auf beiden Seiten goldbraun anbraten
5. Im Backofen bei 140 °C Kombinierte Hitze, 50 % Feuchtigkeit/ Kerntemperatur mind. 72 °C fertig garen
6. Servieren in knusprigem Wachauerbrötle mit Gurkensauerrahm Sauce, Salat und roten Zwiebelringen

Krautburger mit Tsatsikisauce

Nährwerte pro 1 Portion
Energie 491 kcal / 2054 kj
Fett 14,65 g
Proteine 13,41 g
Kohlenhydrate 73,63 g
Salzgehalt 2,59 g

Zutaten für 10 Portionen
10 g Sonnenblumenöl zum Braten
500 g Weißkraut
100 g Schweinebauchspeck
8 g Spezialgewürzmischung BR
250 g Tsatsikisauce BR
10 Stk Hamburgerbrot mit Sesam

Vorbereitung:
Basisrezepturen zubereiten
Weißkrautstrunk entfernen – Kraut in feine Streifen schneiden
Speck in Scheiben schneiden – in feine Streifen schneiden

Zubereitung:
1. In einer Pfanne etwas Sonnenblumenöl erhitzen – Weißkraut darin ohne Farbgebung anbraten – herausnehmen
2. In der gleichen Pfanne ohne zusätzliches Fett Speckstreifen anbraten
3. Weißkraut mit dem Speck mischen
4. Abschmecken mit Spezialgewürz – warmhalten
5. Hamburgerbrot aufbacken – in der Mitte auseinanderschneiden – mit Tsatsikisauce bestreichen und mit der Krautmischung füllen – Deckel drauf – servieren

Mal was anderes als immer nur Würstel mit Senf!

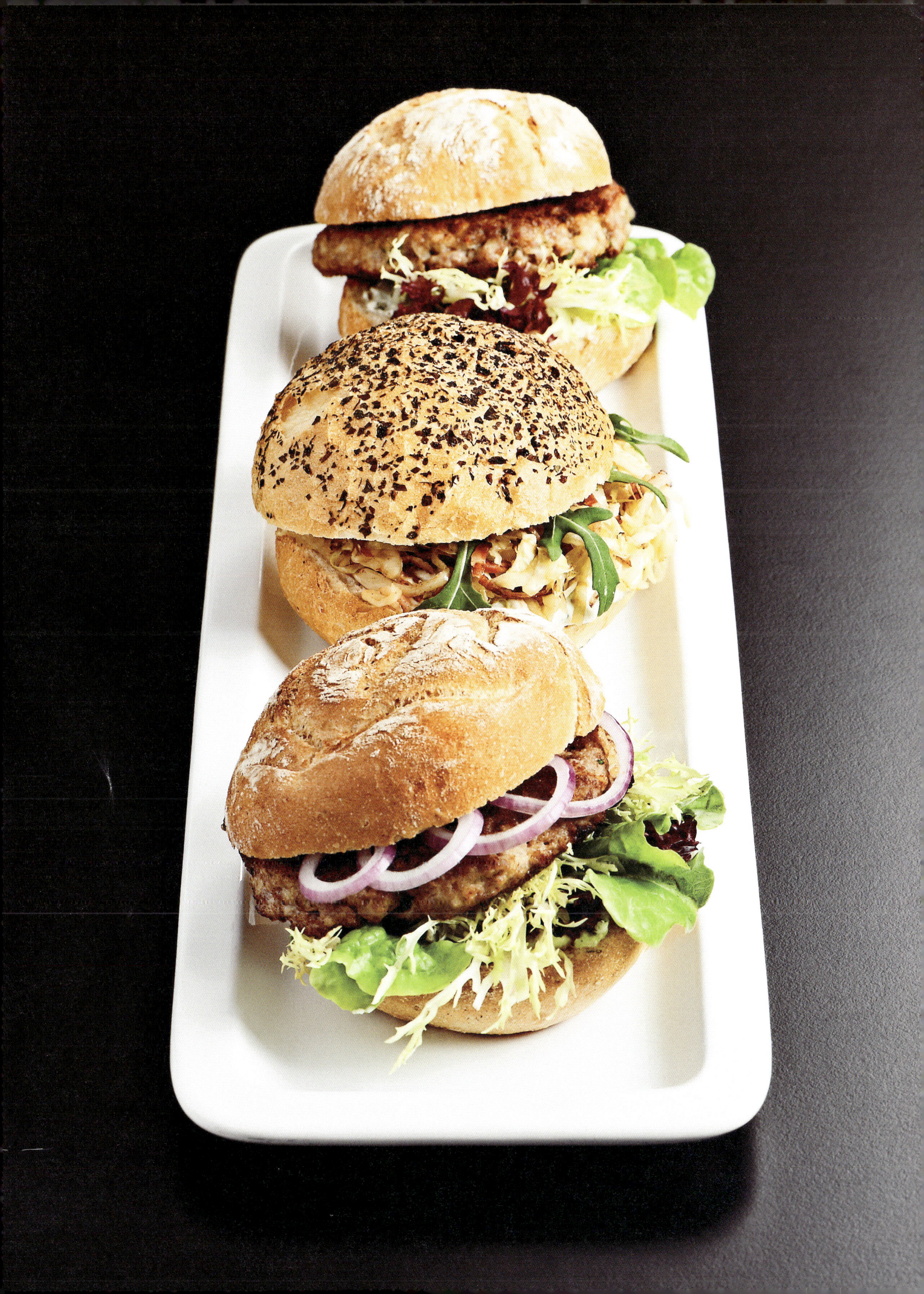

Erfrischungen und Snacks

Fruchtiger Eistee

Nährwerte pro 100 ml
Energie 22,7 kcal / 95 kj
Fett 0,31 g
Proteine 0,17 g
Kohlenhydrate 4,60 g
Salzgehalt 0,00 g
Alkohol 0,05 g

Zutaten für 1 Liter
500 g Fertiger Beerentee
2 g Ingwer frisch
20 g Honig
90 g Limettensaft
250 g Apfelsaft oder Kirschsaft
10 g Pfefferminze Blätter

Vorbereitung:
Limetten auspressen
Ingwer schälen – in Scheiben schneiden
Beerentee mit Ingwer und Honig zubereiten – abseihen – auskühlen lassen
Minze waschen – schneiden

Zubereitung:
Kalten Tee mit Limettensaft, Kirsch- oder Apfelsaft und Minzeblättern mischen – abschmecken – kalt stellen

Hausgemachte Früchtemilch

Nährwerte pro 100 ml
Energie 70 kcal / 293 kj
Fett 2,11 g
Proteine 2,71 g
Kohlenhydrate 9,60 g
Salzgehalt 0,10 g

Zutaten für 1 Liter
140 g Banane
240 g Jogurt natur
240 g Vanillesauce BR
240 g Milch
70 g Himbeeren – TK
30 g Pfirsichhälften gezuckert – Dose
60 g Ananas gewürfelt – Dose
30 g Zitronensaft
5 g Birnendicksaft

Vorbereitung:
Basisrezeptur zubereiten
Bananen schälen
Himbeeren antauen lassen

Zubereitung:
1. Alle Zutaten zusammen in ein großes Gefäß füllen – mixen – abschmecken – gut durchkühlen lassen
2. Vor dem Servieren nochmals aufmixen

Die Himbeeren bewirken neben der Säure auch eine rosa Farbe. Dadurch wird das Getränk von den jungen Leuten besser angenommen.

Nussiger Müsli-Riegel

Nährwerte pro 1 Portion
Energie 301 kcal / 1259 kj
Fett 21,01 g
Proteine 8,45 g
Kohlenhydrate 18,35 g
Salzgehalt 0,04 g

Zutaten für 10 Portionen
100 g Mandeln gehobelt
70 g Kürbiskerne
60 g Sonnenblumenkerne
60 g Haselnüsse ganz
60 g Rosinen
70 g Dörraprikosen
40 g Dörrpflaumen
80 g Sahne
20 g Pistazien
30 g Kokoschips Bio
70 g Haferflockencrunchies
3 g Zimt gemahlen
50 g Eiklar
30 g Kristallzucker
15 g Honig
30 g Dinkel-Vollkornmehl
20 g Reiswaffeln

Vorbereitung:
Aprikosen und Pflaumen grob hacken – mit der Sahne vermischen, bis sich die Stücke voneinander lösen – Crunchies, Haselnüsse, Kokoschips, Kürbiskerne, Pistazien und Reiswaffeln grob hacken

Zubereitung:
1. Alle Zutaten vermischen
2. Die Masse gleichmäßig auf ein mit Backpapier belegtes Blech streichen – mit einem Backpapier belegen und mit dem Nudelholz flach rollen
3. Das Obere Backpapier wieder entfernen und im Backofen bei 180 °C Heißluft ca. 10 Min. backen, bis die Oberfläche schön braun ist
4. Etwas auskühlen lassen – auf ein Brett herunterziehen – mit einem scharfen Messer in kleine Portionen schneiden

Starkes Kokospuscherl

Nährwerte pro 100 g
Energie 156,9 kcal / 656 kj
Fett 7,26 g
Proteine 3,97 g
Kohlenhydrate 18,18 g
Salzgehalt 0,11 g

Zutaten für 1 Kilogramm
190 g Dinkel-Vollkornmehl
60 g Haselnüsse gerieben
1 g Meersalz fein
60 g Kokosflocken
30 g Erdmandelflocken
0,5 g Vanilleschote gemahlen
0,5 g Zimt gemahlen
610 g Wasser
12 g Honig
40 g Sahne

Vorbereitung:
Alle Zutaten abwiegen.

Zubereitung:
1. Alle trockenen Zutaten vermengen
2. Kaltes Wasser in einen Topf gießen – Mehlgemisch mit dem Schneebesen einrühren, unter ständigem Rühren aufkochen lassen
3. Mit Honig süßen und mit Sahne vollenden, kurz ziehen lassen
4. In vorgewärmten Porzellanschalen anrichten.

Knuspriges Knäckebrot

Das Rezept für das »Knusprige Knäckebrot« entnehmen Sie bitte aus den Basisrezepturen »Brotrezepte« auf Seite 22.

Fruchtiger Eistee

Hausgemachte Früchtemilch

Nussiger Müsli-Riegel

Starkes Kokospuscherl

SÜSS

152 Topfencrème mit Biskotten

154 Luftig leichte Stracciatellacrème

156 Schoko-Birnen-Crème

158 Unwiderstehlicher Grießflammerie mit Sauerkirschen

160 Fruchtige Apfel-Kiwi-Nachspeise

162 Frisches Fruchtjoghurt mit Mango
Frischer Topfen – Frische Früchte

164 Omas Apfelküchle

166 Topfenauflauf der Extraklasse mit Bio-Vanillesauce

168 Zarte Topfenknödel auf frischem Früchtemark

170 Schokoladekuchen mit Apfelmus

SPEISEN

Topfencrème mit Biskotten

Nährwerte pro 1 Portion
Energie 528 kcal / 2209 kj
Fett 36,06 g
Proteine 8,31 g
Kohlenhydrate 39,79 g
Salzgehalt 0,49 g
Alkohol 0,26 g

Zutaten für 10 Portionen
500 g Quimiq
250 g Topfen
250 g Milch
80 g Kristallzucker
40 g Vanillezucker
500 g Sahne
166 g Orangensaft
8 g Orangenlikör
1 g Orangenschale gerieben
44 Stk. Biskotten

Vorbereitung:
Orange abreiben – auspressen
Orangensaft mit Orangenschale aufkochen – ca. 50 % bei schwacher Hitze reduzieren lassen – auskühlen lassen

Zubereitung;
1. Quimiq im Rührkessel mit dem Schneebesen glatt rühren
2. Topfen, Milch, Kristallzucker und Vanillezucker dazugeben – kurz durchmixen, bis die Masse schön cremig ist
3. Sahne aufschlagen und unterheben
4. Reduzierten Orangensaft mit etwas Orangenlikör mischen
5. Die Biskotten ganz kurz darin einweichen und schichtweise mit der Crème in eine Schüssel legen

Tipp: Ideal ist eine dünne Schicht Crème, eine Schicht Biskotten, eine Schicht Crème, eine Schicht Biskotten, eine Schicht Crème. Vor dem Servieren mit Kakaopulver bestreuen. Statt Orangensaft können Sie auch Kaffee und Kaffeelikör verwenden. Oder Apfelsaft, Orangensaft und Zitronensaft. Ganz fein schmeckt die Topfencrème mit passierter Erdbeer- oder Himbeersauce.

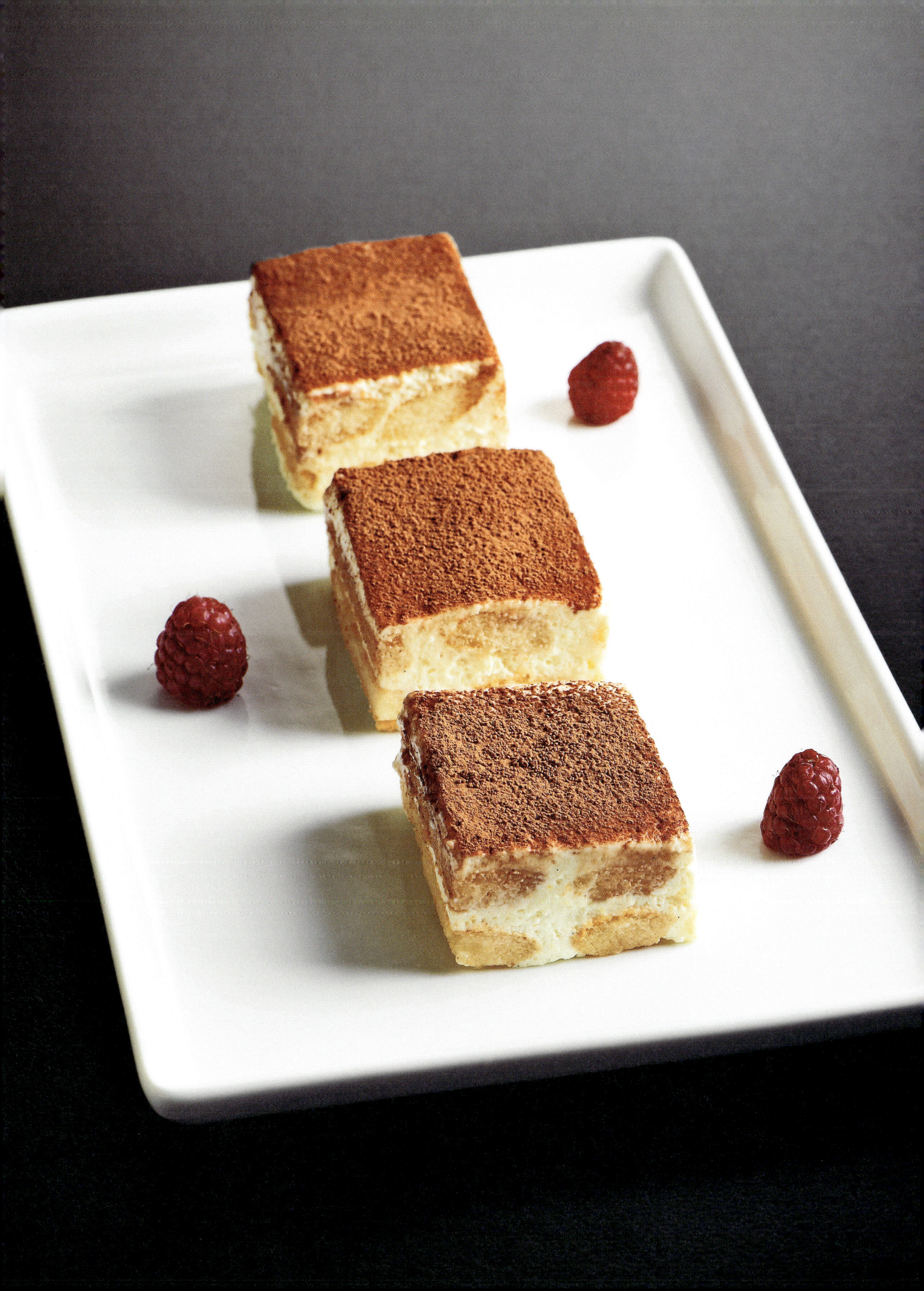

Luftig leichte Stracciatellacrème

Nährwerte pro 1 Portion
Energie 155 kcal / 649 kj
Fett 10,25 g
Proteine 5,23 g
Kohlenhydrate 9,80 g
Salzgehalt 0,07 g

Zutaten für 10 Portionen
500 g Topfen
83,3 g Sauerrahm
20 g Limettensaft
200 g Apfelmus BR
33 g Kokosflocken
100 g Sahne
33,3 g Kochschokolade

Vorbereitung:
Kochschokolade in kleine Stücke hacken
Limetten auspressen
Sahne in einem gekühlten Schneekessel aufschlagen – kühl stellen

Zubereitung:
1. Topfen mit Sauerrahm glatt rühren
2. Limettensaft, Apfelmus und Kokosflocken beimengen – gut verrühren
3. Aufgeschlagene Sahne gleichzeitig mit den Schokostücken unterheben
4. Mit einem Spritzsack mit Sterntülle in ein Glas spritzen
5. Mit frischen Früchten, Apfelmus oder gerösteten Nüssen garnieren

Viel Spaß beim Zubereiten und Genießen!

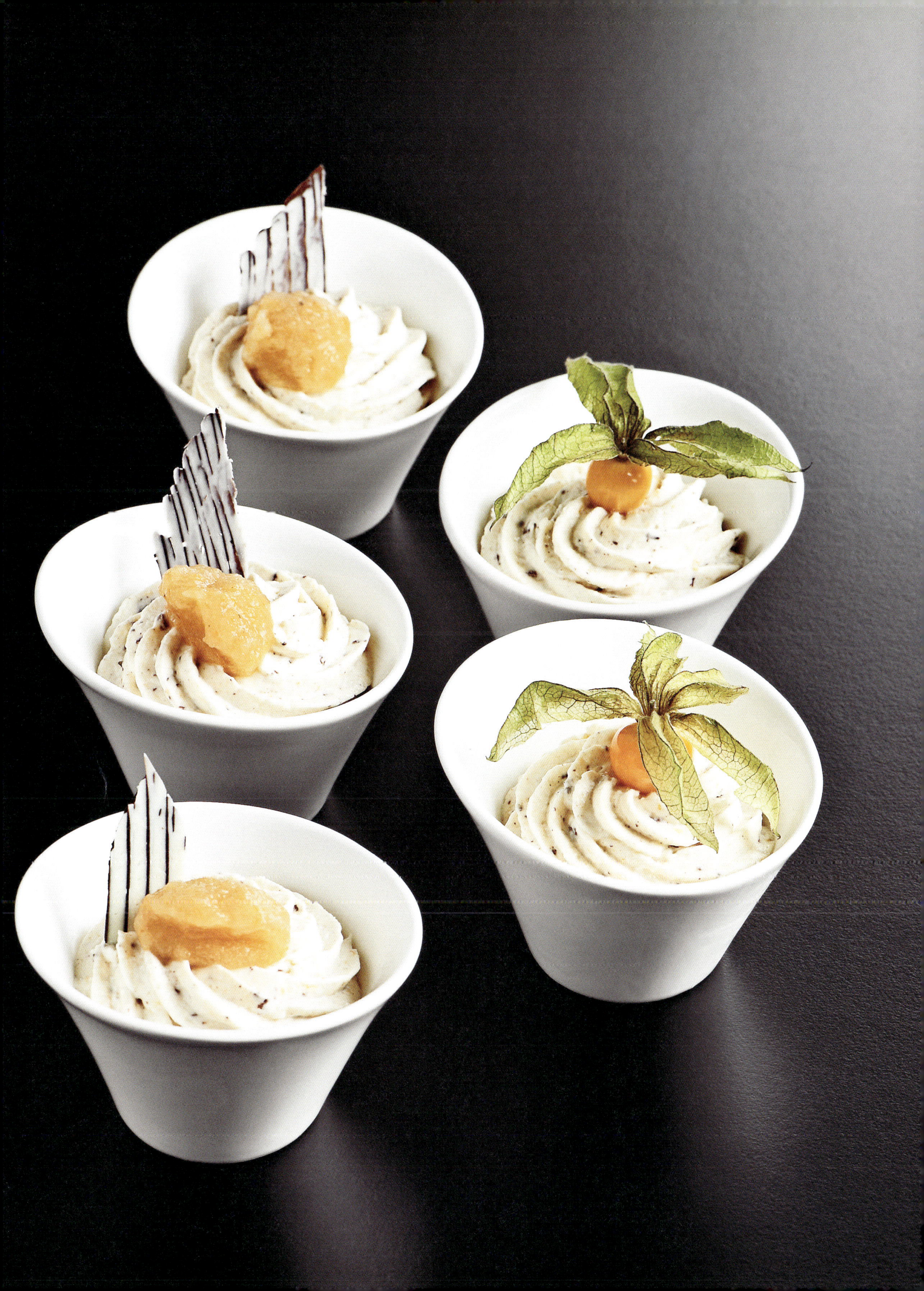

Schoko-Birnen-Crème

Nährwerte pro 1 Portion
Energie 277 kcal / 1159 kj
Fett 13,21 g
Proteine 13,79 g
Kohlenhydrate 24,37 g
Salzgehalt 0,21 g

Zutaten für 10 Portionen
800 g Milder Bio-Topfen – 40 % Fett
220 g Birne aus der Dose
20 g Birnensaft aus der Dose
130 g Banane
270 g Sahne

Ganache
100 g Couverture dunkel (Schokolade mit mind. 50 % Kakaoanteil)
60 g Sahne

Vanillepudding
270 g Milch
20 g Bio Puddingpulver Vanille o. Farbstoffe
36 g Honig
0,5 g Salz
20 g Vanillezucker mit gem. Vanilleschoten

Vorbereitung am Vortag:
Ganache
Couverture klein hacken – in eine Schüssel geben – über Dampf langsam erwärmen bis sich die Schokolade ganz aufgelöst hat (Vorsicht: nicht zu heiß) – Sahne hinzufügen – rühren bis sich eine homogene Masse ergibt – bei Zimmertemperatur auskühlen lassen.

Pudding
Puddingpulver in 1/3 der Milch kalt auflösen.
Die restliche Milch mit dem Honig, Vanillezucker und dem Salz in einem Topf unter ständigem Rühren zum Kochen bringen.
Das aufgelöste Puddingpulver unter ständigem Rühren mit dem Schneebesen in die heiße Milch gießen.
Ca. 1 Min. leicht köcheln lassen – dabei ständig rühren, damit der Pudding nicht anbrennt.
In ein kaltes Gefäß umfüllen.
Mit Klarsichtfolie abdecken – dabei die Folie direkt auf den Pudding legen. So entwickelt sich keine Haut.

Vorbereitung am Zubereitungstag:
Banane schälen – in Würfel schneiden – cremig mixen
Birnen mit etwas Saft ebenfalls cremig mixen
Sahne steif schlagen – kühl stellen

Zubereitung:
1. Topfen mit dem Pudding, dem Birnenpüree und dem Bananenpüree glatt rühren
2. Schokoladeganache hinzufügen – glatt rühren
3. Steif geschlagene Sahne unter die Masse heben
4. Mit einem Spritzsack durch eine Sterntülle in Gläser abfüllen – kühl stellen

Notizen: *Was sich neckt, das liebt sich. Topfen enthält Säure. Etwas Saures in einer Schokoladencrème ist nicht sehr bekömmlich. Entgegen unserer Philosophie, möglichst wenig Salz für unsere Gerichte zu verwenden, brauchen wir für diese Crème etwas Salz, um den Ausgleich zwischen Topfen und Schokolade zu schaffen.*

Tipp: *Topfen wird durch weniger Kulturzugabe, höheren Wassergehalt und höheren Fettgehalt bei der Herstellung milder im Geschmack. Milder Topfen eignet sich vorzüglich für dieses Rezept.*

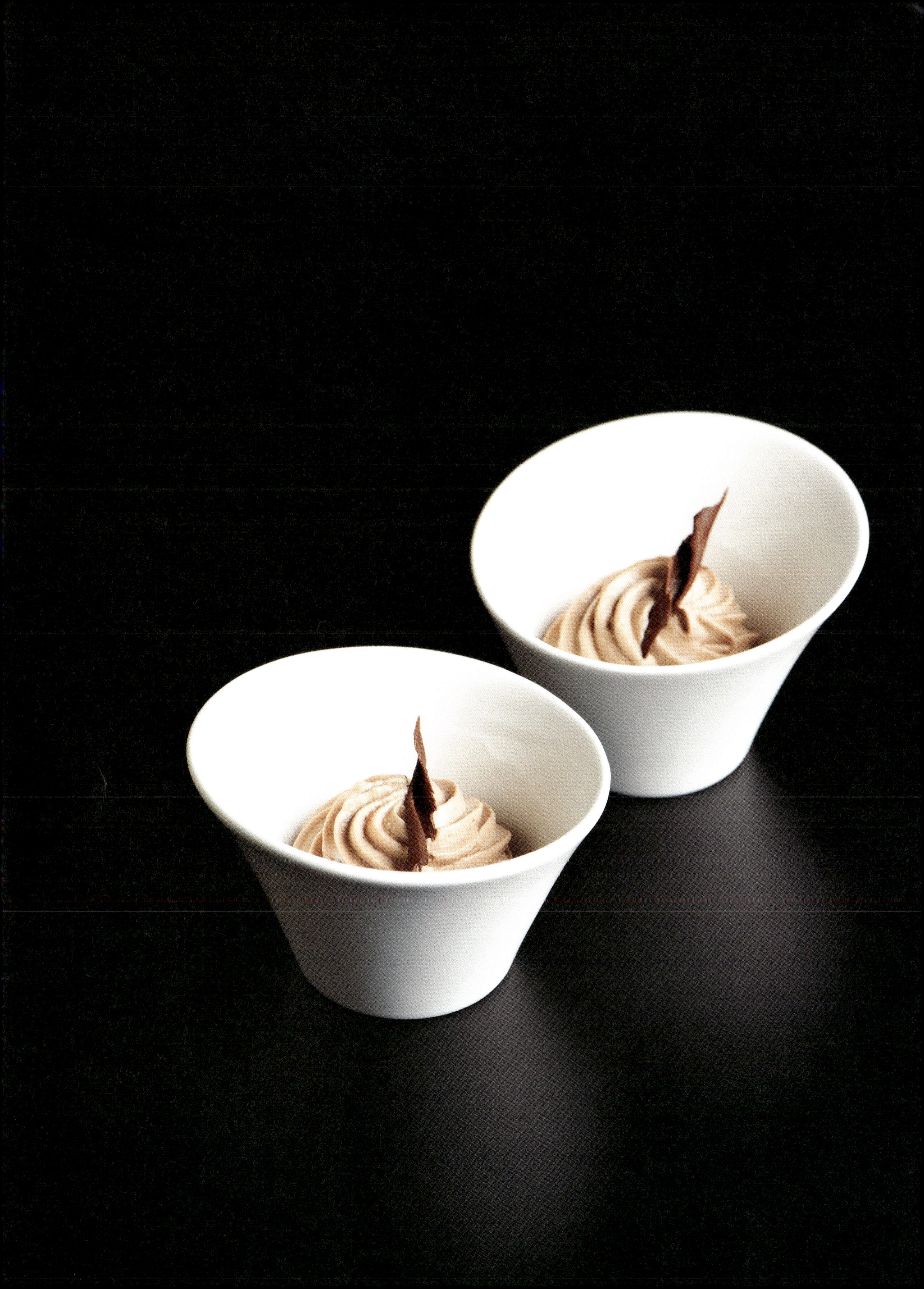

Unwiderstehlicher Grießflammerie mit Sauerkirschen

Nährwerte pro 1 Portion
Energie 291 kcal / 1218 kj
Fett 16,22 g
Proteine 5,00 g
Kohlenhydrate 29,93 g
Salzgehalt 0,13 g

Zutaten für 10 Portionen
400 g Milch
64 g Kristallzucker teilen
0,1 Stk Vanilleschote
0,2 g Meersalz fein
56 g Dinkelgrieß
30 g Eidotter
10 g Gelatineblätter
0,5 g Zitronenschale gerieben
40 g Eiklar
400 g Sahne
100 g Kokosflocken
20 g Kochschokolade
200 g Sauerkirschen TK
50 g Kristallzucker
5 g Maizena

Vorbereitung:
Bei diesem Rezept empfiehlt es sich, den Grießflammerie am Vortag herzustellen, damit die Masse schön fest wird.
Vanilleschote halbieren und auskratzen
Ei trennen
Dotter mit etwas Milch glatt rühren
Gelatine in kaltem Wasser einweichen
Sahne aufschlagen – kühl stellen
Schokolade fein hacken
Sauerkirschen in einem Topf zum Kochen bringen – Vorsicht am Beginn, damit sie nicht anbrennen – mit Zucker abschmecken – Maizena mit etwas kaltem Wasser anrühren – die Sauerkirschen damit leicht abbinden – auskühlen lassen

Zubereitung:
1. Milch mit der Hälfte Zucker, Vanilleschote, Vanillemark, Zitronenschale und Salz aufkochen
2. Durch ein grobes Sieb abseihen
3. Nochmals aufkochen lassen – vom Herd nehmen
4. Grieß einrühren – kurz aufkochen – vom Herd nehmen
5. Die Grießmasse in eine große Schüssel umfüllen
6. Milch-Dottergemisch in die noch heiße Grießmasse einrühren
7. Gelatine ausdrücken und in der warmen Grießmasse auflösen
8. Die Grießmasse kalt rühren bis die Gelatine zu binden beginnt
9. Während die Masse auskühlt, das Eiklar aufschlagen, bis es weiß ist – die restliche Hälfte Zucker dazugeben – steifschlagen
10. Aufgeschlagenes Eiweiß und aufgeschlagene Sahne in die erkaltete Grießmasse unterheben – abdecken – über Nacht kalt stellen
11. Am nächsten Tag Sauerkirschen in Gläser abfüllen – die Grießmasse mit einem Spritzsack und einer Sterntülle über die Kirschen spritzen
12. Kokosraspel mit der gehackten Schokolade mischen – darüberstreuen
13. Beliebig garnieren

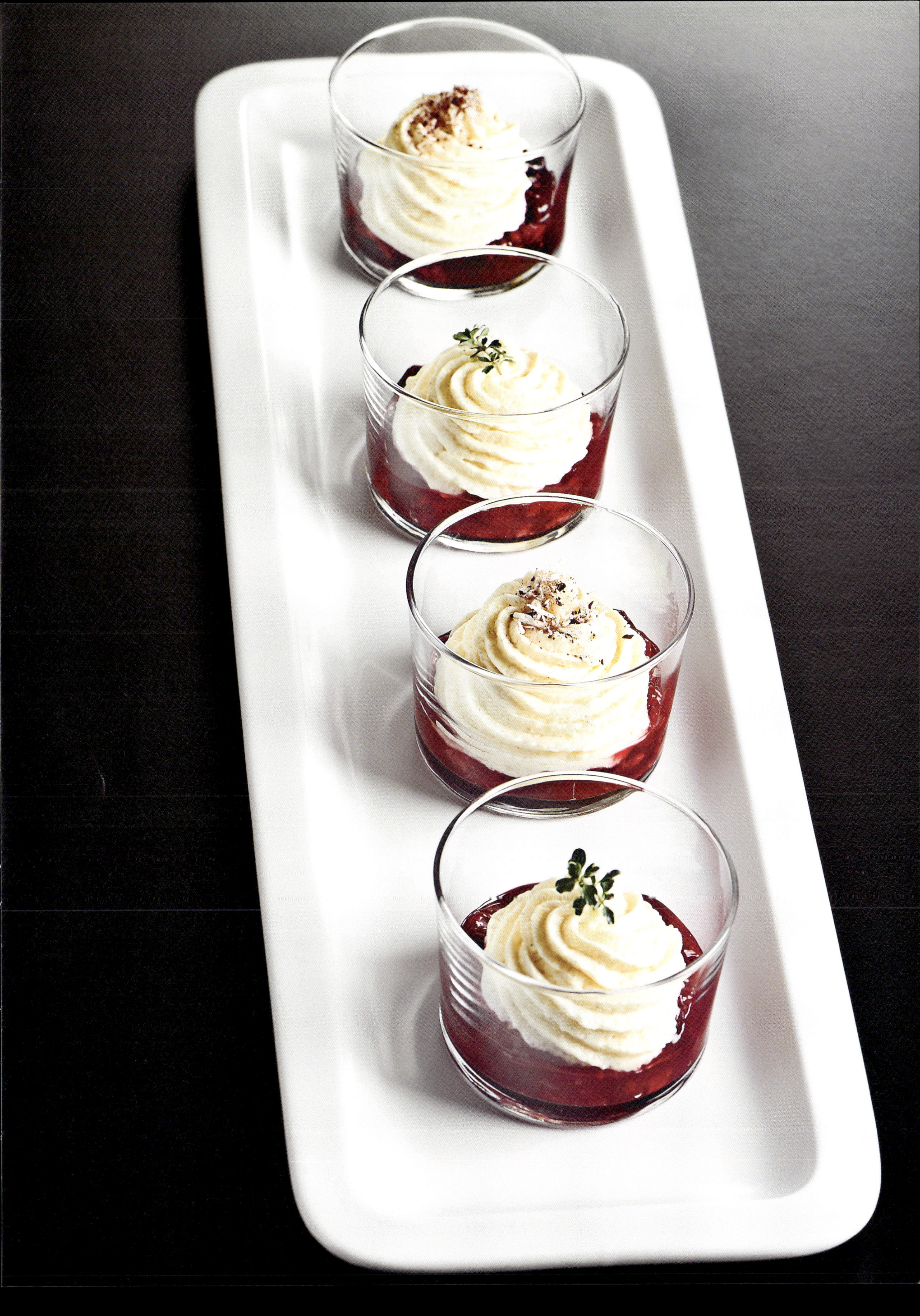

Fruchtige Apfel-Kiwi-Nachspeise

Nährwerte pro 1 Portion
Energie 120 kcal / 502 kj
Fett 3,94 g
Proteine 1,37 g
Kohlenhydrate 18,93 g
Salzgehalt 0,11 g
Alkohol 0,02 g

Zutaten für 10 Portionen
600 g Kiwi
600 g Apfel Elstar
5 g Zitronensaft
150 g Orangensaft
80 g Apfelsaft naturtrüb
10 g Rohrzucker
1 g Meersalz fein
1 g Vanilleschote gemahlen
5 g Maisstärke

Garnitur Apfelschaum
200 g Apfelmus BR
10 g Topfen
100 g Sahne

Vorbereitung:
Basisrezeptur zubereiten
Äpfel waschen – schälen – Strunk und Gehäuse entfernen
Äpfel leicht mit Zitronensaft beträufeln (gegen Braunfärbung)
Kiwi schälen
Orangen– und Apfelsaft aufkochen – abschmecken mit Zucker, einer Prise Salz und Vanille
Maisstärke mit etwas Apfelsaft aufrühren – leicht abbinden
Sauce auskühlen lassen

Garnitur:
Apfelschaum
Apfelmus mit Topfen glatt rühren – geschlagene Sahne unterheben – kühl stellen

Zubereitung:
1. Kiwi und Äpfel fein würfelig schneiden
2. Früchte mit der Orangen-Apfel-Sauce vermengen, nochmals abschmecken mit Zucker, einer Prise Salz und Vanille
3. In Gläser abfüllen
4. Mit Apfelschaum garnieren
5. Was Knuspriges oben drauf

Das Dessert ist ein Frischkost-Dessert mit hohem Vitamin-C-Gehalt.

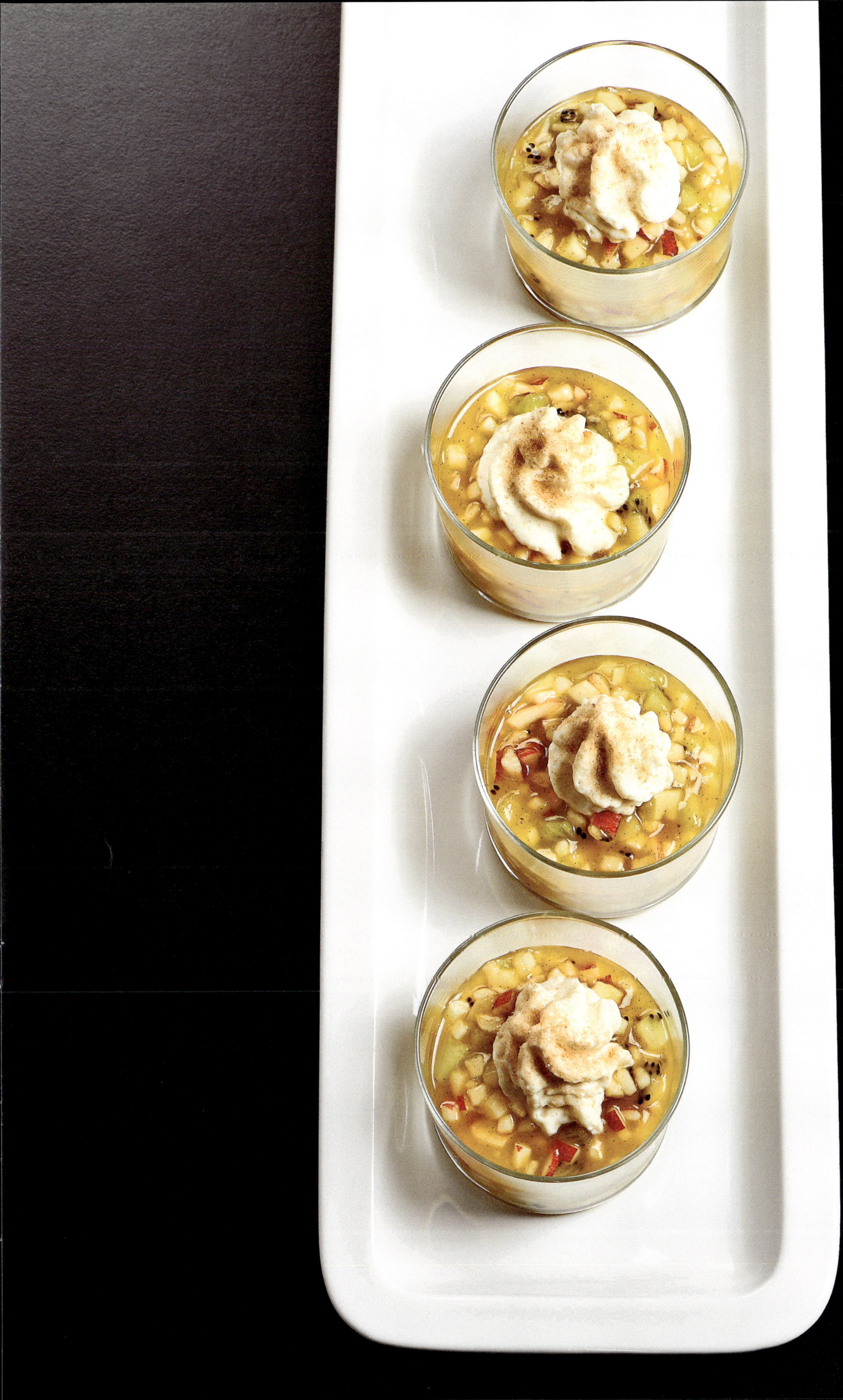

Frisches Fruchtjoghurt mit Mango
Frischer Topfen – Frische Früchte

Frisches Fruchtjoghurt mit Mango

Nährwerte pro 1 Portion
Energie 58 kcal / 243 kj
Fett 1,29 g
Proteine 2,84 g
Kohlenhydrate 8,30 g
Salzgehalt 0,11 g

Zutaten für 10 Portionen
800 g Jogurt natur
200 g Mangomark
150 g Mango frisch

Vorbereitung:
Mango schälen – entkernen – in kleine Würfel schneiden
Das Mangomark kaufe ich im Großhandel fertig ein
Vorteil: In Vollreife geerntet, nur 10 % Zuckeranteil

Zubereitung:
1. Joghurt mit Mangomark glatt rühren
2. Mangostücke hinzufügen
3. In Gläser abfüllen
4. Beliebig garnieren

Frischer Topfen – Frische Früchte

Nährwerte pro 1 Portion
Energie 165 kcal /690 kj
Fett 9,64 g
Proteine 5,88 g
Kohlenhydrate 12,97 g
Salzgehalt 0,07 g

Zutaten für 10 Portionen
Topfencrème
500 g Topfen
100 g Sauerrahm
30 g Zitronensaft
50 g Birnendicksaft
100 g Sahne

Früchte
400 g Erdbeeren – frisch
500 g Honigmelone
12 g Zitronensaft
6 g Birnendicksaft
20 g Mangomark
10 g Pfefferminze-Blätter

Vorbereitung:
Melonen schälen – halbieren – entkernen – in 1x1 cm große Würfel schneiden – mit Mangomark marinieren
Pfefferminze in Streifen schneiden
Erdbeeren waschen – Grün entfernen – vierteln
Sahne aufschlagen – kühl stellen

Zubereitung:
1. Topfen mit Sauerrahm, Zitronensaft und Birnendicksaft glatt rühren
2. Abschmecken
3. Geschlagene Sahne unterheben
4. Erdbeeren und Melone mit Zitronensaft und Birnendicksaft abschmecken – mit der Crème schichtweise in Gläschen füllen
5. Aus der Topfencrème mit einem heißen Löffel ein Nockerl stechen – über die Früchte legen
6. Geschnittene Minze darüberstreuen

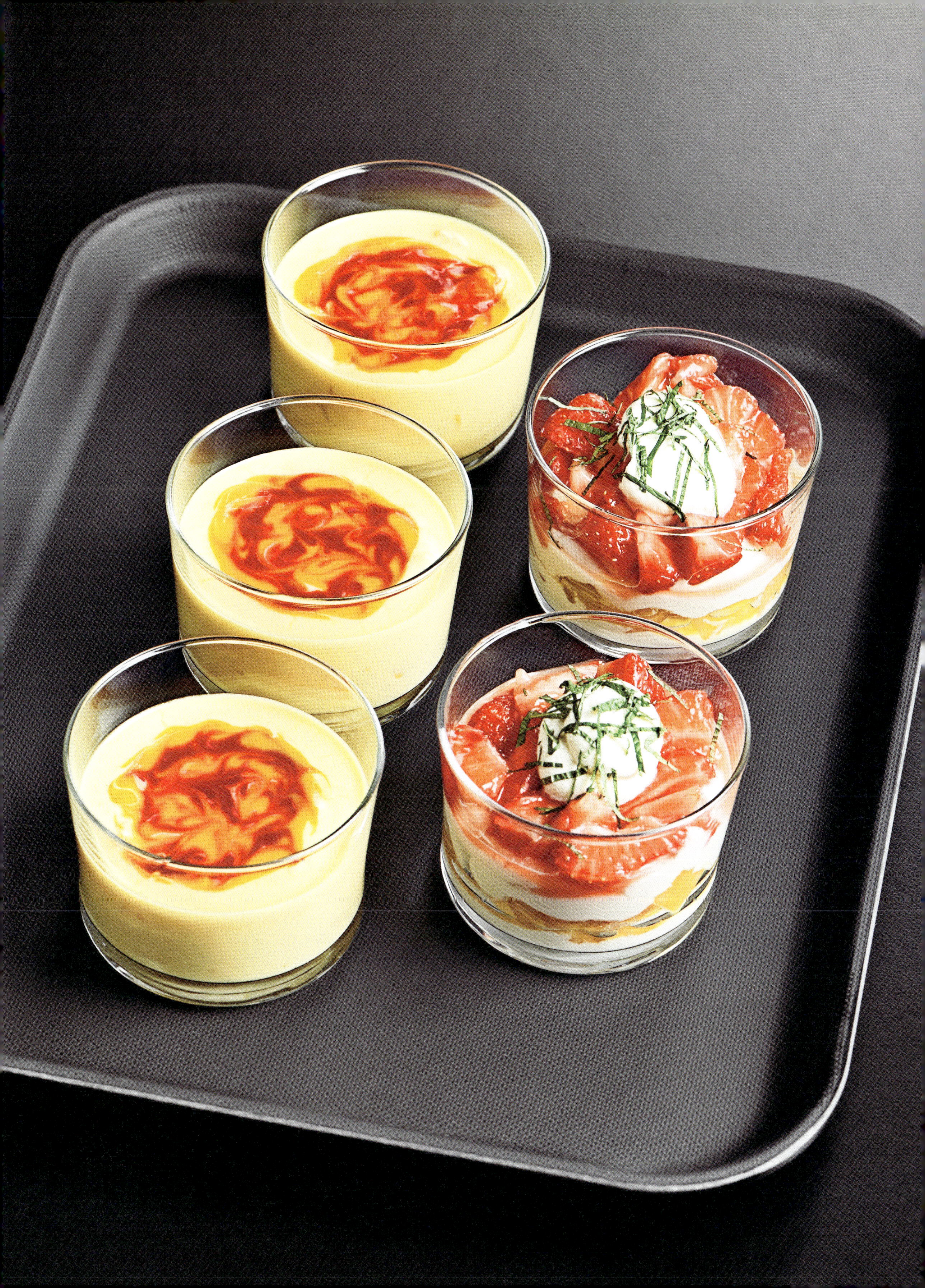

Omas Apfelküchle

Nährwerte pro 1 Stück
Energie 234 kcal / 979 kj
Fett 9,07 g
Proteine 6,62 g
Kohlenhydrate 30,22 g
Salzgehalt 0,28 g

Zutaten für 10 Stück
Apfelstücke
840 g Apfel – Boskop
16 g Zitronensaft
1 g Zimt gemahlen

Backteig
200 g Milch
140 g Mehl griffig
40 g Dinkel-Vollkornmehl
100 g Eidotter
16 g Sonnenblumenöl
2 g Meersalz fein
4 g Vanillezucker
140 g Eiklar
50 g Kristallzucker
50 g Haselnüsse gerieben

Zimtzucker
6 g Kristallzucker
1 g Zimt gemahlen

Vorbereitung:
Apfel schälen – entkernen – kleine Stücke schneiden – mit Zitronensaft beträufeln, damit die Äpfel nicht braun werden – mit Zimt marinieren
Milch, Mehl, Eidotter, Öl, Salz und Vanillezucker zu einem glatten Teig verrühren
Vor dem Backen – Eiweiß zu Schnee schlagen – mit Kristallzucker ausschlagen – Eischnee vorsichtig unter den Teig heben
Haselnüsse unterheben
Die marinierten Äpfel in den Teig geben – unterheben

Zubereitung:
1. Wenig Sonnenblumenöl in der Pfanne erhitzen, mit einem Schöpfer kleine Küchlein direkt in die heiße Pfanne gießen
2. Auf beiden Seiten hellbraun anbraten
3. Die Küchlein herausnehmen – auf einem Küchenpapier abtropfen lassen – in Zimtzucker wälzen
4. Mit Vanillesauce servieren

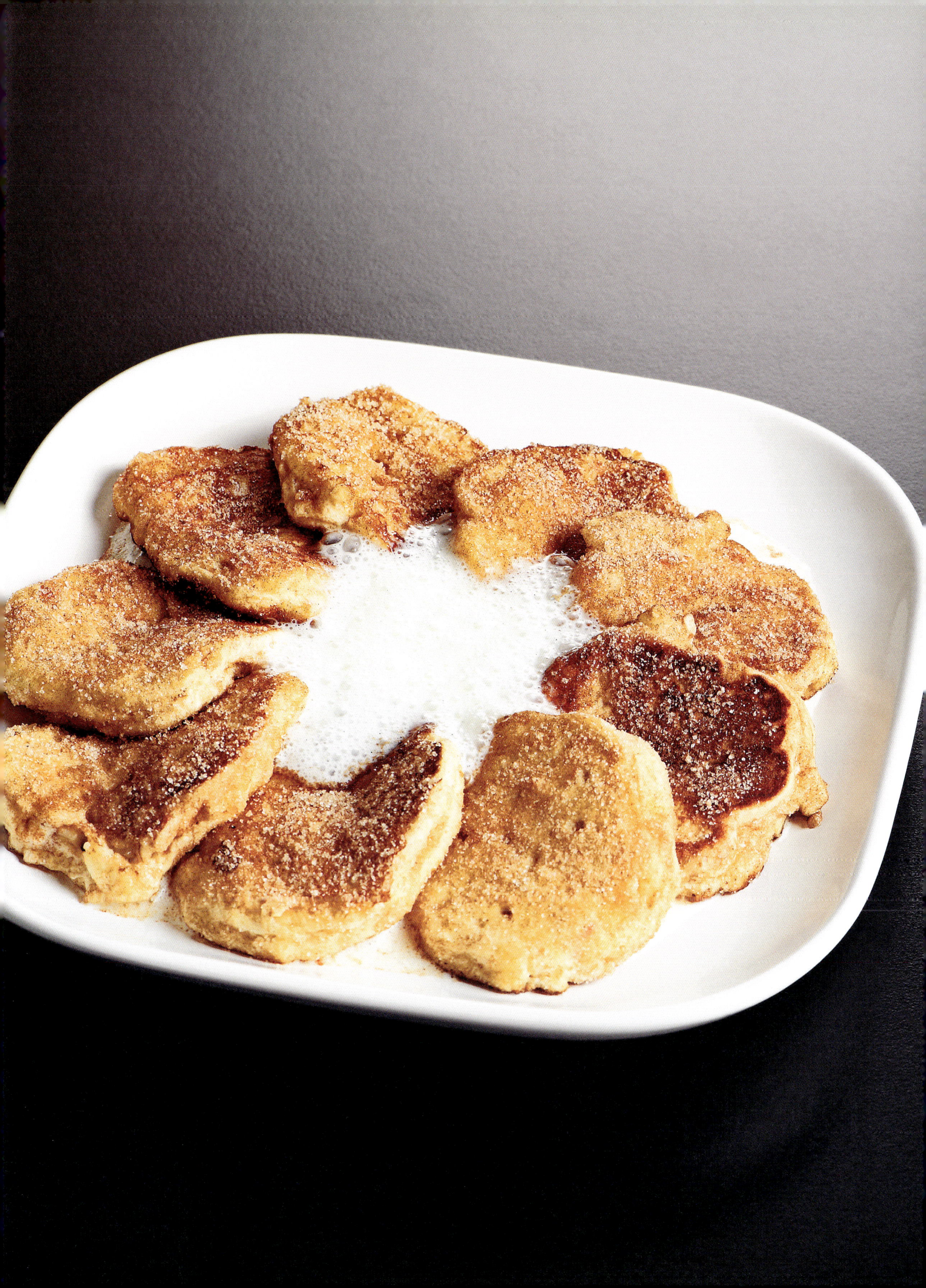

Topfenauflauf der Extraklasse mit Bio-Vanillesauce

Nährwerte pro 1 Portion
Energie 509 kcal /2130 kj
Fett 33,37 g
Proteine 16,25 g
Kohlenhydrate 33,72 g
Salzgehalt 0,14 g

Zutaten für 10 Portionen
255 g Butter
200 g Kristallzucker
130 g Eidotter
650 g Topfen
20 g Zitronensaft
130 g Haselnüsse gerieben
130 g Weizengrieß
200 g Eiklar

Vorbereitung:
Topfen auf Raumtemperatur bringen
Butter erweichen
Feuerfeste Formen mit Butter bestreichen – mit Brösel auskleiden

Zubereitung:
1. In einer Rührschüssel weiche Butter mit der halben Menge Zucker aufschlagen
2. Dotter nach und nach dazugeben – ca. 5 Min. mitschlagen (Abtrieb)
3. Topfen nach und nach dazugeben – kurz mitschlagen. Zwischendurch den Butter mit einer Gummispachtel vom Schüsselrand lösen!
4. Zitronensaft einrühren
5. Haselnüsse und Grieß in die Topfenmasse einarbeiten
6. Eiklar mit der zweiten Hälfte Zucker aufschlagen – darauf achten, dass die Masse steif geschlagen ist. Das Eiweiß in die Topfenmasse unterheben, bis keine Eiweißflocken mehr sichtbar sind
7. In die vorbereiteten Formen füllen
8. Im Backofen bei 150 °C Heißluft, reduzierte Lüfterleistung ca. 45 Min. backen
9. Mit dem Elektromesser in Portionen schneiden – mit Staubzucker bestreuen – mit Vanillesauce BR servieren

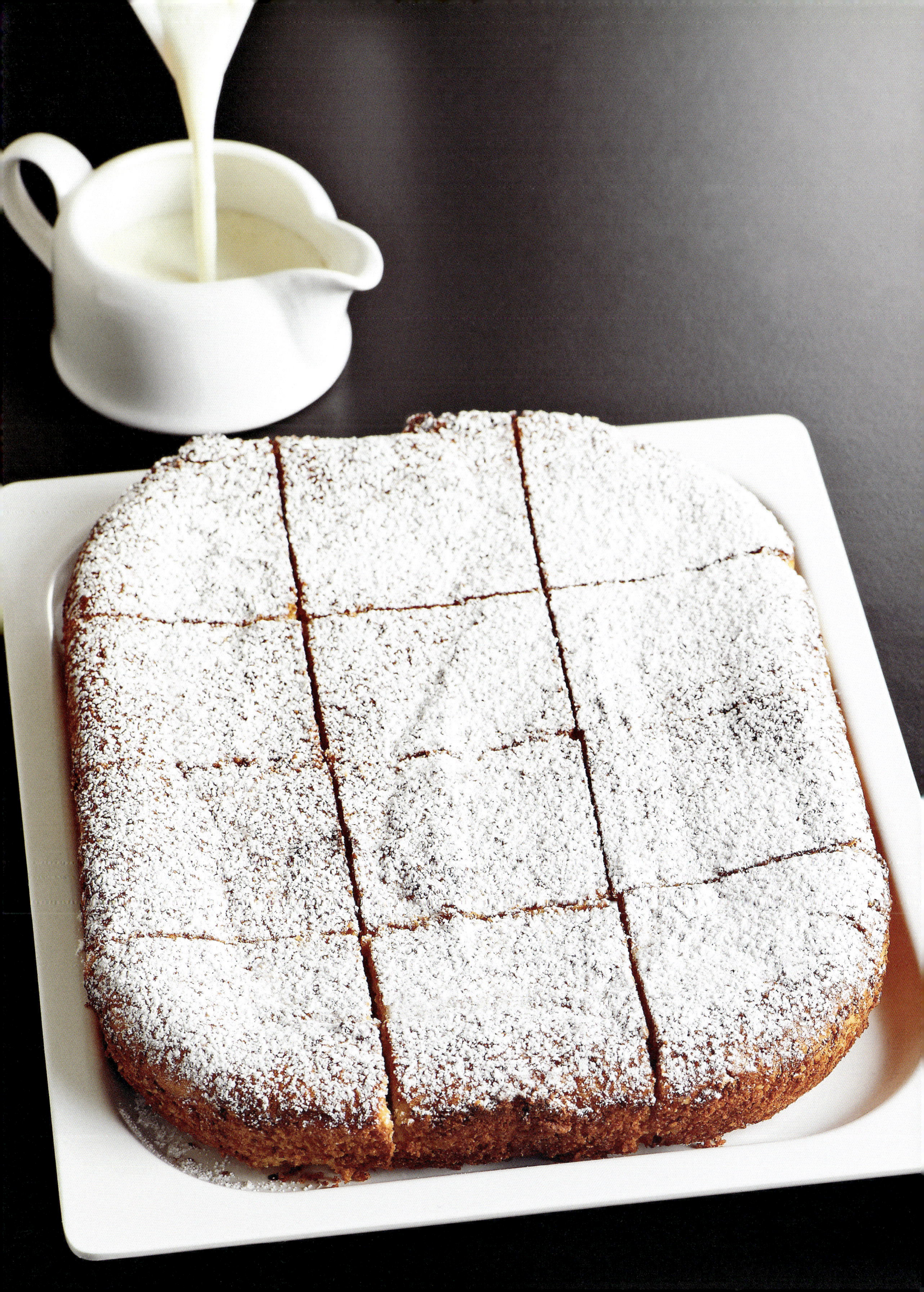

Zarte Topfenknödel auf frischem Früchtemark

Nährwerte pro 1 Stück
Energie 193 kcal / 808 kj
Fett 10,38 g
Proteine 6,69 g
Kohlenhydrate 17,36 g
Salzgehalt 0,16 g

Zutaten für 10 Stück
50 g Butter
0,5 g Zitronenschale gerieben
70 g Kristallzucker
10 g Vanillezucker
100 g Ei
480 g Topfen
80 g Semmelbrösel
25 g Dinkelmehl W 700

Vorbereitung:
Topfen auf Raumtemperatur bringen
Ei mixen
Semmelbrösel, Mehl und Zitronenschale mischen

Zubereitung:
1. Butter schaumig schlagen – mit Zucker und Vanillezucker ausschlagen
2. Ei nach und nach hinzufügen
3. Topfen nach und nach einarbeiten – dabei darauf achten, dass sich die Butter nicht am Schüsselrand absetzt – am Besten die Masse zwischendurch vom Schüsselrand lösen
4. Brösel–Mehlgemisch einarbeiten
5. Ca. 3 Stunden ziehen lassen
6. Mit dem Eisschöpfer Kugeln formen – darauf achten das die Kugeln rundherum geschlossen sind – und direkt in siedendes Salzwasser einlegen
7. Die Knödel ca. 15 Min. ziehen lassen – nach der halben Zeit mit dem Schaumlöffel über die Knödel streichen, sodass sie sich drehen, weitere 15 Min. ziehen lassen (keinesfalls kochen lassen!)
8. Herausnehmen – in ein Lochblech legen – mit Kokosnussraspel oder Butterbrösel bestreuen
9. Servieren

Tipp: Wenn der Topfen etwas mehr Wasser enthält als üblich, dann sollten Sie etwas mehr Semmelbrösel hinzufügen. In jedem Fall einen Probeknödel kochen.

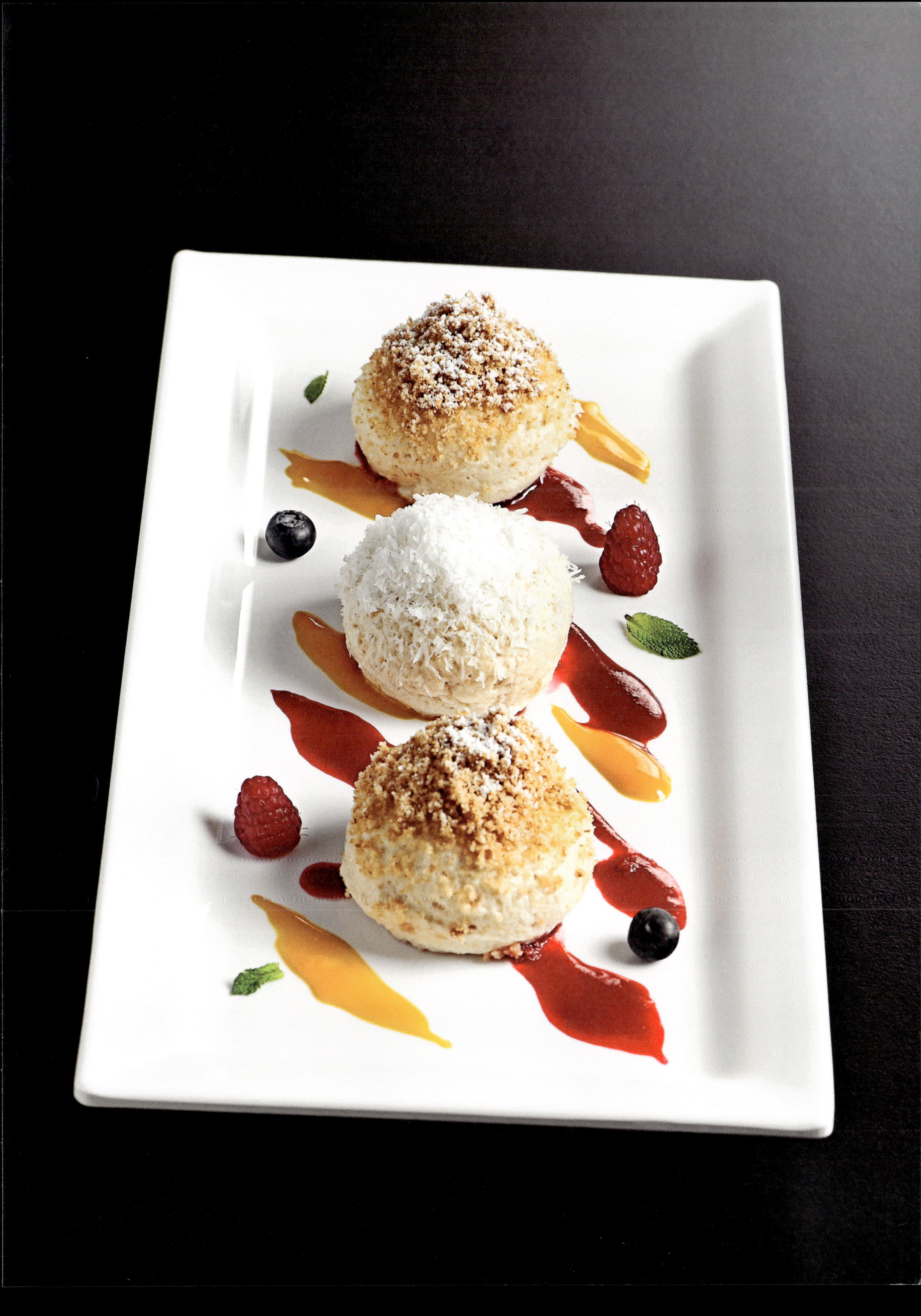

Schokoladekuchen mit Apfelmus

Nährwerte pro 1 Portion
Energie 415 kcal / 1736 kj
Fett 24,65 g
Proteine 10,03 g
Kohlenhydrate 36,45 g
Salzgehalt 0,08 g

Zutaten für 10 Portionen
220 g Eiklar
100 g Kristallzucker
30 g Vanillezucker
290 g Haselnüsse gerieben
1 g Kardamom gemahlen
1 g Zimt gemahlen

Belag
15 g Apfelmus BR
100 g Kristallzucker
100 g Eidotter
210 g Couvertüre dunkel
30 g Kaffee flüssig – Espresso

Vorbereitung:
Basisrezeptur zubereiten
Haselnüsse mit Zimt und Kardamom mischen
Couverture im Wasserbad erwärmen
Espresso auskühlen lassen

Zubereitung:
1. Eiweiß schlagen – mit Kristallzucker und Vanillezucker steif schlagen
2. Haselnüsse mit den Gewürzen unterheben
3. In eine Backform füllen
4. Im Backofen bei 175 C° Unter- und Oberhitze ca. 20 Min. backen
5. Kuchen überkühlen lassen

Belag:
1. Apfelmus, Zucker und Eidotter schaumig schlagen
2. Flüssige Schokolade und Espresso hinzufügen – glatt rühren
3. Auf den vorgebackenen Boden streichen
4. Nochmals 15 Min. backen
5. Auskühlen lassen und servieren

Tipp: Beim Belag wurde statt Butter für den Abtrieb Apfelmus eingesetzt. Probieren sie es einmal aus!

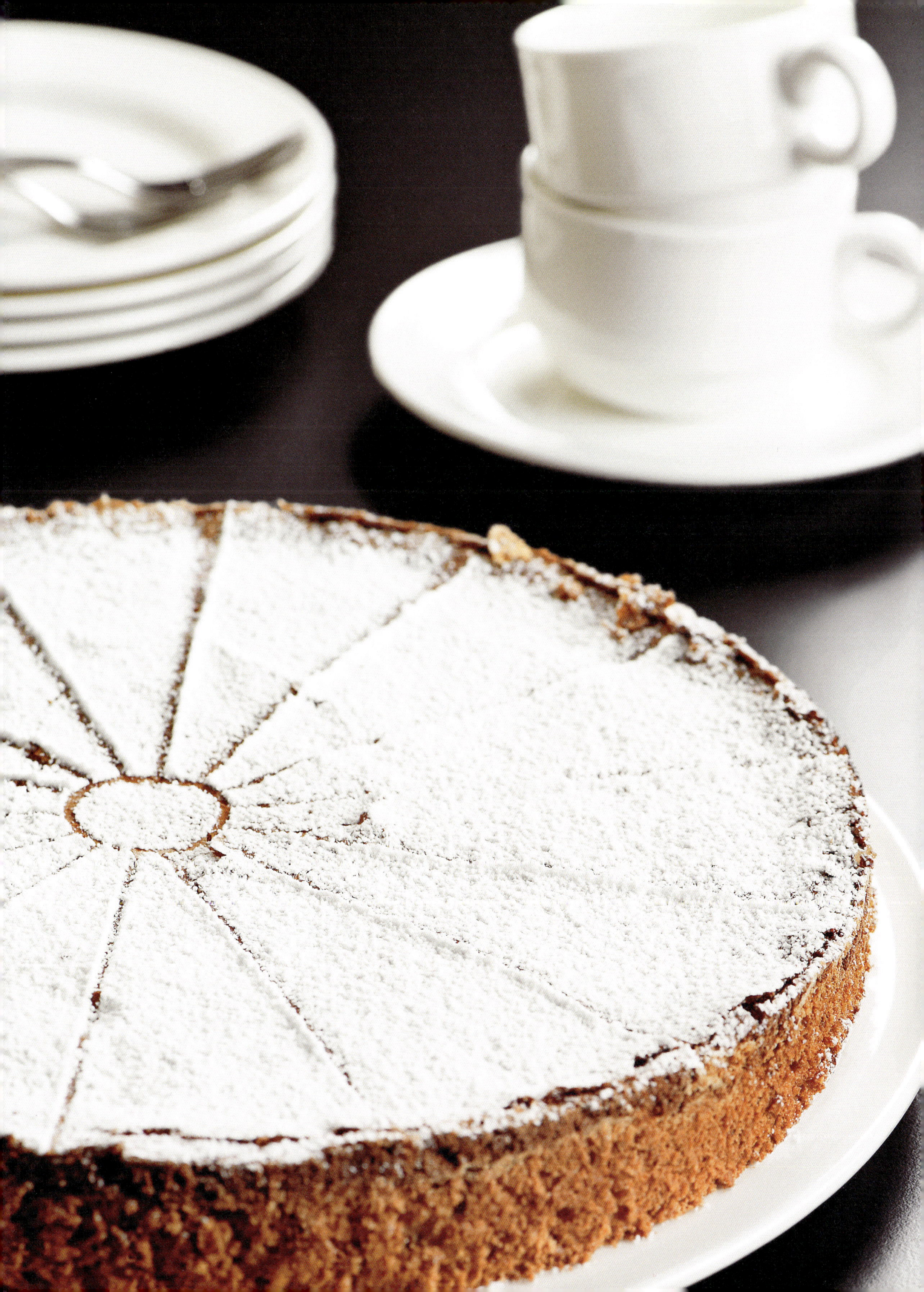

GEWÜRZ

| GEWÜRZKUNDE | 174-177 |

Abschmecken – Vier-Augen-Prinzip

Welches Gewürz passt zu welchem Gericht?

Verwendung von Gewürzen

| GEWÜRZMISCHUNGEN | 178-181 |

Beize zum Fischräuchern BR

Beize zum Schweinespeckräuchern BR

Beize zum Rindsspeckräuchern BR

Fischgewürz BR

Gewürzmischung Mediterran BR

Gewürzmischung Garam Masala BR

Gewürzmischung Griechisch BR

Gewürzmischung Gyros BR

Gewürzmischung Mexico BR

Spezialgewürzmischung BR

MISCHUNGEN

Abschmecken – Vier-Augen-Prinzip

Über Geschmack lässt sich bekanntlich streiten. Das gilt im Zusammenhang mit Speisen und Getränken im wahrsten Sinne des Wortes, denn jeder Mensch nimmt Gerüche und Geschmacksrichtungen unterschiedlich wahr. Dafür sind jüngsten Studien zufolge auch unsere Gene verantwortlich.

Damit das Essen trotz verschiedener Wahrnehmung bei den Gästen guten Anklang findet, bewährt es sich, jede Speise vor der Ausgabe nach dem Vier-Augen-Prinzip abzuschmecken.

Zum Abschmecken der Speisen sollten jeweils zwei Personen gewählt werden, die vorher nichts Süßes gegessen haben und nicht rauchen, denn beides beeinträchtigt das Geschmacksempfinden nachhaltig. Vor dem Kosten kaltes Wasser zu trinken, wirkt neutralisierend auf die Geschmacksnerven. Sobald sich die Kostprobe im Mund befindet, sollte die Speichelproduktion angeregt werden und sprichwörtlich „das Wasser im Mund zusammenlaufen". Passiert das nicht, so fehlt noch etwas für ein harmonisches und intensives Geschmackserlebnis. Nachwürzen und erneut probieren ist angesagt.

Für die geschmackliche Abrundung eignen sich u.a. frische Kräuter, passende Gewürze, Zitronensaft und auch scharfe Zutaten wie Chili oder Ingwer. Insbesonders eine dezente Schärfe kann das Geschmackserlebnis intensivieren und auch über die Mahlzeit hinaus verlängern.

Bei der Zubereitung von marinierten Gemüsesalaten sollten Sie unbedingt darauf achten, dass speziell stärkehaltige Salate die Marinade aufsaugen. Dadurch schmeckt der Salat nach einer halben Stunde mitunter fad. Deshalb unbedingt zuerst ziehen lassen, dann noch einmal abschmecken.

Welches Gewürz passt zu welchem Gericht?

Die Internatsküche hat sich von allen fertigen Gewürzmischungen verabschiedet und stellt diese nun selbst her. Zu diesem Zweck wurden die einzelnen Gewürze in weiße 1,5 Liter-Dosen umgefüllt und deutlich gekennzeichnet. Gewürze individuell zu mischen ist wesentlich preisgünstiger, jederzeit nachproduzierbar und bietet eine enorme geschmackliche Vielfalt.

Gewürze wirken appetitanregend, unterstützen die Verdauung, fördern die Durchblutung und vieles mehr. Das Wichtigste ist allerdings, dass sie unsere Speisen und Getränke geschmacklich bereichern und uns zu wahrem Genuss verhelfen. Beim Würzen gibt es nichts, was nicht zu einander passt! Lediglich die Dosierung der einzelnen Komponenten ist entscheidend und erfordert viel Fingerspitzengefühl. Beispielsweise wirken Vanille oder andere süßliche Gewürze wie Zimt, Piment aber auch Koriander und Ingwer – in untergeordneter Menge – ausgleichend und harmonisierend.

Damit Essen wieder zu einem echten Erlebnis wird, sollten die Gewürze vor der Zubereitung möglichst frisch gemahlen werden. Was mit dem Mörser viel Arbeit und Anstrengung bedeutet, geht mit einer alten Kornmühle ganz wunderbar.

„Slow down, slow down" – machen wir es doch wieder wie unsere Großmütter. Die Speisen langsam zubereiten, dann ziehen lassen. So gelangen die Gewürze zu ihrer vollen aromatischen Entfaltung und verströmen einen unwiderstehlichen Duft.

Kleine Faustregel für die Verwendung von Gewürzen

- Alle gefriergetrockneten Blattgewürze (Basilikum, Thymian, Oregano) am Schluss hinzufügen.

- Gewürze in körniger Form wie Koriander, Kreuzkümmel, Chili oder Senfkörner entfalten ihren Geschmack am besten, wenn sie vor dem Aufgießen kurz in Butterschmalz oder Öl mitgebraten werden.

Verwendung von Gewürzen

Gewürze	Gerichte	Verarbeitung
Basilikum gefriergetrocknet	Saucen, Geflügel	mitkochen
Basilikum frisch	Mediterrane Küche, Tomaten, Gemüse, Salate, Aufstriche, Teigwaren, Pesto, Fisch, Krustentiere, Desserts	kurz vor dem Servieren hinzufügen
Beifuß gefriergetrocknet	Fettreiche Speisen, Schwein, Hammel, Ente und Weihnachtsgans	mitkochen
Bertram gemahlen	Suppen, Saucen	mitkochen
Bohnenkraut gefriergetrocknet	Fettreiche Speisen, Bohnen und andere Hülsenfrüchte, Fleisch, Fisch, Saucen, Gemüse, Kartoffeln, Eintöpfe, Suppen. Harmoniert mit Rosmarin zu Lamm.	mitkochen
Chili geschrotet	Chili ist ein Alleskönner und würzt Fleisch, Fisch, Geflügel, Suppen, Saucen, Salate sowie Beilagen	in der Mühle mahlen, kurz mitbraten
Curcuma gemahlen	Saucen, Gewürzmischungen, Kürbissuppe, Reisgerichte	kurz mitbraten
Curry gemahlen	Verträgt sich bei Geflügelgerichten mit Ingwer, bei Süßspeisen mit Kardamom und Zimt, passt zu Orangenschale, Zitronensaft, Ananas und Bananen	kurz mitbraten
Dill gefriergetrocknet	Suppen, kalte Saucen, Rohkost, Salate, insbesondere Gurkensalat	kurz mitkochen
Dill frisch	Garnitur zu Fisch und bei kalten Buffets	kurz vor dem Servieren hinzufügen
Estragon gefriergetrocknet	Salate, Suppen, Saucen, Krustentiere, Gemüse, Essig	mitkochen
Fenchelsamen ganz	Rotkraut, Suppen, Brotbacken, Fleisch, Geflügel, Fisch, Gemüse, Schmorgerichte, asiatische Küche	in der Mühle mahlen und kurz mitbraten
Galgant gemahlen	Thailändische Küche	kurz mitbraten
Ingwer frisch	Süßes und Salziges, Fisch und Meeresfrüchte, Ingwertee, asiatische Gerichte	frisch hacken
Kardamom gemahlen	Asiatische Küche, süße Küche, Fisch, Fleisch und Kaffeezusatz	mitkochen
Knoblauch frisch	Gekochtes, Geschmortes, Gebratenes, fettreiche Speisen, Mittelmeerküche, Tomatengerichte, Suppen	Mit Olivenöl zu einer Paste püriert längere Zeit im Kühlschrank haltbar und immer verfügbar
Koriander ganz	Fleisch, Fisch, Brot, Saucen	in der Mühle mahlen und kurz mitbraten
Kreuzkümmel ganz	Arabische, orientalische und indische Küche, Saucen, Gulasch,	in der Mühle mahlen und kurz mitbraten

Gewürze	Gerichte	Verarbeitung
Kümmel ganz	Saucen, Salaten, Brot, Braten, Sauerkraut, Gröstel	ganz verwenden oder im Mörser zerkleinern und mitkochen
Liebstöckl frisch	Suppen, Schmorgerichte	mitkochen
Lorbeer getrocknet	Suppen, Saucen, Wildgerichte, Sauerkraut, Schmorgerichte	mitkochen
Majoran gefriergetrocknet	Kartoffelgerichte, Mediterrane Küche, Gulasch, Saucen, Hackfleisch-Gerichte	mitkochen
Muskat gemahlen	Teigwaren, Suppen, Saucen, Geflügel, Nudelgerichte	mit Gefühl dosieren, mitkochen
Nelken ganz	Reis, Glühwein, Eingemachtes, Kompotte, Suppen, gemahlen in Süßspeisen	ganz verwenden oder im Mörser zerkleinern, mitkochen
Oreganom gefriergetrocknet	Mediterrane Küche, Saucen, Pizza, überbackene Baguettes, Tomatengerichte, Fleisch, Fisch, Geflügel, Hackfleischstrudel	mitkochen
Paprika gemahlen	Gulasch, Aufstriche, Saucen	kurz mitbraten
Petersilie frisch	Suppen, Saucen, Aufstriche, Gemüse, Salate	Kurz vor dem Servieren, vielseitig als Vollendung oder Garnitur verwendbar
Pfefferkörner ganz	Saucen, Gewürzmischungen, Suppen	in der Mühle zerkleinern, mitkochen
Piment ganz	Marinaden von Wild, Rindfleisch, Fisch, Suppen, Gewürzmischungen	im Mörser zerkleinern, mitkochen
Rosmarin frisch	Kräuteröl, Fleischgerichte, Saucen, Schmorgemüse, Rosmarinrösti	kurz mitbraten
Schnittlauch frisch	Aufstriche, Suppen, Garnitur für kalte Buffets	schneiden, kurz vor dem Servieren
Senfkörner ganz	Marinaden, Beizen, scharfe Saucen, Senf	in der Mühle zerkleinern, kurz mitbraten
Sternanis ganz	Suppen	mitkochen
Thymian gefriergetrocknet	Fleischgerichte, Mediterrane Küche, Schmorgemüse, Topfencrème, Pilze, Kartoffeln, Fisch	mitkochen
Vanilleschotenpulver	Vanillekarotten, Süßspeisen, Kuchen, Eis, Kompotte	mitkochen
Wacholder ganz	Wildgerichte, Saucen, Suppen, Fleischgerichte, Sauerkraut, Rote Beete	mit dem Messer hacken, mitkochen
Zimt gemahlen	Süßspeisen, Hackfleischsauce, Schmorgerichte	kurz mitbraten

Gewürzmischungen

Beize zum Fischräuchern BR

Nährwerte pro 100 g
Energie 1,2 kcal / 5 kj
Fett 0,01 g
Proteine 0,04 g
Kohlenhydrate 0,22 g
Salzgehalt 79,25 g

Zutaten für 1 Kilogramm
2 g Rosmarin frisch
2 g Thymian frisch
3 g Zitronenschale gerieben
820 g Meersalz fein
170 g Rohrzucker
2 g Wacholderbeeren – frisch hacken
2 g Pfeffer weiß – frisch mahlen

Vorbereitung:
Rosmarin und Thymian abrebeln – fein hacken

Zubereitung:
Alle Zutaten gut vermengen

Fischgewürz BR

Nährwerte pro 100 g
Energie 92,8 kcal / 388 kj
Fett 4,91 g
Proteine 4,00 g
Kohlenhydrate 7,73 g
Salzgehalt 73,47 g

Zutaten für 1 Kilogramm
90 g Koriander-Samen – frisch mahlen
30 g Curcuma-Bio
100 g Senfkörner – frisch mahlen
20 g Ingwer gemahlen
760 g Meersalz fein

Vorbereitung:
Alle Zutaten zusammenmischen
Darauf achten, dass die Gewürze möglichst fein gemahlen sind

Zubereitung:
1. Fisch leicht damit würzen
2. Anbraten
3. Servieren

Beize zum Schweinespeckräuchern BR

Nährwerte pro 100 g
Energie 227 kcal / 950 kj
Fett 16,02 g
Proteine 18,96 g
Kohlenhydrate 0,83 g
Salzgehalt 3,48 g

Zutaten für 1 Kilogramm Schweinehals
1000 g Schweinehals
35 g Meersalz fein
10 g Honig
1 g Wacholderbeeren
1 g Pfeffer schwarz – frisch mahlen

Vorbereitung:
Wacholder zerdrücken und ganz fein hacken
Pfefferkörner in der Mühle grob mahlen
Alle Zutaten miteinander vermischen

Zubereitung:
1. Das Fleisch mit der Beize kräftig einreiben – Vakuumieren – 6 Wochen bei 0-2 °C lagern
2. Fleisch auspacken – abwaschen – auf Gitter legen – 2 Tage bei 0-2 °C abtrocknen lassen
3. Im Abstand von 2 Tagen ca. 6 x kalt räuchern
4. Bei 13 °C Raumklima/60 % Luftfeuchtigkeit insektensicher trocknen lassen, bis das Gewicht um ca. 30 % abgenommen hat und der Speck schön fest ist
5. Bei geeignetem Sternzeichen in den Räucherschrank hängen (Waage, Zwilling und Wassermann)

Beize zum Rindsspeckräuchern BR

Nährwerte pro 100 g
Energie 117,9 kcal / 493 kj
Fett 2,83 g
Proteine 21,67 g
Kohlenhydrate 0,81 g
Salzgehalt 3,46 g

Zutaten für 1 Kilogramm Rindsschale
1000 g Rindsschale
35 g Meersalz fein
10 g Honig oder Zucker braun
0,6 g Wacholderbeeren
0,6 g Pfeffer schwarz – frisch mahlen

Vorbereitung:
Wacholder zerdrücken und ganz fein hacken
Pfefferkörner in der Mühle grob mahlen
Alle Zutaten miteinander vermischen

Zubereitung:
1. Das Fleisch mit der Beize kräftig einreiben – Vakuumieren – 6 Wochen bei 0-2 °C lagern
2. Fleisch auspacken – abwaschen – auf Gitter legen – 2 Tage bei 0-2 °C abtrocknen lassen
3. Im Abstand von 2 Tagen ca. 6 x kalt räuchern
4. Bei 13 °C Raumklima/60 % Luftfeuchtigkeit insektensicher trocknen lassen, bis das Gewicht um ca. 30 % abgenommen hat und der Speck schön fest ist
5. Bei geeignetem Sternzeichen in den Räucherschrank hängen (Waage, Zwilling und Wassermann)

Fischgewürz

Gewürzmischung Griechisch

Gewürzmischung Mexico

Gewürzmischung Garam Masala

Gewürzmischung Gyros

Gewürzmischung Mediterran

Spezialgewürzmischung

Beize zum Rindsspeck räuchern

Beize zum Fisch räuchern

Beize zum Schweinespeck räuchern

Gewürzmischungen

Gewürzmischung Mediterran BR

Nährwerte pro 100 g
Energie 26,2 kcal / 110 kj
Fett 0,72 g
Proteine 0,82 g
Kohlenhydrate 3,97 g
Salzgehalt 84,10 g

Zutaten für 1 Kilogramm
870 g Meersalz –fein
8 g Zitronenschalenpulver
30 g Thymian getrocknet
50 g Oregano getrocknet
16 g Rosmarin getrocknet
8 g Paprikapulver edelsüß
16 g Pfeffer schwarz – frisch mahlen
4 g Knoblauchpulver

Zubereitung:
Alle Zutaten miteinander vermischen

Gewürzmischung Garam Masala BR

Nährwerte pro 100 g
Energie 346,9 kcal / 1451 kj
Fett 13,48 g
Proteine 12,14 g
Kohlenhydrate 42,56 g
Salzgehalt 0,09 g

Zutaten für 1 Kilogramm
320 g Koriander–Samen – frisch mahlen
160 g Kreuzkümmel – frisch mahlen
80 g Pfeffer schwarz – frisch mahlen
80 g Piment gemahlen
80 g Zimt gemahlen
80 g Kardamom gemahlen
30 g Gewürznelken gemahlen
30 g Muskatnuss gemahlen
80 g Ingwer gemahlen

Vorbereitung:
Darauf achten, dass die Gewürze möglichst fein gemahlen sind.

Zubereitung:
Alle Zutaten miteinander vermischen

Gewürzmischung Griechisch BR

Nährwerte pro 100 g
Energie 55,2 kcal / 231 kj
Fett 0,89 g
Proteine 2,11 g
Kohlenhydrate 9,39 g
Salzgehalt 79,27 g

Zutaten für 1 Kilogramm
820 g Meersalz fein
60 g Knoblauchpulver
20 g Dill getrocknet
20 g Pfeffer weiß – frisch mahlen
20 g Oregano getrocknet
40 g Koriander-Samen – frisch mahlen
20 g Staubzucker

Vorbereitung:
Darauf achten, dass die Gewürze möglichst fein gemahlen sind – Staubzucker sieben

Zubereitung:
Alle Zutaten miteinander vermischen

Gewürzmischung Gyros BR

Nährwerte pro 100 g
Energie 77,1 kcal / 323 kj
Fett 1,17 g
Proteine 3,04 g
Kohlenhydrate 13,18 g
Salzgehalt 67,68 g

Zutaten für 1 Kilogramm
700 g Meersalz fein
84 g Thymian getrocknet
84 g Oregano getrocknet
14 g Chili geschrotet – frisch mahlen
92 g Knoblauchpulver
34 g Pfeffer schwarz – frisch mahlen

Zubereitung:
Alle Zutaten miteinander vermischen

Gewürzmischung Mexico BR

Nährwerte pro 100 g
Energie 309,9 kcal / 1297 kj
Fett 11,84 g
Proteine 13,71 g
Kohlenhydrate 35,61 g
Salzgehalt 0,08 g

Zutaten für 1 Kilogramm
8 g Chili geschrotet – frisch mahlen
330 g Kreuzkümmel – frisch mahlen
170 g Knoblauchpulver
200 g Oregano getrocknet
300 g Paprikapulver edelsüß

Vorbereitung:
Darauf achten, dass die Gewürze möglichst fein gemahlen sind

Zubereitung:
Alle Zutaten miteinander vermischen

Spezialgewürzmischung BR

Nährwerte pro 100 g
Energie 63,9 kcal / 267 kj
Fett 2,01 g
Proteine 2,74 g
Kohlenhydrate 8,40 g
Salzgehalt 76,37 g

Zutaten für 1 Kilogramm
790 g Meersalz fein
140 g Paprikapulver Rubino
15 g Knoblauchpulver
30 g Pfeffer weiß – frisch mahlen
6 g Thymian getrocknet
14 g Oregano getrocknet
3 g Rosmarin getrocknet – frisch mahlen

Vorbereitung:
Darauf achten, dass die Gewürze möglichst fein gemahlen sind

Zubereitung:
Alle Zutaten vermischen – in einer Moulinette mixen, damit sich die Zutaten gut miteinander verbinden

Das Multitalent

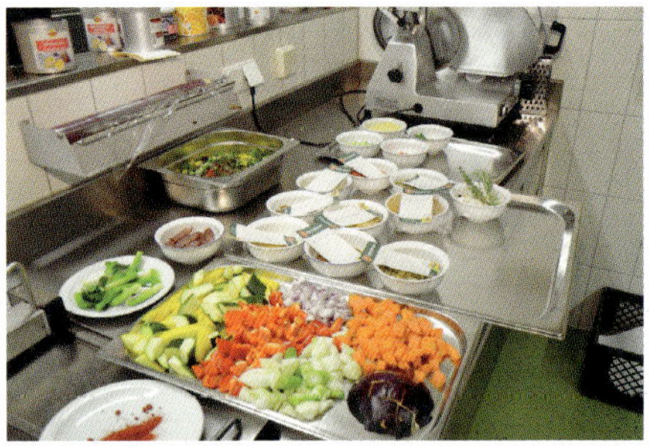
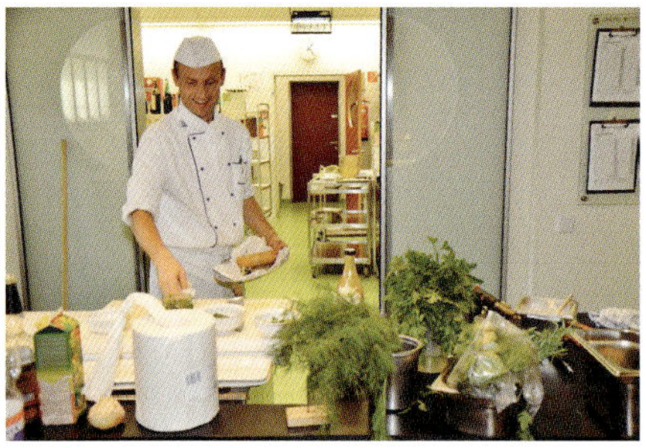
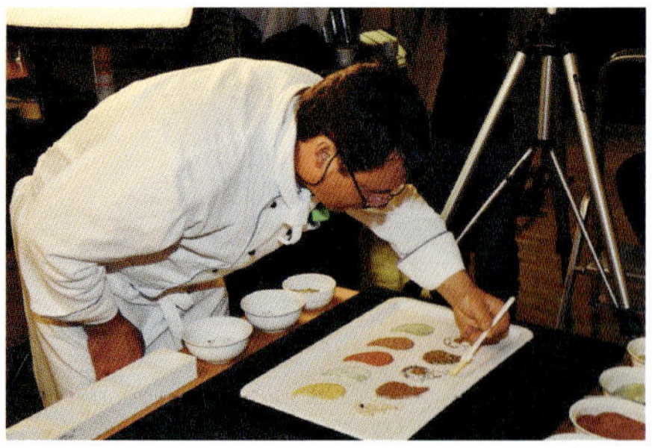
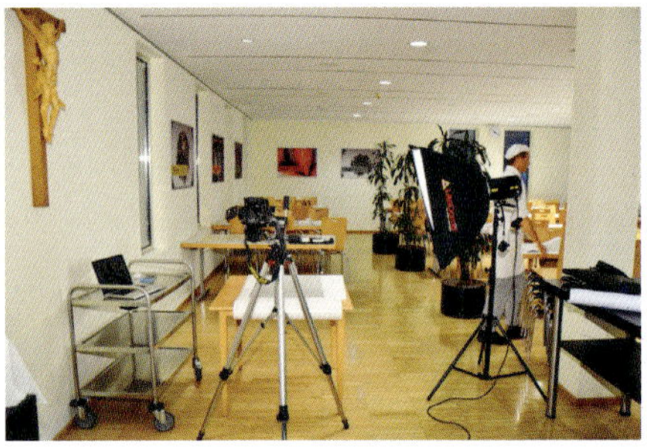
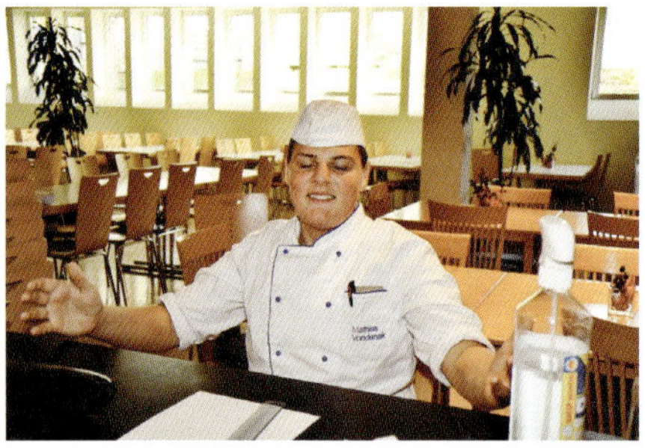
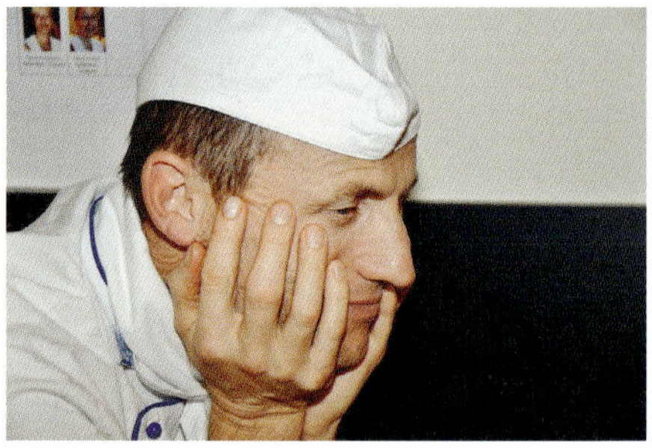
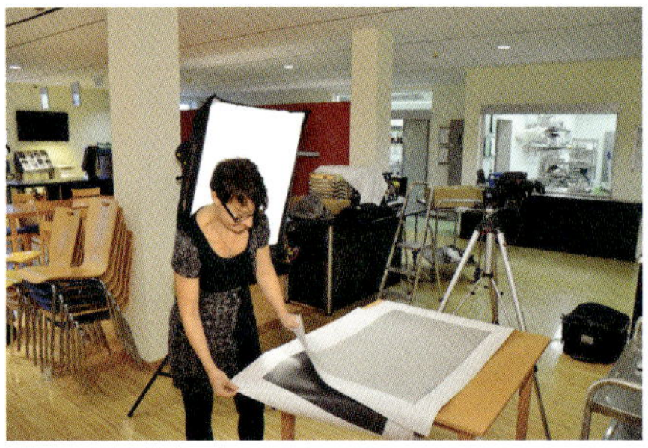
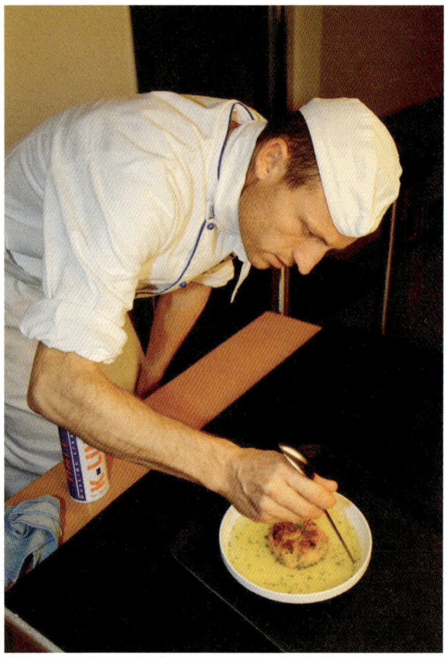
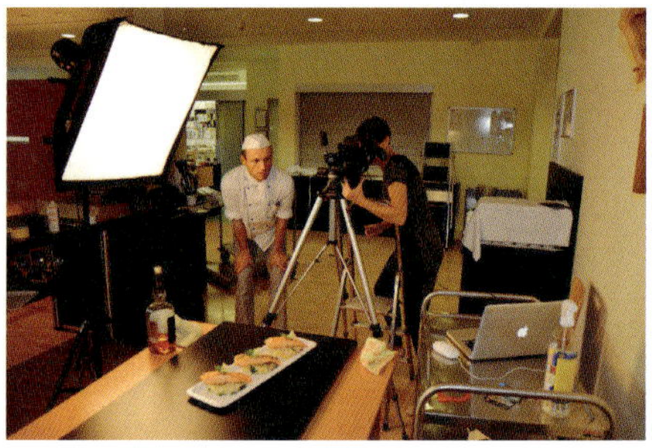
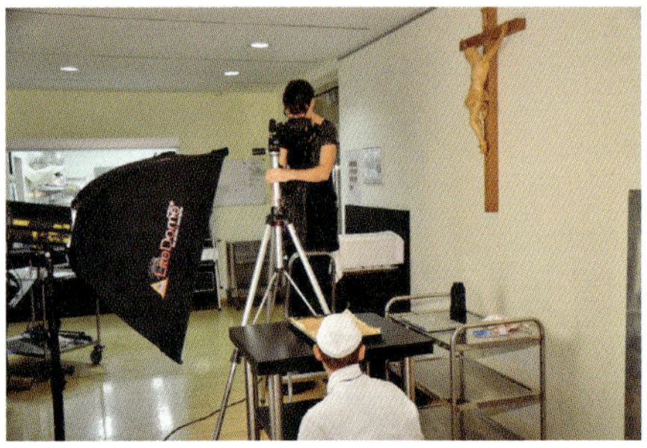
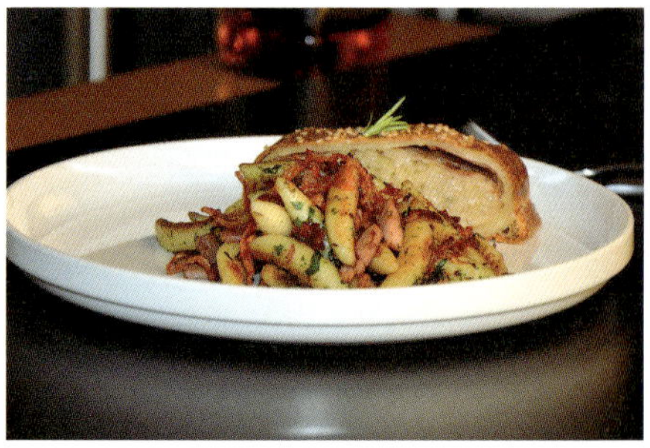

183

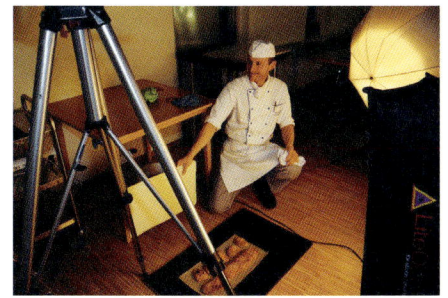

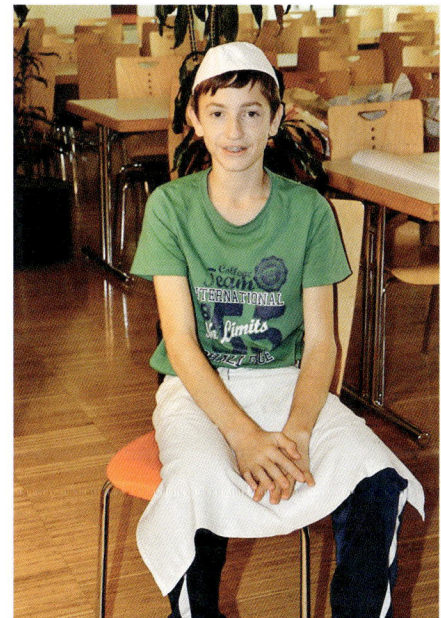

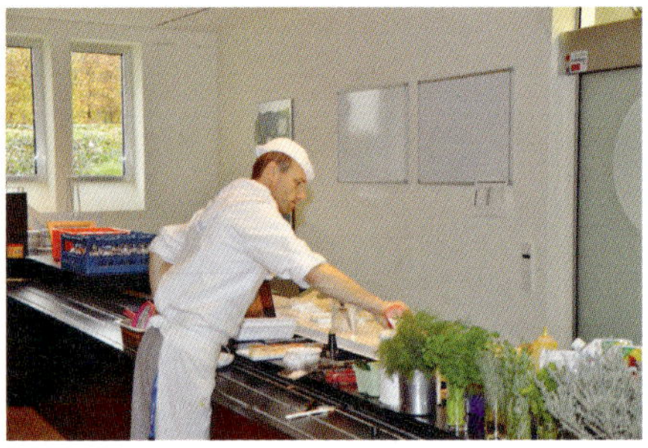
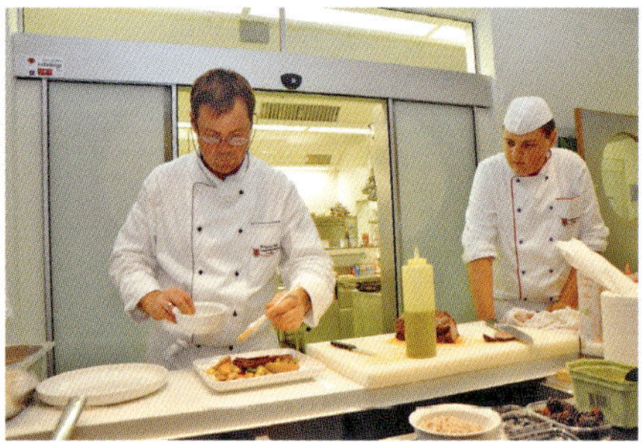
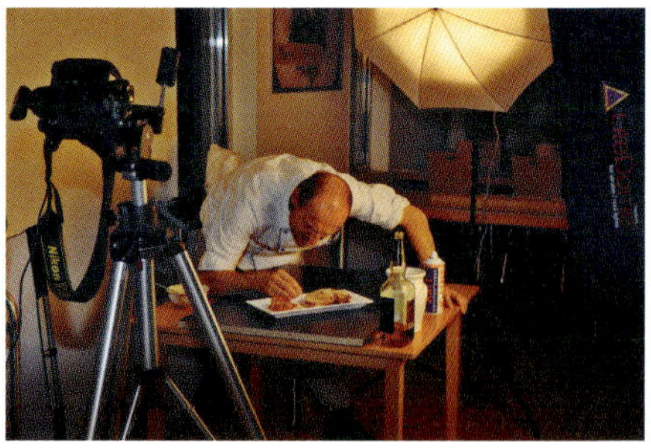
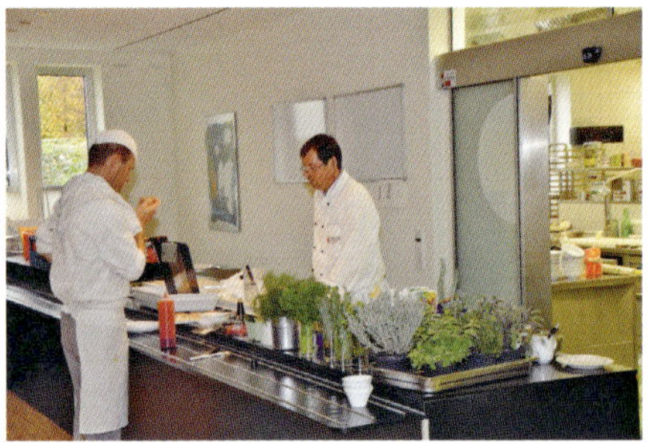
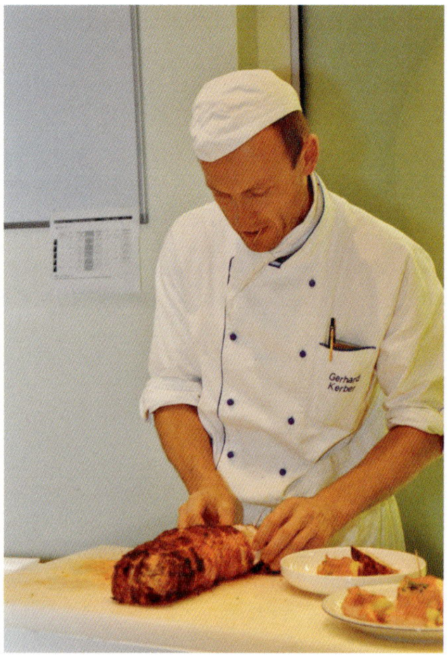
Gerhard
Kerber
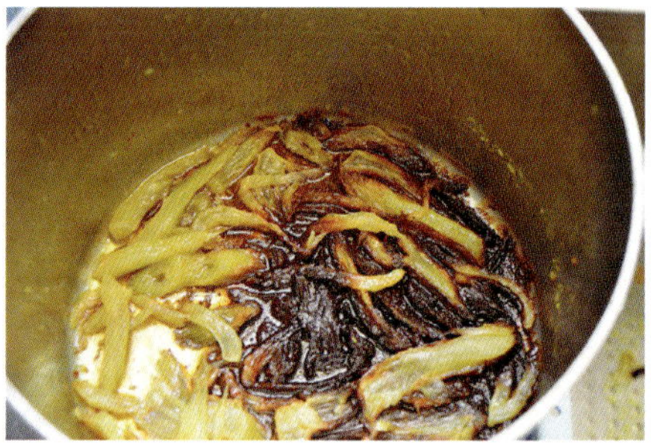
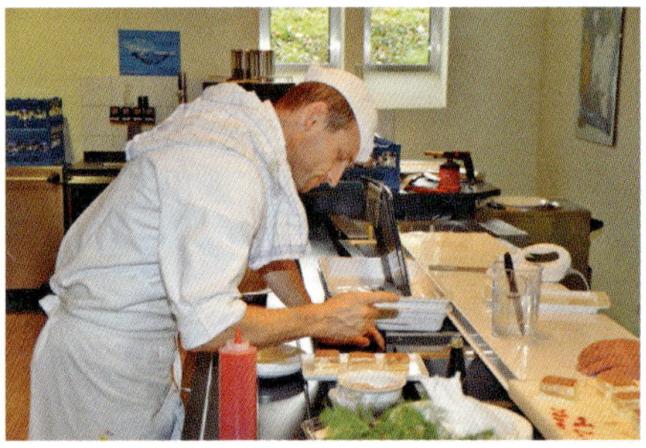
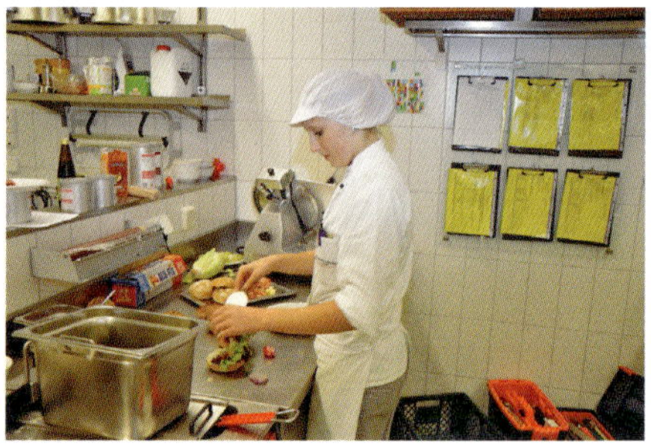
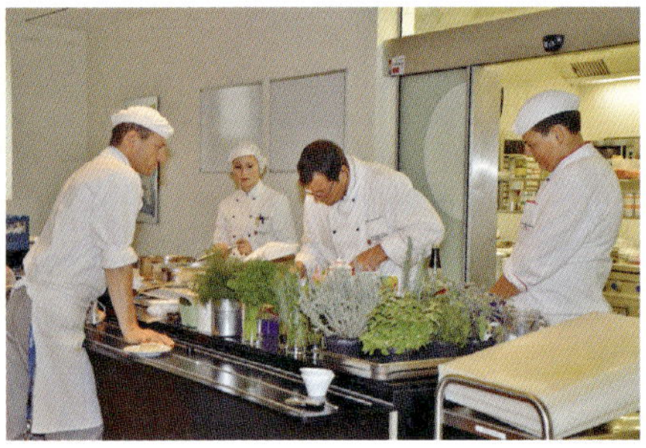
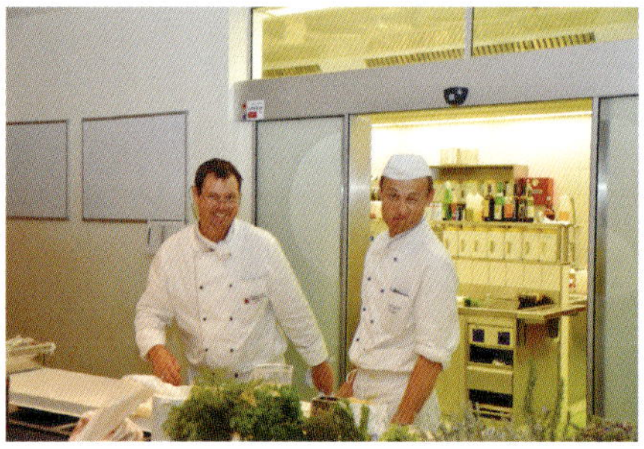
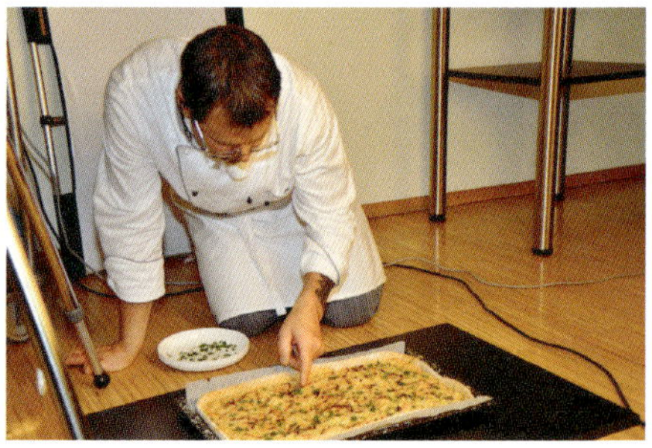

185

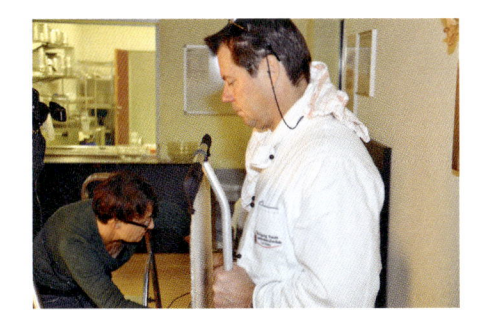

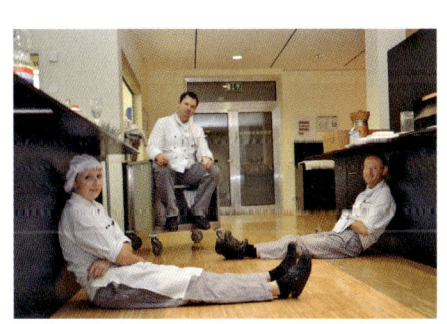

Alle Rezepte thematisch geordnet

Vorspeisen

Arabischer Salat 52
Falafel 52
Frischkäsebällchen 54
Geißkäsle Salat 48
Gemüse mariniert 54
Lachs geräuchert 58
Lachsfilet gebraten 56
Natur-Reis-Salat 56
Ofensalat 50
Salatkomposition 61

Hauptspeisen & Beilagen

Ackergemüse gekocht 80
Apfelrotkraut 114
Aprikosen Tomatensauce 98
Bandnudeln mit Rindfleisch 64
Bratfische 124
Broccoli-Rosmarinsauce 122
Bröselnudeln 84
Bulgur bunt 82
Chinesischer Nudeltopf 66
Dinkelflakes-Laibchen 114
Fenchelgemüse 88
Fisch im Jufkabrot 126
Gartengulasch 116
Gemüse vom Acker mit Grünkern 99
Gemüseaccessröstel mit Senfschaum 100
Gemüselasagne 110
Gemüselinguine 68
Gemüsepfanne 76
Gemüsereis 122
Geschmortes Wurzelgemüse 92
Hackfleisch-Bulgurstrudel 88
Hackfleischkugeln 86
Karoffel/Pastinakenpüree 120
Kartoffel-Hackfleischpfanne 92
Kartoffellaibchen 116
Kartoffel-Radieschensalat 86
Kartoffelviertel gebacken 43
Kräuterkartoffel 102
Kürbis-Linsengemüse 96
Kürbiswürfel gebraten 102
Lachs gedämpft 120
Lauchröllchen 78
Maispalatschinken gefüllt mit Hackfleisch 90
Maultaschen 104
Paprikaringe gefüllt 84
Pizzatasche 94
Putengeschnetzeltes 72
Putenoberkeule geräuchert 80
Putenröllchen 74
Putenroulade 78
Puten-Zitronenschnitzel 68
Rahmpolenta 74
Ricottalaibchen gebraten 112

Rindsgeschnetzeltes 100
Rindshuft niedertemperaturgegart 98
Rosenkohlgemüse 74
Rosmarinrösti 80
Salat mit scharfem Paprika-Dressing 112
Salatwrapes 118
Sauerkrautstrudel 70
Schupfnudelgröstel 70
Schweineripple 96
Spaghettinudeln mit Tomaten und Basilikum 108
Spätzle gebraten 100
Tagliatellenudeln mit Ruccolapesto 106
Welsfilet gebraten 122
Zitronenhuhn im Fencheltopf 82
Zucchinilaibchen 72
Zucchinitaschen gefüllt 102

Zwischendurch

Ciabattabrötle mit Putenfleisch 144
Dinkelbrötle gefüllt 142
Flammkuchen 140
Frühlingsrolle 132
Käselaibchen 146
Käspressknödel 130
Krautburger 146
Krautsalat 134
Pizza mit Broccoli 138
Salat mit Cocktaildressing 142
Salatdöner 136
Texas Burger 144
Wurstnudeln 134

Erfrischungen und Snacks

Früchtemilch 148
Fruchtiger Eistee 148
Kokospuscherl 148
Müsli-Riegel 148

Süßspeisen

Apfel-Kiwi-Nachspeise 160
Apfelküchle 164
Fruchtjoghurt mit Mango 162
Grießflammerie 158
Schoko-Birnen-Crème 156
Schokoladekuchen 170
Stracciatellacrème 154
Topfen mit Früchten 162
Topfenauflauf 166
Topfencrème mit Biskotten 152
Topfenknödel 168

Basis Brotrezepte

Knäckebrot 22
Mischbrot 22
Seelenbrot 20

Basis Dips und Saucen

Apfelmus   29
Arabisches Dressing   24
Gurkensalsa   29
Knoblauchpaste   28
Kokosnuss-Chutney   28
Kräuternockerl   24
Kräuteröl   26
Olivenpesto   28
Paprikadip   29
Preiselbeernockerl   24
Ruccolapesto   26
Sauerrahm-Knoblauchsauce   24
Senfsauce   28
Süß-Sauersauce kalt   26
Tsatsikisauce   24

Basis Dressings und Marinaden

Balsamico-Marinade   33
Cocktail-Dressing   30
Essig-Öl-Marinade   32
French-Dressing   30
Himbeer-Marinade   32
Paprika-Dressing   30
Parmesan-Marinade   32
Schmormarinade   33

Basis Fonds und Saucen

Béchamel   37
Bratensaft   34
Geflügelbrühe   36
Gemüsebrühe   34
Grundsauce weiß   37
Gurkensauerrahm   37
Pfeffersauce   37
Senfschaum   37
Süß-Sauer-Marinade   34
Tomatensalsa   36
Tomatensauce   36
Tomatensauce kalt   37
Vanillesauce   36

Basis Krusten

Tomaten-Meerrettichkruste   38
Reiskruste   38
Kräuterkruste   38
Zitronenkruste   38
Kräuter-Parmesankruste   40
Walnußkruste   40
Bierlack   40
Apfelkruste   40

Basis Beilagen

Kartoffelviertel gebacken   43
Palatschinkenteig   42
Pizzateig   43
Sauerkraut   42
Vollkornreis mit Limettensaft   42

Basis Panaden

Dinkelpanade   44
Kernemix   44
Würzige Brösel   44

Gewürzmischungen

Abschmecken   174
Beize für Fisch   178
Beize für Rindsspeck   178
Beize für Schweinespeck   178
Fischgewürz   178
Gewürzkunde   175
Gewürzmischung Garam Masala   180
Gewürzmischung Griechisch   180
Gewürzmischung Gyros   180
Gewürzmischung Mediterran   180
Gewürzmischung Mexico   180
Gewürzmischung Spezialgewürz   180

Infos und Bilder

Abwechslung macht Lust   13
Allgemeine Informationen zu den Rezepten   17
Die Küchenmannschaft   8
E-Mail- und Web-Adressen   189
Gemeinschaftsrestaurant auf Erfolgskurs   12
Gut geplant ist halb erledigt   13
Highlights für Personal und Gäste   14
Interessante Links zum Thema »Gesunde Ernärung«   189
Kleine Veränderungen mit großer Wirkung   15
Küchentechnische Veränderungen   14
Links zum Kochbuch   189
Making-of-Bilder   182 - 185
Nachhaltig einkaufen   15
Partneradressen   188
Planung für Ihr Salatbuffet   190
Richtlinien für die Menüplanung   13
Sind regionale Lebensmittel leistbar   16
Tricks, damit es jungen Leuten schmeckt   16
Veränderungen brauchen Geduld   13
Was gibt es zu essen   12
Weniger ist mehr   13
Wesentlich für den Erfolg   13
Zeit in Qualität investieren   14

Unsere Partner

Äpfel, Obst
Obsthof Schweizer
Rickenbacherstraße 125
D-88131 Lindau
+49-838278246
hofladen-schweizer@web.de

Biobrot
Bäckerei Gunz
Lindauerstraße 59
A-6812 Hörbranz
+43-5573-82239
office@baeckerei-gunz.at

Brot – Biobrot
Bäckerei Fink
Ziegelbachstrasse 16
A-6812 Hörbranz
+43-5573-82933
konditorei.fink@aon.at

Bio-Trockenwaren
Epos Bio Partner Süd GmbH
Gewerbestrasse 12
D-85652 Pliening/Landsham
+49-89-909019
www.bio-partner.de

Direktsaft
Mosterei Keßler
Detzenweiler 2
D-88263 Horgenzell
+49-7504-275
www.mosterei-kessler.de

Eier, Nudeln, Dinkelmehl
Bio-Martinshof Vertriebs GmbH
Risar 26
A-6960 Buch
+43-5579-8259
www.martins-hof.at

Fisch
Alpenlachs
Thomas-Klestil-Platz 3
A-1030 Wien
+43-1-71690-0
www.alpenlachs.at

Fisch, Fleisch, Trockenwaren
AGM-Gastro Lauterach
Reitschulstraße 3
A-6923 Lauterach
+43-5574-87575
e.oesterle@rewe-group.at

Fleisch
Ländle Metzgerei Dür
Leutenhofen 21
A-6914 Hohenweiler
+43-5573-82226
www.metzgerei-duer.com

Fleisch
Metzgerei Mennel
Buchans 51
A-6900 Möggers
+49-5573-83985
www.biometzg-mennel.com

Gemüse, Bio-Gemüse
Frucht Express Grabher GmbH & CoKg
Sonnenbergstrasse 11
A-6820 Frastanz
+43-5522-500
www.fruitex.at

Kaffee
Amann Kaffee
Bermannstrasse 18
A-6850 Dornbirn
+43-5572-28288
www.amann-kaffee.at

Käse
Käse Moosbrugger – Stefan Fessler
Mähderle 2
A-6841 Mäder
+43-5523-54152
www.kaese-moosbrugger.at

Mehl
Rupp Mühle
Herrnmühlestraße 40
A-6912 Hörbranz
+43-5573-82127
www.rupp-muehle.at

Milchprodukte
Sennerei Schnifis REG GenmbH
Jagdbergstraße 84
A-6822 Schnifis
+43-5524-2588
vermarktung@sennerei-schnifis.at

Milchprodukte
Vorarlberg Milch
Noflerstraße 62
A-6800 Feldkirch
+43-5522-72130
www.vmilch.at

Pilze
Pilze Lenz
Kreuzgasse 12
A- 6923 Lauterach
+49-664-4229527
www.trueffel.at

Putenfleisch, Bioprodukte
Flatz Naturprodukte
Landstrasse 30
A-6971 Hard
+43-5574-65974
www.naturprodukte-flatz.at

E-Mail- und Web-Adressen

Gerhard Kerber
Internatsküchenchef
gerhard.kerber@lbslo1.snv.at

Wolfgang Ponier
Küchenkoordinator –Lehrküche
wolfgang.ponier@lbslo1.snv.at

Mag. Angelika Stöckler MPH
Ernährungswissenschafterin
www.stoeckler-consulting.at

Link zum Kochbuch

Menüplan, Salatplan
www.lbs-lochau.at

Interessante Links zum Thema »Gesunde Ernährung«

Schweisfurth-Stiftung
www.schweisfurth.de

Hermannsdorfer Landwerkstätten
www.herrmannsdorfer.de

Slow Food
www.slowfood.com

Die Essensretter
www.foodwatch.com

Link zur beigelegten CD

necta – cooking up profits
www.necta.at
office@fenz-software.at

Die professionelle Lösung, welche die Arbeiten im Küchenalltag erleichtern!

Planung für Ihr Salatbuffet

Knackige Salate		Chinakohl Streifen 3 mm	Zuckerhut in Streifen 2 cm	Brüsseler Salat	Radicchio-Streifen 3 mm	Radicchio-Vierecke 1x1 cm	Endivien Streifen 3 mm	Eisberg Vierecke 1x1 cm	Eisberg Streifen 3 mm		
Weiche Salate zum Garnieren Mundgerechte Stücke	Paprika gewürfelt 2x2 mm	Eichblatt	Lollo rot	Lollo grün	Kopfsalat	Feldsalat wie gewachsen	Frisee-Salat	Ruccola-Salat				
Gemüse	Zwiebel-Streifen rot	Avocados gewürfelt 5x5 mm	Lauchstreifen Länge 1 cm	Gurken geschält ohne Samen gewürfelt	Tomaten gewürfelt mit oder ohne Kerne	Tomaten getrocknet in Streifen	Sellerie-Knollen gewürfelt	Karotten Streifen oder Würfel	Stauden-Sellerie in Würfel	Champignons	Radieschen	Zucchini-Würfel 2x2 cm
Kerne		Pinienkerne	Cashew-Körner grob gehackt	Kürbiskerne grob gehackt	Sonnenblumen-Kerne	Sesam	Pistazien	Mandeln gehobelt und geröstet	Kernemix BR	Sesam schwarz geröstet		
Zum Bestreuen		Ruccolapesto	Speckstreifen geröstet	Brot-Croutons mit Kräuteröl BR	Brot-Croutons ohne Kräuter	Gekochte Eier gehackt oder in Spalten	Chilifäden	Tofu-Würfel gebraten	Oliven	Kartoffelscheiben gekocht	Weiß- oder Rotkraut-Würfel	
Frische Kräuter Gewürze		Junge Spinat-Blätter	Basilikumblätter frisch	Glatte Petersilienblätter	Schnittlauch-Stifte	Ingwer kleingehackte Würfel	Kresse Dikon grob	Kress rot	Petersilie gehackt	Oreganoblätter	Kirschtomaten halbiert	
Käse			Ziegenfrischkäse	Parmesan grob gerieben	Feta-Käse in Würfel							
Salat-Saucen			Himbeer-Marinade	Essig-Öl-Marinade	Parmesan-Marinade	Balsamico-Marinade	French-Dressing	Paprika-Dressing		Cocktail-Dressing		

Zeichnen Sie die jeweilige Salatkomposition mit einem farbigen Stift ein, indem Sie die gewünschten Zutaten miteinander verbinden. So sehen Sie bei der Planung auf einen Blick, ob das Angebot bunt oder eintönig wird und welche Zutaten benötigt werden.